阅读日本
书系

〔日〕南 博／著

刘延州／译

日本人的心理
日本的自我

笹川日中友好基金
The Sasakawa Japan-China Friendship Fund

社会科学文献出版社
SOCIAL SCIENCES ACADEMIC PRESS (CHINA)

阅读日本书系编辑委员会名单

目　录

日本人的心理

日本的自我

日本人的心理

序　言

常言道："水中游鱼不知水。"日本人由于生于日本，在日本的环境中长大成人，因此很难知晓日本人秉性的长短。

至今，已有各式各样的研究、观察所谓日本国民性、民族性的著作出版。有的是日本人自身写的，也有的是其他国家的人写的，描述映入他们眼中的日本人。

出于日本人之手的，以往很多是为证明日本民族优越而自誉自夸的，自家人吹捧自家人，连麻点也看成笑窝；而"二战"一结束，日本人被贬为三等国民、四等民族，充满自虐性的劣等感的议论又多起来。不论哪种，都让人困惑。

与此相比，其他国家的人写的东西，虽说有很多"无的放矢"令人生笑的误解，但是由于是第三者自外而观，倒是说中了许多日本人所不留意的东西。不过，其他国家的人不论怎么说，由于环境不同、语言不通，很难像对自己的东西那样感受到日本人的心理。

可是，近来，在社会心理学、社会人类学方面，由于研究属于同一社会集团大多数人共同心理或性格的方法的进展，出现了以绵密的调查和观察为基础的报告。鲁思·本尼迪克特的

《菊与刀》是一个例子。然而就像从《菊与刀》里也可以看到的那样，站在所谓科学研究的立场上，容易理论先行，把事物套在一种假定、假说中加以观察。虽然在总体上合乎理论的逻辑，但为此也容易出现勉强的解释，流于一般论。

本书不想就日本人的心理树立一般的假说或理论。比这更重要的是，首先试着大体地举出若干大多数日本人心中或多或少存在着的，被认为是日本人独特的对事物的感觉方式、思考方式及其表现方法。

于是，笔者尽可能从现代的材料中把明显地可以证实这些心理特征的记录搜集起来，并找到证据，依情况，还要溯及被认为是构成现代人心理之源的昔日人们的心理。这是因为笔者想要追寻被称为日本人心理传统的若干流向。由于日本是在地理上、历史上封闭的岛屿之中成长起来的国家，与别的国家比较，心理的传统，被日本人完整地继承接受下来的部分也特别多。

在这些流向当中先举出四点：①日本人的自我意识，②幸福和不幸的心理体验，③关于事物规律性的认识，④对于精神和肉体的态度。最后观察一下日本人彼此的交往、上下关系的特征，即人际关系的特征，并从人际关系思考一下以上心理产生的由来。

此书关于日本人的心理的介绍，不搞一般论述，也没有漂亮的图式说明，只是材料的汇集，笔者想要与读者一起思考这一问题，想请读者在接触过笔者的想法和材料以后，做出自己的判断。

今天，日本人处于日本有史以来最大的危机之中。在日本的国家独立被侵害、国民将失去自主性的时候，日本人应当冷静、客观地观察一下日本社会、日本人。

为解决急迫的政治问题，日本人需要有重视人的心怀。人不可成为政治的牺牲品。倒退方面且不说，就是进步方面，对产生于日本人传统心理的坏的一面，日本人也未加清理，它依然残留着。

此书虽然好像多揭日本人的耻点，但这是为了把它做反省材料。耻于见人的东西、坏的东西，还是早一点发现它、清除它为好。笔者写此书就是想多少能让它为此起点作用。

最后，再一次对长期鼓励、协助作者完成此书的岩波书店的海老原光义君，中岛义胜君和担任资料及原稿整理的原口节子、内山靖代致以谢意。

南　博

一　日本人的自我

1. 胳膊扭不过大腿

自古有句话："非理法权天。"这是楠正成①旗麾上的五个大字，同时也是"二战"期间特攻队司令官好说的或写在队旗上的话。"非"是无理的事，"理"是道理，"法"是法式，"权"是权力，"天"意味着天道。

"非"负于"理"，"理"负于"法"，"法"负于"权"，"权"负于"天"。不懂这五条，就是"不明事理"。在德川时代②的武家的戒律中即有这一条。

这样，权威、权力虽然服从天道，但在人类社会里，它强于法、强于理，逆其而行即不安分。这样的认识，从德川时代

---

① 楠正成（楠木正成，1294～1336），日本南北朝时代的武将，愚忠于大势已去的后醍醐天皇，1336年以微兵于兵库凑川迎战足利尊军，兵败战死。第二次世界大战前（以下简称战前）曾被军国主义捧为日本历史上忠臣的代表人物。

② 德川时代（1600～1867），由在江户的德川幕府执掌全国大权，亦称江户时代。

至今，虽然形式有变化，却根深蒂固地留在日本人当中。

"胳膊扭不过大腿"，对于被统治的人民来说，这种劝说服从的训诫，被认为是首先应当铭记在心的。

在德川时代，把荷兰的自然科学介绍到日本，掌握了合理的思想方法的西川如见（1648～1724）这样的人也说："总之，下民非治人之任，治于人者唯平常心专之，且不可有些许计谋之意……"（《百姓囊》）

对于明治政府的领导者们来说，把这种无条件服从权力的心理植于民众之中，是维持权力的一种重要手段。

远在《教育敕语》公布以前，明治十二年（1879），当时的内务卿伊藤博文建议建立抑制批判权力精神的教育政策时说："无益的政谈过多，非国民之幸福。"众所周知，日本教育着眼于培养服从心，而这种服从心又是以对天皇的忠诚为最高道德的。"要时时听从天皇陛下的话，天天拜谢天皇陛下、皇后陛下！"日本从小学时代就开始了这种教育。

可是，服从精神与其说是这种德育的结果，莫如说是通过语言、暴力，把对权力的恐惧意识灌入人们心里形成的。胳膊无法扭过的大腿，就是直接反映到日本民众眼里、耳里的权力，即衙门（官僚）、巡警（警察）、军人（军部）。

最经常被用来对孩子进行服从精神教育的道具是巡警。

"不听话，就喊巡警来了！"虽然今天在城市里已听不到这样吓唬孩子的话了，但农村还在不断使用。在东北农村里，小孩稍一淘气，老太婆们就会说："我可要报告巡警了！"（大牟罗良：《农村的世态》，载《东洋文化》第12期）

不仅限于农村和孩子，就是城市的大人，在今天，害怕警察的也不少。

总理府舆论调查研究所最近做了个"关于警官态度的舆论调查"。其中有因某种原因被警察叫去做证人的人，他们谈了在警察署所受的"待遇"，清楚地表明日本的大人们至今还感觉到警察是"可怕"的。

"虽说是作为证人叫去的，但一开头便吓唬你一顿，实在害怕，可怕极了，讨厌死了。"（栃木县，经营饭馆的妇女，25岁）

"警察没有说话客气的，这是第一点。警察那地方就是可怕的地方。"（秋田县，做小买卖的妇女，30岁）

民众对警察的恐惧是以警察是"扭不过的大腿"这种服从心为基础的。

> 警察的工作是训人，人是挨训的，但挨训要得法。在警察面前一味辩解，反而会留下不愉快。做错事只有爽快认错，赔礼道歉。

这段文字引自1953年出版的《结交人的方法》（清水正己著）一书介绍的庶民处世法。这位作者还介绍了接触官吏的方法，其八条结论的第一条是："由始至终以低头赔礼为好。"今天，仍看到有这样内容的书出版，令人感到服从的精神，真不容易从日本人的心里除掉。

与警察同样，衙门也屡屡扮演着使人从恐怖到服从的精神教育的重要角色。

今天，对多数人来说，官衙的"问话"也会引起不小的恐惧。民间的研究人士进行社会调查和报纸做舆论调查时，可以常常感受到这一点。

> 在岩手县的农村，接受调查的一个农民问道："这是衙门的问话吧！""怎么填写才好呢？"……这是日本衙门的命令，还是美国佬的命令呢？揣度过来揣度过去。……同时还思度着："怎么填写才好呢？"（《农村的世态》）

这样一来，"农民回答调查的基准是他们的'不触犯鬼神，鬼神不会作祟''胳膊扭不过大腿'的人生哲学。填写出的具体回答多会令村里头面人物感到满意"（《农村的世态》）。

这样的对村里有权势的人或官衙的服从心，不单单来自恐惧，也有受利欲驱使的一面。这里伴随着奉承的服从心。前面举出过的《结交人的方法》的作者，就是想要最露骨地普及这种服从心的一个。他说："奉承官吏——这绝不是出自封建思想的想法。官吏有'老子是官'的自尊心。这是否叫封建思想，我们不了解，这是对方的问题。我们只要迎合这种心情去做，就可以了。"

出自利用官吏之心的阿谀奉承，最有效果的是日本独特的"宴会"。因此，"有官吏出席的宴会……不论是何种聚会，通过对官吏的奉承都可顺利地达到聚会的目的。就是单纯的联络感情的聚会，日后都可得到官老爷们好意的体恤"（《结交人的方法》）。

虽然基于利欲产生的服从，原本是表面上的东西，人们内心里是把官吏当作傻瓜利用的，但是就是表面上的应酬，如果总是被这种服从官衙的外部条件和环境拉住脱不开身，不知不觉地也会在人的心里植入服从的习性。于是，在官吏面前，"①始终低头赔礼；②不辩解；③表感谢之忱；④有慰其劳苦之心；⑤敬请关照；⑥莫以一般友人相待；⑦更不可以公仆对待；⑧使双方关系亲密无间"（《结交人的方法》）。日常把这"八条"挂在心里，并依样而做，如不养成对权势的服从习性反倒奇怪了。

不过，以最短的时间彻底制造服从的场所，不言而喻，是军队。

军队是把青年置于处罚的暴力恐怖和向上爬的利欲诱惑之中，使他们变成卑贱、服从、乖巧的怪物的场所。

《军队内务规则》中说："兵营系苦乐生死与共之军人之家，兵营生活之关键在于起居之间，培养军人精神，熟悉军纪，实现巩固之团结。"在野间宏①的小说《真空地带》中登场的大学生兵曾田把这一纲领修改为："兵营系被条文和栅栏圈住的一块四方空间，是靠强大之压力制造出来的抽象社会。人在其中被剔除人之要素而成为士兵。"因此"确实，兵营是没有空气的，它已被强大的力量抽除。与其说它是真空管，莫如说它是制造真空管的地方，是真空地带。人在里边，被夺去一定的自然和社会，终于成为士兵"。

---

① 野间宏（1915～1991），"二战"后日本具有代表性的小说家。《真空地带》出版于 1947 年，它以军队的内务班为舞台，通过木谷一等兵的遭遇，揭露了军队机关的反人性。

这样的真空地带把人制造成具有不抵抗、绝对服从习性的"兵"。

在关于日本军队的研究座谈会上，旧陆军的军官们谈到暴力服从精神教育："为给士兵灌输不论缘由绝对服从的观念，（长官问）'为什么这样干？'如（士兵）回答如此如此才决定这样做的，就会一巴掌打过去，'不要强词夺理！'"如不回答，也会大打出手，骂道："'为什么不说话！'说明理由挨打，沉默也挨打。结果只有回答'是''是'最好。"（饭塚浩二：《日本军队》，1945）

既然不论怎么做都会招致暴力，那么，顺从地说"是""是"，挨打相对可能少些，士兵自然会产生这样的想法。结果人非人，完全变成无气力的活动机械，连自我的一层碎片也荡然无存。

入伍当初，还多少希望在残酷之中看见人与人之间一丝温暖的青年们，不久便完全绝望了，"连以为不错的战友也越来越露出本性。一天打两次。兵营内没有一个像人的人。自己也感到自己离人越来越远了"（福中五郎：《听，海神之声》，1952）。

逐渐被夺去人性的士兵是活着的尸体，如想要恢复人性将遭濒临死亡的处罚。"上周日，依旧是藏在厕所里给母亲写信，那时我无法止住泪水。虽然我告诉母亲我精神很好，但真实的心情如同死人一样悲惨。如果这样写被上等兵发现了，将会被他们杀死的。"（福中五郎：《听，海神之声》，1952）

海军和陆军没有什么不同。《战舰大和的最后》一书有一段描写甲板官殴打入室老兵的情景。

进室的脚步、敬礼、言辞、顺序等，都有规定，如果被挑刺儿，将没完没了。因此，入室是士兵从一开始就忌讳的事。

一名老兵遭到军官的怒骂，他迟钝地反复地重复着同一个动作……

抡起教训士兵的棒子，钝实的打扑声，老兵屁股挨了一棒，背朝上倒下，青黑的脸贴在地板上，痉挛地扭动着身子。

这样的暴力行为，终极目的是培养服从精神。在同一书内，作者和另一军官就殴打士兵当否有一段问答，可以清楚地说明这一点。

"发现不对而不打，有这样的军官吗？"

"是的，如不只考虑自己，我也曾认为是正确的。"

"你所在的是什么地方？是在牢狱之外的自由世界吗？"

"是军舰。"

"在战场上，军官再通情达理，都没有用，必须严厉。"

"我不这样认为。"二人两眼相对片刻。

"你的话也有一点道理，我明白——但是看一看：在弹火之中，是我的兵能打仗，还是你的兵能打仗，那些对长官'是''是'的兵，就是枪林弹雨也向前冲，而你的兵能否这样？……"

用这种暴力方式强制士兵服从，不久即把服从的习性完全植入士兵心里。这种服从的精神状态，就是最大限度地抑制个人的念头和欲望，最大限度地扩大响应上司要求的余地，不论何时命令一下，即应声而动。

换言之，军队就是逐步抹杀个人的自发性、制造像机械那样应令而行的习性的场所。关于这一点，一学生兵说："以我自身的经验而言，军队生活的痛苦不在于日常生活的肉体的过度劳累，而在于随时需要服从他人之意志立即行动的待机中的紧张感。再有需要不时地留意他人，主要是老兵对自己有什么要求，自己应怎样行动？感觉到自己的意志完全窒息。"（《农村的世态》）

于是，多数的士兵，不久即变成连"自己意志窒息"也感觉不到的机械人。当然这种非人性，每一个青年因个人情况不同，感受也不同。比如来自农村的士兵，特别是家庭中的老二、老三，很多人入伍前在家庭的人际关系中即养成了服从的习性，因此反而容易适应军队生活。

据前面已引用过的岩手县的农村调查，"特别是与家主同住的老二、老三夫妇……很多行动非常迟钝，行动的表面虽然使人常常错以为他们无拘无束，而实际精神上绝不快活，他们经常顾虑周围，行动慎重。以这种方式生活，一直到分家以前，他们名副其实地要为家主'灭私奉公'。因为将来分家时，将依据效劳的程度，决定分享多少财产"。可以说，"他们在入伍以前已在农村社会干了新兵应干的事"。所以"被人认为呆笨、老实的农村青年，在军队里应付老兵等，得心应手，能够博得相当的信赖，一次就获得被提拔为上等兵的荣誉"。

上述军队的服从精神教育，在"二战"中，被很多人称赞为不只是军队的，而且也是学校教育、社会教育的理想。就是在"二战"后（以下简称战后）的今天，肯定"胳膊扭不过大腿"这种习性的人也很多。

据日本总理府国立舆论调查所《关于社会教育的舆论调查》（1953年3月），对"胳膊扭不过大腿"持肯定态度的人所占比率见表1-1。

表1-1　对"胳膊扭不过大腿"持肯定态度的人所占比率分布

年龄（岁）	男（%）	女（%）
16～19	17	14
20～24	30	22
25～29	27	28
30～39	38	35
40～49	35	38
50～58	40	43

虽然不能认为实际情况完全如数字所示，但这一数字大体上表明30岁以上的人，依然有相当多数支持服从的倾向。

2. 灭私奉公

这样的服从精神，在制造自动服从权威的习性的同时，阻碍着自由的自我生长。而反过来，通过尽量阻碍自我生长的训练，又能够强化服从的习性。"胳膊扭不过大腿"这句话与古时说的"无我"是相通的。

德川时代讲解处世态度的心学①，满篇都是劝人"无我"，就是说，要忘掉自己，勿"放纵"，专心致志地为长上之人"奉公"②。

心学之本，是让民众忘我弃欲，使他们变成忠实地、默默地完成自己所负工作的奴隶。这是心学的最高境界。《续鸠翁道话》③说："无私心，唯至善，我则无。""无我事人，不知事人。如知事人，谓有我。……奉公自觉竭诚者，非真也。"

"无我"一直到不自觉有自己，才是灭私奉公的精神，一切自发性都被斥为"不羁"而被摈弃。因此，孝顺父母也必须"唯双亲为重，弃我身无一顾，真无我也。身无不羁，羁绊自无，此无我，难得之佳境也"（《鸠翁道话》）。

在心学中，"灭我"是町人④的最高道德，"唯思善恶之心，即我。此我若灭，性至善，依天道善事即增矣"（《松翁道话》⑤）。

"灭私奉公"，同样是武士的精神，"……我身我命非我之物，

---

① 心学，专指江户中期石田梅岩（1685～1744）及其门人综合日本神道和儒、佛的一些伦理观念创建的一种道德学，亦称石门心学、道学。

② 奉公，不仅指封建时代奉公当差的人和行为，如侍奉主君（领主）的武士，同时也指其他侍奉他人的行为，如农民在地主家当长工，贫民在作坊中做学徒、在财主家做杂务等。

③ 《续鸠翁道话》和《鸠翁道话》，皆为江户后期的心学者柴田鸠翁（1783～1839）的代表作。

④ 町人，江户时代城市的商人、手工业者。

⑤ 《松翁道话》，江户中后期的心学者布施松翁（1725～1784）的代表作。布施为石田梅岩的弟子手岛堵庵的弟子。

何时主君命下，当即以身命报主君……"（《武道初心集》①）

"二战"时期出版的《臣民之道解说大成》，倡导国民对天皇"灭私奉公"，照搬了上述武士道的话："此身此心以仕奉天皇为本分。吾等之生命似我之物，又非我之物也。"

前面已引用过的《日本军队》一书中座谈会的发言，也强调说："军人精神"就是"无我"精神，"以今天的话说，即忠实地履行赋予的任务。考虑个人就是不忠"。

在这里，自我被视为不忠的标记招致摈斥。于是就出现了这样的逻辑：不论干了什么事，都不是自发的，自己都无责任，都是绝对服从上司的命令，即朕的命令而被动干的。因此，战后作为下级战犯被处刑、处罚的低级军官、士兵，很多人都主张自己无罪，愤慨地要求追究下命令的上司的责任。一个杀害了美国 B29 轰炸机被俘飞行员的下级军官，被判死刑，后来减刑为 25 年徒刑。他说："美国飞行员确实是我杀的，但并非密谋，或由我主动干的。那是上司的命令，那命令是绝对的，是神圣不可侵犯的，同大元帅的御音一样。"（饭塚浩二：《自那以后七年》）

军队完全禁止个人的"主动"，每天的生活完全被封闭在外部强制的禁锢之中。

当然，自己起初也对这种禁锢强制性有感觉，也有意识地约束着自己服从命令，但是时间一长，不断地机械式地重复着

---

① 《武道初心集》，江户中期兵法学者大道寺友山（1639~1730）的代表作。

服从的行动，成为习惯，而且对这种行为的疑问、批判也一直被禁止，不久便会忘掉被强制禁锢中的自己，从而进入"无我"状态。这样，就从抹杀自我产生出服从的习性。

军队的教育认为从命令到行动，反应的时间越短，越是好军人。"命令一下"这句话，即指在命令刚一发出立即自动实行的习性。正像有一个下级军官所说的那样，"彻底地敲打个人的批判性"十分重要，"只念过小学的士兵，上司一叫，会立即应声'是'跑过去，可是中学出来的人，由于沾染了一定的自由的空气，却很不容易做到这样"。军队的生活是名副其实的"真空地带"，它抽出了培养批判精神的"自由的空气"。

服从的习性一旦养成，不论干什么，都不会令人感到服从是勉强的。对于他，听从命令行动，仿佛是自然的要求。"或许可以说已把义务内化了，给人的印象完全是主观上自发的行动，而不是遵从外部规范的行动。"（《日本军队》）

这样的服从习性进一步增强，如不在固定的框框内行动人们反而会感到痛苦。换言之，不依命令重复固定机械式的行动就不自在。比如，士官学校预科，每天早晨去遥拜①场所面向皇宫方向鞠躬，"起初，这样做感到很痛苦，需做一番努力，可是渐渐成为习惯以后，如果不去，这一天都感到不舒服。……有时早晨因故去不了，就夜间去"（《日本军队》）。

---

① 遥拜，第二次世界大战期间，为了强化对天皇的忠诚和服从精神，政府强制日本人民，每天向东京皇宫方向郑重鞠躬。这一行为起初始于军队。

服从的习性使人不生活在命令或预定的框框里，就会产生不安和感到缺少什么。这是一种心理性的中毒。如把他从这种机械式的生活日程表中解脱出来，他就会感到犯了禁忌一样，不按每天的日程表干点什么，心里就不得安宁。人完全成为纪律、服从的中毒者，只有受纪律约束才能感到愉快。一毕业于士官学校的人说："挨一顿打感到痛快的人比挨打后嘟囔不已的人有出息。"（《日本军队》）

违反纪律受暴力处罚而感到愉快，这与被虐狂心理相似。被虐狂自己要求被责打，并认为那是一种快乐。其已接近这种心理状态，令人感到如同带着枷锁的人，喜欢尝受越狱后被抓回来遭到毒打的滋味一样。

以后将会说到的日本的"精神教育"，一切都集中于培植这种可以称之为"日本式被虐狂"的心理倾向上。

这样的训练，"二战"期间，不只在军队中，在学校、家庭里，也被强制或被奖励实行。产业报国运动的领导人、某实业家说："父者、师者、长者让你们追随他们，不准你们任性，严厉地管教你们，像把铁炼成钢一样，使你们养成习性，不动摇，强而有力。"（大仓邦彦：《产灵的产业》，1942）

这种"习性"在产生"无我"的服从习性的同时，还产生了"不触犯鬼神，鬼神不作祟""唯唯诺诺""八面玲珑"的习性。

3. 不触犯鬼神，鬼神不作祟

随着绝对服从命令的习性增强，不久，其将扩大为不论对何事都消极随和的习性。

服从的习性表现于对比自己地位高的人的事大主义的行动，而上述消极主义不仅对地位高的人，对同等或比自己地位低的人，也采取八面玲珑主义。

在花柳界①和艺人中有许多人信奉的淘宫术②，依生辰八字占卜命运，指导人的修养。其中以伊藤博文③为例，便劝说人们学八面玲珑。

> （伊藤公）处世最重要的是八面玲珑主义，不触犯人，不树敌，时时想到让人爱，总是八面玲珑，讨人喜欢。不论何事，总是闹别扭、讲怪理的人是令人讨厌的……
>
> 世间事"依高见"，贵人前答"不知"。
>
> 将此歌铭于心随时付于行动，从而时来运转发迹的人并非少数。

就是说，不论对谁的话，都说"依您高见"而遵从，自己表示"不知"之后，决不发表意见。这是从服从的习性向被动的习性扩展。于是对一切事都不采取自发的态度。其他国

---

① 花柳界，指传统的陪酒艺妓、娼妓的社会。

② 淘宫术，亦称淘道，产生于江户末期的一种算命术，是从中国的阴阳术演变出来的。淘为淘汰之意，宫是个人的星宿。

③ 伊藤博文（1841～1909），明治时代的政治家，在他任总理大臣时，发动了侵略中国的甲午战争，朝鲜被日吞并后，任第一任朝鲜总督。1909年，伊藤在我国东北哈尔滨火车站站台上遭朝鲜义士安重根暗杀。

家的人看到的日本人的谦让客气、缩手缩脚、犹豫不决，很多都是这种服从习性产生的消极主义习性的反映。

这是因为自发地发表自己的意见，就会被人说成"乖僻""讲怪理"而遭排斥。前面引用过的《结交人的方法》一书，说到对待前辈的态度时说："必须经常采取受教者的态度，毕恭毕敬。不准把自己置于对等的地位，要把前辈放在优于自己的位置上。"不限于前辈，如果不论对谁都习惯使用"依您高见"的处世法，不久对任何事物，就是有意见也都会消极地回答"不知道""不明白"，或者沉默。

特别是农村，就是今天，沉默或"依您高见"的态度也很强烈。前面引用过的《农村的世态》一书，介绍了一位经常出入东北农村做生意的商人经历过的事：某部落的农民"只附和我的话，不讲一点自己的想法。……他女儿的衣服的布料明显过于朴素，'这布料很适合你姑娘呀。''噢，是的。'那袖子短得可笑，'这样的衣服干活很方便哪。''的确，你说得对。'……令人感到他们对他人从未表示过反对意见"。

但这种八面玲珑主义，只是对人的表面态度，现实的行动未必是八面玲珑的。且听这位商人往下说："虽然对上面那样的问题都大体做了附和的回答，但一到买东西时都很精明，看到这时的他们便会感到他们心里另有一套。……部落农民之间的交往，谦恭有礼，超出必要以上。"

就是说，回避与他人意见冲突的八面玲珑主义，还具有固执地贯彻自己的意志的反面。在这一点上，消极的习性同服从的习性一起，起着某种意义上的防止生活危险、维护自我安全的作用。

服从也好，附和也好，本来就是起于期望安全的心情，它的"无我"实际上是与利己主义相通的"无我"。其虽非现代意义的自我主张，但作为利己的方便之门发挥着作用。

正因为如此，就像下面将说到的那样，日本战败之后，服从的纪律松弛、崩溃，服从底面的利己心猛然涌于表面，掀起炽烈的私欲之争。

这样，服从和消极的习性就像利己心的伪装烟幕，起着强化利己心的作用。

4. 做自己所好之事

可是，服从和由此产生的消极的习性，并不能把人完全变成奴隶，它不能抹杀人格中心的自我。就像刚才说过的那样，如果服从的禁锢因某种机会，被放松或被解除，在此之前，一直被关闭的自我，就会以种种形式，开始表现它的存在。

日本虽经明治维新但并未成为彻底的近代国家，因此，对大多数日本人来说，并没有能够确立自由的个人的自我的社会基础。

福泽谕吉①早在《文明论之概略》中，就论及过此事，他

----

① 福泽谕吉（1835～1901），明治时代思想家，幕府末期曾数度随幕府使节周游欧美考察。《文明论之概略》著于1875年，是他传播西方近代文明的代表作，其中批判了日本传统文明的不合理性。晚年他沦为国权主义者，并力主日本"脱亚"。

说："古来日本称义勇之国……武人宛如放荡不羁，然此种放荡不羁之气象，非自一身慷慨而发，非一男儿有享乐身外无物一己自由之心而发，必因外物之诱而发，即借外物之助而生者也。"

这个"外物"，据福泽说，是指先祖、家名、主君、父亲、身分等，因"日本武人"没有"独一个人的气象"（individuality——个性）。

福泽是最早积极倡导个人自由的日本人之一。他说："人之自主自由独立至关紧要，误此一义，无以修德、开智、治家、立国，亦无期天下独立。"

可是，福泽所期望的健康的个人主义、自我主义，自明治以来，并未能普及到日本人中间。虽然，它进入了一部分思想家、政治运动家之中，但如前所说，对于日本国民大众来说，时至今日也是无缘的。

然而，民众在绝对服从之中，也曾设法追求表现自我，于是在强制绝对服从权力的时候，出现了两种表现方式。

第一种，如前所说过的那样，戴着服从的假面，适当地实现利欲、利己主义的目的。这种方式，自我主张终局停止在满足利己心上，留下来的只是被利欲支配的奴隶的自我，而不是自由的自我。在小说《真空地带》中出现的兵长①自夸自己做奴隶的诀窍："不会的，像我这样的人，一定能躲过参加野战。

---

① 兵长，"二战"前日本陆军士兵军阶之一。当时准尉以下的军阶是：曹长、军曹、伍长、兵长、上等兵、一等兵、二等兵。

如今当上了兵长，不久满期，满期捞个伍长回家，这礼物不坏，当兵不是很有甜头吗？……"

这种利己主义也可以认为是对服从和强制的一种抵抗。好像是一本正经当傻瓜，但"捞甜头的兵"是"忠良士卒"的反面，在那种秩序中，不能不说是有才智的证明。

大概受这种"甜头兵"诱惑的士兵不会太少。

士官学校的毕业生们虽然表面上抱着不把成绩放在眼里的态度，但很多人内心中还是想出人头地，当个"甜头军官"的。"毕业成绩决定优劣，赴任后也以此作为晋级的顺序。……因此需要争取好成绩。可是如果明确说出来，便会被人瞧不起，说：太拘于分数了。是要好印象，还是要好成绩，把两个矛盾的东西巧妙地统一起来，是困难的。因此，必须学习而又不大让人感到在学习。"（《日本军队》）

这样，服从反而引起利己心。在这里出现了日本人心理常表现的二重性。

生存在固定、严格的秩序之中的人，只要不明确站在否定这一秩序的立场上，而在这一秩序的框框中，在不触法、不逆上的范围内，又想吐出一点自我之气，就要会分别使用服从主义和诀窍主义。用方才引用的话说，即"把两个矛盾的东西巧妙地统一起来"。

越服从越需要诀窍。在考虑诀窍时，另一面的服从心将会活动，限制投机取巧的程度。

小说《真空地带》中木谷的话，清楚地表明了这一点。他说："世上究竟哪里会有喜爱军队的士兵？我希望找遍日本同他见见面。……但当兵的不论嘴里怎么说讨厌军队，可是大家的心底都有为日本这个国家尽职的心情。"

虽然不能说所有士兵都有为日本尽职之心，但像这里所写的那样，服从、奉公的心情和要求自由的心情混在一起，时而采取比较调和的诀窍主义，时而处于两面夹板之中。这大概才是实情吧。

可是这样的在服从假面之下生成的利己心，绝不是明治以后的产物。

"二战"期间，在被作为死的圣典而流传的《叶隐》①一书中，不只有绝对牺牲的说教，如有名的"武士道看破了死"等，同时也有这样的惊人之语："人一生实在短暂，活着应做自己所好之事，在如梦般的世上，尽做不爱做的事，尝受苦痛活着，这是愚蠢的。这话如果往坏处想有害，因此作为秘话未说给年轻人。我喜欢睡觉。和现在的心境相应，我想：闭户不出，睡觉度日。"

这是《叶隐》一书的口述者佐贺藩主锅岛光茂的侍臣、忠臣山本常朝（又名神右卫门），因殉死受国禁不能如其愿，隐居在草庵里讲述的一段话。

这一武士的"秘话"，明显地暴露出在严格的封建制度下

---

① 《叶隐》，流传很广的武士道著作，共 11 卷，又称《锅岛论语》。作者山本常朝（1659～1719）是佐贺藩第二代藩主锅岛光茂的侍臣。1700 年光茂死，山本欲立即为主殉死，但因光茂生前已禁止殉死，不能完其殉死之志，遂出家隐居，后在草庵中，口述锅岛家武士之道和自己的心境，由田代阵基笔录，1716 年成此书。

的诀窍主义和利己心。正像谚语所说："被追问时，纹丝不露；自白时泄露了天机。"颇有意思。

5. 弱者不可侮

强制服从，不仅产生作为消极抵抗的利己心，而且也会引起对强制权力的积极的反抗心。然而这种反抗未必只限于政治运动那种反抗和变革的形态。尤其日本的社会，明治以后也继续通过国家权力实行着服从和压制，阻碍了近代的社会革命、人的革命的进行，因此容易表现为与利己心纠缠在一起的"自我中心主义"，而不是采取反抗或正面否定权力的形式。

这不是导向确立现代的自我，而是以"个人自由"为标榜，将人引入任性、随心所欲的倾向。而任性与建立在承认他人的自我、承认人性的尊严之上的自我主张相反，是从对人不信任和轻蔑人出发的。

本来，自由的自我，是通过自己消除服从和压制，解放自身的社会革命才能实现的。可是在日本，国家的权力，连这次的战败，也不是通过国民的手而是靠敌国的力量击溃的，获得的"自由"也是取代国家权力的占领军降赐的。这是与投降交换而得来的被动的自由、被命令接受的自由。

因此，对大多数日本人来说，对权力的反抗，并未直接地沿着社会革命、人的革命的潮流而进，最多不过是以"自我中心主义"的爆发而结束。

由于不是以自己的手打倒至今仍强使自己"无我"的权力，其结果没有"我"的自觉，在目睹权力被别国的力量打倒、消除对权力的信赖和恐惧时，人们只感到对权力的不信和与此相联系的对人的不信。

这种不信，进一步扩大，导致对一切人不信，结果可信赖的只有自己，沦为只看重自身利害的"自我中心主义"的心理。这样，曾在服从中深得要领的诀窍主义者，在"被赐予的自由"中，又成了利己主义的信奉者。

服从下的对权力、权威的反抗心，首先表现为以各种形式出现的间接性的批判。比如，不会招来处罚、报复的流言、笑话、顺口溜等，就是例子。

军队中有流传很久的这样的数数歌："你拍一我拍一，军队无人愿意去，志愿是傻瓜，再次服役蠢又愚。……你拍六我拍六，绝对服从长官吼，军队命令无话讲，前面是墙也得走。"

军队内部的数数歌等，是在可容许的范围内一种发泄不满的泄洪口。而更直接的方法是把对来自上面的压迫和暴力的不满，以同样的压迫和暴力，向比自己地位低的人发泄。自泄洪口流出的不满，就像瀑布一样一层一层倾泻而下。"尉官打下士官，下士官打上等兵，上等兵打一、二等兵。二等兵没有打的，就打马。如果看到哪个连马厩中的马见人就惊，马身上有伤，那么这个连大概盛行暴力制裁……"（《日本军队》）

发泄不满，不论通过语言，还是通过对部下的暴力，都是在既成的秩序中一种被默认的心理上的"安全阀"。这样的"安全阀"的典型是日本战败前，在国民中流传的关于天皇、皇后的流言。这样的流言如果发表出来，无疑将获不敬之罪，但其流传极广，已成了日常的话题。

对于一边勉强服从权力，一边又自觉到内部的自我和外部的权力相冲突的人来说，反抗又与服从的自我纠缠不清。

已在战争中死去的学生兵们，留下了这样一些话。

是我惜命吗？或许这样。不论嘴里怎么说已理解了全体主义的全体和个人的关系，但是人就是对"自己"做了彻底清算之后，"自己"还是保留着。极而言之，我认为没有哪个人没有个人主义倾向。

不论什么人，入伍以来，都会莫名其妙地增强对抗意识，只是他们不想发怨言一个劲地干。……可是本心都对所谓军人精神抱有强烈的屈辱感，越被申斥："去掉个人私念！"越会想到个人，如果失去它，我们哪里还有人格，因此别人看来，我们小心翼翼，但实际过着表里不一的生活。(《遥远的山河》，1951)

这样的自我反抗，随着"二战"末期临近，权威开始动摇，至今仍停留于间接的自我主张，可不久就爆发为对权威本身直接的批判。

充当回天特攻队员①战死的学生兵，在写给母亲的遗书中，大胆地批判了海军权威。"对军人多少怀着的期待，完全破灭了，不再想做职业军人了。……极端形式主义的他们，用形式

---

① 回天特攻队员，太平洋战争末期，日本海军搞了一种载人鱼雷，用潜艇把这种鱼雷载到敌舰集结地附近发射，由人操纵鱼雷方向，鱼雷触敌舰，人也同归于尽。约有900名日本海军士官死于回天计划，击中敌舰者甚少，无谓牺牲者占多数。

主义对待我们，约束我们，这就是所谓海军的传统、海军的常识。其实这只不过是岛国人的本性，屁股眼里的小人们苦心制造的形式主义的固陋的因袭。"（《遥远的山河》）

"二战"越来越接近末期，反抗不只限于兵，低级士官们也开始顶撞上级的命令。虽然规定"上呈意见，不可两人以上"，但多数士官还是会结成一伙谴责上级军官的命令，有时甚至摆出不惜采取直接行动的架势。

比如，因受空袭，东京某团被烧，连长被追究责任，团长粗暴地下令进行防火演习，军官们一起对团长发起火来。"一干部候补——少尉甚至扬言，本土成为战场后，我要向团部开炮！我也发火参加了反抗行动。在那时，救了我，令我感激的是居间的一位营长，他对我说：'到必要时，脱掉军装！因为穿着这层皮，才多事。因此要准备必要时摘下肩章，按你喜欢的那样去干！'"（《日本军队》）

上面这个例子，说明从士兵一直到营长都一致表现了对团长的权威的反抗态度。

在海军里，战舰大和号①上的士官们，听说炮术学校断定该舰对空作战失败是因为炮手训练不足，都猛烈地表示抗议。

---

①　战舰大和号（排水量 69100 吨），第二次世界大战中日本联合舰队旗舰。1945 年 4 月，在败局已定的形势下，仅带单程燃料，抱决一死战的念头，欲赴冲绳海面攻击美国舰队（名为菊水作战），未达目的地，即遭美舰载机和潜艇的袭击而沉没。舰上官兵只有少数遇救。生还的吉田满少尉于 1951 年发表了回忆手记《战舰大和》，后改名《战舰大和的最后》。本书内有关引文都出自吉田的这一手记。

在炮术学校发来的关于战训的结论的下面，有用粗笔批写的大字："屁话、混蛋！"署名：臼渊大尉。还附有一个纸条，上面写着："不足不在于训练，而在于科学研究的热情和能力。"最后问道："……在如此状况下，还说训练不足是什么意思？"

中尉、少尉们都在下面签了名。

如此乱来，未受到任何人的斥责、惩戒，干部们只是无言地传阅着装有这个战训报告的夹子，都彻底地保持沉默。

"世界上有三件蠢而无用之物的样本——万里长城、金字塔、大和舰。""不把少校以上的官枪毙，别无救海军之道。"如此杂言、暴言在舰内相互传播，肆无忌惮。

战舰大和号，进而"随着出击的气氛愈浓，弥漫于青年士官间的烦躁、苦恼，引起种种论争"，因"决定性的败北已是时间问题"，军校出身的士官和想要知道死的意义的学生出身的士官之间，发生了乱斗。

军校出身的中尉、少尉异口同声地说："为国为君而死，这样不就可以了吗？"可是一般学生出身的士官冷淡地反问："为君为国而死，这我们明白，但我们要知道的是：这究竟同什么才能联系起来？……""那是无用的道理，有害无益的屁理！你们胸前带着特攻队的菊水章，难道不高兴高呼天皇陛下万岁而死吗？""只这样，我们反对，还应有更重要的。"终于拳头如雨下，变成乱斗的战场……

"二战"末期，反抗无希望的作战，顶撞发命令的军队的权威，从士兵到上级军官，到处可见。终于日本战败了，军队的权威一时被剥去假面，同时无数的抗议和非难，也通过士兵和军官之手，公之于世。特别是被当作战犯受到不当处罚的下级士官在死牢中写下的手记，激烈地批判了强制他们服从的高级军官的行为。

在监狱中，遇见某某中将、某某大校数人，并同他们一起生活。看见脱去军服赤条条的他们，对他们的言行实在不能容忍。……日本军人自九一八事变以来，尤其在占领中国南方以后，堕落为最低级的人，比每日为自己利益打算的商人还不如。他们经常大言不惭讲的"忠义""牺牲精神"，都哪里去了？

另一个被作为战犯关在死牢里的下级军人认为审判不公平，批评对高级军官处罚轻，主张自己的生命比腐败的高级军官宝贵。他说："数名大校、中校，数名尉官或许将判死刑，既然是事实，这是理所当然的。我相信：如果他们的死能挽救我的死，从国家的立场来看，我活着将比他们活着数倍有益于国家。他们所谓'精神性'的言语，华而不实，他们的内心除了物欲、名誉欲、虚荣心，没有别的。很清楚，如果将来也让这样的军人和过去一样继续活下去，对国家毫无益处。"

这是 1946 年 5 月在新加坡被判死刑的陆军上等兵木村久

夫（京都大学经济学部学生，28 岁）写下的手记。他这时才放弃了对上级军官的绝对服从，高叫"自己"的生命比上级军官的生命"数倍有益于国家"。从这里明显地看到了：一个人发现不屈服的自我，并把它暴露于权威面前的姿态。

可是，与这种自我主张一起，对人间一般的不信和绝望，不论哪个被判死刑的战犯，大概多少都是会感到的。一个被判死刑的曹长不仅对高级军官，连对天皇的权威也表示了疑问和批判。他是这样倾诉对人间的不信和绝望的。

> 一般说，高级军官没有一个好人。……我们被轻视、被愚弄、被欺骗、被陷害、被践踏。……再也不当兵了。我们究竟为谁打仗，我们相信过：为了天皇陛下，但似乎不是这样，天皇没有帮助过我。不管多么讨厌的命令，我也当作天皇陛下的命令忠实执行。而且平素经常努力把天皇敕谕的精神作为自己的精神。……但是我什么也不相信了。让我忍受忍无可忍、耐无可耐的事情，难道就是为了让我死吗？我将被杀，此事已定。我至死维护了陛下的命令。因此我无债可欠。欠你的东西，只有在中国最前线恩赐的七八支香烟和在野战医院领受的糖果。香烟太贵了，我用我的生命和长期忍受的痛苦，才还清。因此，再用多么诱人的语言也骗不了我了。欠你的债已经两清，不欠你的了。如果我重新诞生于日本，决不会再听你的，决不会再当兵！

> 如果来世托生，我不希望做日本人，不，连人我也不做！（《自那以后七年》）

6. 别人的也是我的

这样，利己主义便深深扎入"什么也不相信了"的多数日本人的心里，他们只信赖自己，只想维护自己的生活。

小说《武藏野夫人》①描写的一个复员军人的心理，代表了战后一代的心情。"他作为继子养成了只有自己一个人靠得住的心理。在日本战败的混乱中，他更增强了这种信念。俘虏营中伙伴堕落，使他失去了对人的信任。复员后，他所目睹的日本战败后大人们的行迹，都证明了他的信念。他对学生运动不感兴趣，也不相信民主。"

不只限于称作战后派的青年，在成人中也有很多这样的人，他们把对权威的不信扩大为对人类的不信，养成以自己为中心的习性。

这首先产生于因日本战败的混乱造成的对所有观念的动摇。尤其军队方面的人员，把大量"官有"的军需品，当作"私有物"变卖给民众，贪污受贿，倒买倒卖，致使黑市横行。"至今，所谓'官有物，不管是军服，还是其他东西，都加上一个能够体现特别气氛的名称，让人严格地尊重它，稍弄坏一点就会说损害了陛下的东西，就得坐班房。可是一旦出现能够把这些'官有物'当成'私有物'的异常情况，它就成了秩序崩溃的突破口。"（《日本军队》）

---

① 《武藏野夫人》，大冈升平（1909～1988）1950 年发表的长篇小说，它通过一个复员军人同已成为别人妻子的女人的爱情悲剧，描写了从"二战"中过来的日本青年的心态。

"官有物"即"陛下之物"，原本神圣不可侵犯，现在却沦为私有物，而且每个人为饱私囊为所欲为。这种物质条件的变化，成为以此为基础的军人心理状态产生动摇的一个开端，实在可以说是一个可悲的教训。

从所有观念的混乱，沦为彻底的自我中心主义的战后派的冠军，大概可以说是自杀而死的"光俱乐部"的学生社长山崎晃嗣吧。他写的《我是伪善者》一书有详细的记述。

> 终战当时，我是陆军主计少尉，担任旭川北部第一七八部队粮秣委员。平素开口就用"军人敕谕"①"战阵训"②让"尽忠奉公"的军官们，接受波茨坦宣言的同时，就变成赤裸裸的人。……"早驾驭女人的人早驾驭人"……我执行坂田大尉的命令，和为旭川部队拉脚的运输店合谋，把一部分粮食"转移"了。……由于运输店告密，我因涉嫌贪污罪而被捕。判刑一年半，缓期三年执行。我始终严守相约的口径，说与横山中尉没有关系，保护了他。可是出狱后才知道，他已和运输店老板合谋，把"转移"的东西处理掉了。……连一分钱也未分给我。……

一次又一次这样的经验，使山崎终于建立了"不相信任何人"的哲学，他说："人性本来就是傲慢、卑劣、邪恶、矛盾

---

① "军人敕谕"，明治十五年（1882），明治天皇向陆海军人颁布的敕谕。其中包括五条"训诫"，第一条是"军人以尽忠节为本分"。

② "战阵训"，第二次世界大战期间，陆军省颁布的军人誓词。后期，不仅军人连一般国民都需背诵，其中有"生不受囚虏之辱，死勿留罪祸之污名"的语句。

的，因此我根本不相信人。"

他是从这种不信他人的哲学出发，变成主张并实行彻底的自我中心主义的。在他的"光俱乐部"的办公室的墙壁上张贴着"光战阵训"：要记住别人的东西是我的，我的东西也是我的。发挥光的精神，把别人的东西弄到手！

山崎的"自我中心主义"，是以通过自己的努力，考验自己的"极限"的形式表现出来的。也就是说，他的行动是想试一试以自己的能力能把自己主张的自我推进到何种地步。这是为了使自己的自我变得确实，反过来这也说明他潜在地意识到他的自我是不确实的。

对于自己的能力，山崎说："我想干一番能够表现出速度、年轻、才智的事业。……以至想通过自己的努力，把能力发挥到最大限度，看一看自己多大程度优越于他人。"然而同一个山崎，"小时候，每做一件事，都要问母亲：'这样行吗?''这样对吗?'"这鲜明地反证了山崎沦为"自我中心主义"是为掩饰自我软弱的心理状态。

对于他来说，经常有这样一种保卫自己的观念在起作用，就是：在同不可信的他人一起生活中，能够多大程度保护自己，因此，"我有时雇人是为了检验我的能力的极限：别人能够多大程度背叛我，我能够对抗到怎样程度"。其动机也出自于这样一种潜在的不安，即不知道对所有人的不信和绝望，他的自我能够忍耐到多大程度。

这种被夸张了的自我表现，相反只能证明他对自我缺乏自信。

山崎在说到"自我的观念是宇宙与我共生、与我共死"时，又注释说，一切"理论的根本在于信仰"。这表明：他所谓"自己的思想"，也依然采取了借助他力的信仰形式，并不能靠自力说得清。而这又是支撑他远非现代性的自我——不确实的自己的心理支柱。

同样的战后派的青年代表之一、小说《确证》①的作者小谷刚，在形形色色的作品中，不断地使用"自我"一词。他还在作品中借因失恋而产生对人不信的人物，谈"自己"。

> 总之，在女人问题上，我失败了。它告诉我：所谓爱情有多么虚伪！相互拥抱、相互流泪，沉醉于一种游戏之中，结果双方都怀着无能为力的自我，只不过是模拟同化的游戏而已。被逼到绝境时，就都只剩下赤裸裸的自我。我相信我的自我，甚至想亲一亲它。我的自我，就是要尝试不择手段排除前进路上的一切障碍。

从这里可以看见同山崎一样的姿态：不相信他人的"自我中心主义"，推动着这样的"自我"，想要突破"一切障碍"。这种被夸张了的自我意识，依然是从对自我不确实的不安中产生出来的。

小谷坦白了他内心的不安，这一点比山崎老实得多。他在同山崎举行座谈时，谈及社会约束，他说："我唯独没有打破

---

① 《确证》，发表于1949年，获第21届芥川文学奖。作者小谷刚以后没再发表什么作品。

（义理人情）的信心，结果，仅仅在作品中摆出了逆反的姿态……"

小谷自己认识到为设法辅助不确实的自我，采取了表现自我的"姿态"，而山崎并没有这种意识。

总之，这样的虚张声势的自我主张、企求有某种确实的心理基础。关于这一点，山崎后来成为"契约主义""合理主义"，小谷成为"肉体主义"。作为支撑自我的心理基础，或者契约，或者肉体，他们都是把它作为唯一确实的事实——"确证"看待的。

战后派青年的"自我中心主义"，是一种脆弱的人的"姿态"，是以消极性、非生产性为特征的。为数众多的战后派的犯罪、不良行为，所有这一切都局限于消费性生活中。这一点，他们和明治年代的青年有很大的区别。

比如，明治中期度过青年时代、至今以"自我中心主义者"自诩的松永安左卫门（1875 年生，前东邦电力公司总经理），在庆应大学学习时，接受福泽谕吉的"独立自尊"精神，尝试过表现自我。现试将明治年代的青年与战后青年做一比较。

松永乘明治中期年轻的资本主义大潮，在生产上自己想干什么就积极地干什么，充满进取精神。他的回忆录《有勇气的自由》里，有值得引用的在日本很少见的大胆地主张自我的记载。

　　总之，年轻时，要发财，除了没干过小偷，什么买卖都干过，赚钱、花钱、存钱。想要女人，就爬墙头，尽管搂着的是别人的老婆。那个时候，胜负、运气都不重要，关键看男子汉的胆量和才能。可以称之为荷尔蒙本能或冒险心。什么信奉资本主义啦，剥削致富啦，这不过是别人的命题。

从字面上看，这与战后青年的行动似乎没有多大不同，但松永的自我主张的根底，没有自我不确实的不安，反而有一种从福泽所谓"自尊"出发的强烈的反封建精神。在同一回忆录里，有一段松永在明治三十年代初，参观伊势神宫时的回忆，从中我们也可鲜明地看到这一点。

> 我从学校出来以后，卖煤炭。在四日市港做生意时，正当二十四五岁年轻时节。世人哄闹参拜伊势神宫，我也去看热闹。当目睹善男信女们，摘下帽子，脱去外套，跪在台阶下的石子地上，一心拍手祈祷的奇妙光景，我厌恶极了。我照旧穿着外套，戴着帽子，还叼上一支雪茄，眺望新建的神宫内部。看守的警官过来了，问罪说："叼着烟而不礼拜，违反神宫规则！"（《有勇气的自由》）

出自福泽之门的实业家，像松永这样明确地向世人表明接受，并相信福泽的自由主义思想的人，大概没有第二个。因此，在战后的今天，他激烈地谴责日本人的事大主义，是不奇怪的。他说："事大主义是这种民族病的一个特性，什么'胳膊扭不过大腿''对哭啼的孩子和地保，就得让三分'就是这种东西。福泽先生等明治初年便有力地批判过。什么官尊民卑思想也好，什么与强权斗害己害家也好，都是从这种民族性产生出来的。"

由此看来，明治青年的自我主张，曾面向过直接成长为近代的自我觉醒的方向。但是，日本资本主义发展的结果，并未能通过自己的斗争取得资产者的自由，相反以受国家权力保护的形式，发现了大资本和军队、政府的勾结。因此，在日本人中间，事大主义替代着自我，一直持续到今天。

所以，一般表现出来的日本人的自我，都不是从所谓不受权威侵犯的"个人尊严"的自主立场出发的，而是从所谓"个人利欲"的利己的立场出发的。

从上面举出的山崎、小谷的例子，也可知道：他们的自我主张，终极并未采取反抗权威的形式，最多只不过是想在战后社会所赋予的框框内，尝试一下满足利己心而已。在这一意义上，也可以说其与事大主义并无多远的距离。

二　日本人的幸福感

日本人与其他国家的人比较，很少使用"幸福"一词。特别是日常会话中，如果有人说："我是幸福的。""我多么幸福呀！"就如同演戏，听起来很刺耳。

作为书面语，在信中虽然写"幸甚""万幸之至"，但这是寄给他人的话，不论怎么说，绝不是带有实感的话。

这令人感到日本人对幸福状态的生活感情，不知为什么，好像有些淡漠。日常不使用"幸福"一词，不仅因为日本人生活上与幸福关系疏远，还由于他们养成了对幸福回避的习性。

回顾一下日本人幸福感淡漠的由来，可以知道，自古以来日本人就反复地被灌输了这样的观念：幸福是危险的、空虚的，而忍受不幸才是美德。为叙述方便，笔者把日本人的幸福观分为幸福危险论、幸福空虚论、为不幸辩解论，分别地考察一下。

1. 九分不满十分则溢

——幸福危险论

日本自古就有不少关于修养的书，但不论哪本书几乎都不例外地告诫人："如果九分不满足，十分就漾出来了。"

意思是说，人如期望一切都十分满意或者期望满意达到幸福的状态，虽非罪恶但是危险的，其将会成为痛苦之源。

这种想法，不用说，出自老庄的少欲知足思想。老子的"知止所以不殆""知足不辱，知止不殆，可以长久"，就是说：你期待的幸福，如果超过了现在所给予你的，那是危险的。

日本古时，鸭长明①在《方丈记》中说："有财多虑"，"人所营皆愚，尤以造家宅于如此多危之京中，耗财恼心，实为愚中之极"，所以"惟草庵，闲逸无虑"。其结论依然是幸福危险论，即认为优遇的物质条件，会带来恐怖和不安。

兼好法师②在《徒然草》中也反复地主张：物质的幸福是危险的。"财多疏于守身，招累致害之媒也"，"身死留财，非智者之举。……有言'唯我得'者辈，争家业，其状恶也"。他甚至举出争夺遗产的恶例，主张只要有"以保朝夕之物"就知足了。

长明和兼好的幸福危险论，不过是作为接受老庄和佛教思想的隐士的个人见解，并未被当作处世的教训广泛地向一般民众说教，让民众接受。

可是，对于德川幕府来说，为了构筑封建社会牢固的基

---

① 鸭长明（1155？～1216），镰仓初期的和歌诗人，晚年出家隐世，《方丈记》记述了他隐居的生活和心境。

② 兼好法师（1283？～1350？），名吉田兼好，镰仓末期的和歌诗人，中年出家隐居。后人谓《徒然草》为兼好"燕居之日，徒然向暮染笔写侍者也"。

础，却有必要在施以武力压制的同时，向民众植入毫无不满地接受严格的身分制的习性。自德川家康以来，侍奉过四代德川将军的御用儒者林罗山①在通俗解释仁义礼智信的《春鉴抄》中，就多处以恫吓的语言强调幸福危险："欲纵终必灭，志满后必毁，乐极悲自来。谨言慎行不可轻也。"

不只林罗山一人，德川时代的儒者们为了防止民众的不平、不满爆发，在种种说教中专门告诉人们：企求幸福是危险的。贝原益轩②就是这种幸福危险论的代表。他说："财禄有止，私欲无止。任所欲无止，必财尽途穷。……纵享万贯之俸，而随心所欲，富家亦必有财竭后日，即苦自身，且累他人，为一生之苦、子孙之不幸。"

益轩进而将其道理推向一般："万事满至十分，其上无以复加，忧患之本也。古人曰：酒饮微醉，花观半开，此言至理也。"

益轩的幸福危险论，以各种形式，最通俗地进入德川时代的民众之中。而且他不只说"幸福是危险的"，或说"事物不足才是安全的"，仅这些是不够的；他还告诉人们：人如果不懂此理，一定会受到超人的绝对权力——"天道"的处罚。比如，受到世间的赞扬，或感到现实的幸福时，要想到"好事多磨"的谚语，坏事一定会伴随幸福发生。《益轩十训》中说："易曰：天有盈亏，物有满缺。古语亦谓：藏

---

① 林罗山（1583～1657），江户前期的儒学者，崇尚朱子学，著作甚多。
② 贝原益轩（1630～1714），江户前、中期的儒学者。

多失厚。"天道之罚——天罚并不只是对着"人因贫穷而产生的"贪婪的。

一般来说，日本古来就有受恩负重之身多患的思想。如《沙石集》①中说："恩愈大，烦恼愈多，所营愈繁，身多危矣！"

因把幸运看作天赋之恩，所以便产生了如果享受这种恩惠过大，反而会危及自身的想法，亦即主张幸福过度反而不好。如果幸福不适度，就会带来灾祸。心学的处世说教书《集草》说："大福来，灾祸起，当为训，慎处之。"这种幸福否定论大概可以说是幸福危险论的基础吧。

再有，幸福的条件之一快乐，反招苦，在心学中有大家都知道的"乐为悲之始""乐为苦种"的古谚。益轩说："世俗之乐，其乐犹不止，迅即为我身之苦。……惑心，损身，恼人。"

在德川时代的国学者中，像下面将说到的那样，也有反对幸福危险论，提倡享乐主义的人。不过，尽管他们认为享乐系人的欲望，但依然保留着乐必有苦相随的论点。比如富士谷御杖②说："凡人之常情，无不求乐厌苦，然只厌苦则招苦，只求乐则失乐。"

这种认为享乐和物质的幸福反招痛苦的思想，至今依然作为处世妙诀，被写在谈修养、处世的书里。例如"富有……反

---

① 《沙石集》，镰仓时代佛教话集，无住法师（1226～1312）编。
② 富士谷御杖（1768～1823），江户后期的国学者。这里的国学指专门研究日本典籍的学派。

而因此感到苦恼。富有者未必幸福。""忙忙碌碌地追求金钱，被金钱鞭打着，苦恼万分地东奔西走。多么痛苦呀！"（《处世百科辞典》）

当然今天的说教，没有采取"幸福危险！""受天罚！"那种恫吓的形式，但长明、兼好以来的幸福危险论，尽管历经岁月，仍照原样地被继承下来，仅仅改为现代语言，依旧被当作指导大众生活的一个指针，实在令人惊讶。

当然，就像下面将说到的那样，在战后的日本，产生的极端幸福至上主义、享乐主义的社会心理，已开始蔓延。它是与幸福否定论完全对立的。

尽管如此，至今还有许多日本人，在蒙受他人的好意时感到：这是交了好运，这种幸福是自天而降的，难以坦然接受。如前说过的那样，他们把他人的好意和得到的幸福，视为"恩惠"，又认为这种"恩惠"必然带来沉重的负担。因此，他们在接受幸福的同时，便感到被置于承受负担的烦恼和束缚之中。

太宰治①在小说《人间失格》中鲜明地描绘了日本人独有的这种可称为"幸福负重"的感情。

　　同一时候，自己还受到银座某大咖啡馆的女招待的意想不到的恩惠，虽然仅仅一次，但拘于这一恩惠，感到不安和恐惧，连身体都不敢动一动。……同那个诈骗

---

①　太宰治（1909～1948），早期为浪漫派，后期为颓废派。《人间失格》是他后期的作品。太宰与情人一起投河而死。

犯的妻子过的一夜，对自己来说，是幸福的（毫不犹豫地肯定地使用这样不知天高地厚的词，在自己的全部笔记中，不会有第二次）、解放的一夜。……怯懦者最怕幸福。棉花可以伤人，幸福可以伤心。在尚未致伤之前，急于早日分开，散布了那番滑稽的烟幕。……离别后，随着时日过去，喜悦淡薄，那偶然的恩惠反而又使我害怕起来，感到自己好像在恣意地紧紧地捆绑着自己……

这种幸福反而是重荷的心境，令人感到其同古时的幸福危险论，尤其是《沙石集》中的"大恩危险论"是一脉相承的。

2. 死后什么也带不走

——幸福空虚论

否定现世幸福的另一种想法，是日本式的虚无主义，其认为幸福是虚幻的。它出于佛教的无常观，长久地被作为日本人的人生观的底层而流传下来。

这种思想的代表作依然可以说是《徒然草》《方丈记》。

可是兼好、长明虽然同主无常，但在许多观点上有微妙的不同。

兼好把现世的生活看作是短暂临时的，看成虚幻不定的，因此认为被现世生活所拘，无意义。纵然大宅邸，"安能长生久居？且吾观而感之：遇不虑之火，刹那即化灰烬"，"凡事虑及后世，徒然也"。即认为不只现实的生活，连思考无法看

到的后世，也是徒然的。从这里产生了遁世思想。"此世诚如
幻，人必思生死。偶兴至，即兴朝夕侍君、厚家之念，心为俗
缘牵移，不得静，道亦难成。……人再生之验，惟期遁于
世外。"

长明《方丈记》中的幸福无常论，是从现世的生活是偶
然的、不足以依赖的观点出发的。他说，此世为"暂栖之客
栈，忧心为谁，悦目何以，主客争说无常，谓之：与牵牛花之
朝露无异"，因此不论称之为幸福，还是称之为快乐，结局都
是无聊的。

日本人从中学起就学习这样的无常观的说教，并被教导
说：这样的想法才是日本人具有代表性的人生观。不仅如此，
日本文学思想中有一种主张，甚至认为文学本身就是为了向人
们的心里注入无常观。

比如在中世①和歌诗人中，心敬②、宗祇③主张以连歌④咏
无常，使世人领悟无常之理。心敬在《私语》中说："此道以
述无常之怀为心词之旨，相言哀深，揉夷鬼之心，劝悟人世之
无聊……"既然作歌之道就是为了使人领悟人生无常、无聊的
一种方法，那么就像后来所看到的那样，日本独特的在自然之

---

① 中世，在日本历史上，一般指镰仓、室町时代，即公元 10 世纪末至
15 世纪初，约有 400 年。在此以前的平安时代称为上代或上世，以
后至江户时代称为近世。

② 心敬（1406～1475），室町时代前期的连歌诗人。

③ 宗祇（1421～1502），全名为饭尾宗祇，室町时代连歌诗人。

④ 连歌，和歌的一种，由两人以上轮流以长句（五、七、七）和短句
（七、七）咏诵，百句为一个单位。

中觅取人间无常的感伤诗，成为从中世的连歌一直到今日的流行歌的主流。

而无常观到了德川时代又以通俗说教的形式进入民众的人生观。比如有名的白隐禅师①的歌中有一节是："纵然万贯富翁，死后什么也带不走……人称薄命为朝露……既如此，在不可靠的俗世，储蓄金银有何用？"

白隐是以僧侣之身向民众说教"不可靠的俗世"的幸福是无用的，而西鹤②则以描写现实的作品表现人对无常的认识："人生曰梦幻，焚死于一瞬，金银瓦石难为黄泉之用。"他所说的依然是，靠金钱构筑的幸福无助于死后。

就连德川时代为数不多的合理主义者司马江汉③也是一样，他晚年的随笔集《春波楼笔记》是这样回顾一生的。

> 一生于此世，自幼而老，无聊之至：
> "栖居闹市噪一时，
> 无留此世暮色迟。"

这种无常观，也被看作武士培养不厌死、节欲的根本而受到重视。《武道初心集》认为武士必须有这样的无常观："（武士）日夜以死煎心仕之，此为第一本愿……"必须有精神准备：生命是"有今日不知明日"的。反之，"远观死时，长留

---

① 白隐禅师（1683～1768），名白隐慧鹤，江户中期的禅僧。
② 西鹤（1642～1693），全名井原西鹤，江户前期的小说家。
③ 司马江汉（1738？～1818），江户后期西洋画家、西洋理学研究家。

此世之心，必生杂愿，深私欲。人之物贪之，己物吝之，皆如町人百姓①之心术"。因此，"知世之无常，淡贪欲……完其品格"方能成为真正的武士。

这就是说，武士"知人生之空幻"是完善其"品格"的根本。

其中所说的"远观死"，即留恋人生、现世，武士不可有。武士必须始终抱有无常观。

天保②年间有一篇随笔感叹武士置无常不顾的本来姿态，文中说："以有限之身奔驰于无限之欲望之中，在不顾无常之世路上，孜孜不倦历千载，唯此可悯。"（志贺忍《理斋随笔》）

由此看来，存于武士心底的是消极的无常感，与所谓"忠义""胆力"表现的那种壮烈的情感不大相似。这种无常感无疑是对武士的奉公、为主人而死的非合理性的补救。从被掩盖起来的怯懦、"断念"方面来看，可以感到某种人性的悲哀。

因此，武士出身的禅僧铃木正三③也把"静观变幻无常之心"看作武士重要的品性之一，他说：武士"摆脱一切执着"，"立即去死，将减轻苦患"。

---

① 百姓，即一般农民。江户时代实行严格的身分制度，将军、大名、武士为贵族身分，百姓、町人（手工业者、商人）为平民。此外还有叫作"秽多"的贱民。

② 天保，江户后期的仁孝天皇的年号，1818～1830年。

③ 铃木正三（1579～1655），江户前期禅学者。

总之，武士也好，町人也好，看轻现世，把它看作无常，是重要的。《一言芳谈》^①主张看破因无常而产生的忍从，因此把否定幸福说得很美："今生有如一夜之宿，人世如梦幻，如此思之，难忍则易忍，后世修行亦盛。知一世之短暂，则思今生之重，能以无道心待一切。"

认为此世无常就可以忍耐的人，或者如佛教徒那样相信后世，或者如武士那样准备以生命报效主君。总之，无常观需有辅助，最终是需要用后世、忠义等绝对的非无常的东西来补救现世的无常的。

因此，日本人的无常感的特征，是在以无常否定现世幸福的背后，有一种绝对的东西。它与否定一切绝对性事物存在的其他国家的虚无主义，在思想方法上有本质的不同，可以说是日本式的虚无主义。

这样的日本式的虚无主义，以后一直活在日本人的心中。进入昭和年代，有一个国家主义者，在法庭上这样地谈过无常观与天皇崇拜的关系："……可是，人的力量所能干的事情，充其量，也是脆弱而短暂的。……而'一切活着的人'皆知无常、知人世之虚幻，经常追求非无常的东西。……全人类孜孜以求的，唯我神国日本、明津神^②、天皇。"（影山正治：《七·五事件公判记录》）

这段话很好地说明：日本式虚无主义的心理传统，追求无

① 《一言芳谈》，镰仓时代后期出版的漫谈佛法的集子，编者不详。
② 明津神，天皇的尊称，又称现津神，即现身的神。

常背后的非无常，在心理上是同把天皇视为绝对者的法西斯主义理论连接着的。

情况虽然不同，但在参加特攻队而战死的学生们生前的手记中，还是留下了许多混杂有无常感和绝对感，表现出日本式虚无主义心情的语句："……死去，成为天上的云。那一日，是何日？难知也难躲，此为此世之常……""我们驾驶着飞机，好像无定向飞行途中的鸟，今日相会，明日分离，不知生命何时到头，只是准备着把它献给大君，献给祖国。"

特攻队的青年们或许也想像古时的武士那样，回首无常，毫无所恋地丢掉现世，获得所谓"悠久大义"的绝对的生。日本式虚无主义扼杀了年轻生命想要生存的意志。

无常观并非只和死的问题联结在一起，一般的处世之道也需要有无常观，它至今依然被认为是重要的。

它要求人们有这样的心理准备：首先领悟人生是无常的，不论遭遇什么不幸，都不慌张，也不悲伤哀叹。这样地培养无常感，是一种所谓消极地对待不幸的心理免疫法。它与武士、军人面临死的态度是同类的，至今还被说成：这是日本人的"素来的品性"。战前有一本修养书说："人生既如此无常，平素将持怎样的态度？遭遇无常时又要有怎样的思想准备？这是光明的生路，同时又是转祸为福的方法。"

茶道，在今天仍被许多人看作是一种特殊的精神修养的方法，人们强烈地认为它的目的是让人领会无常感，养成应付人生不幸的心理准备。

茶道有"一期一会"的说法，意思是说每一次茶会同席的人一生只有这一次的机缘，再不会有第二次，人们必须以这样的心情出席茶会。这就是茶会拥有的无常感。

"……一生一度的茶会……没有二度机缘……泡沫般瞬逝的茶会……真实地告知人世的虚幻"，这就是茶会。

究竟有多少人是这样认识茶会的，这是个疑问，但竟把无常感搬进属于个人爱好活动的茶会，从这一点也可以发现日本式的个人嗜好活动的特征。反过来，也可以令人感到茶道的无常感是那些幸运的人的一种嗜好、一种心灵上的奢侈。

与这种作为对不幸的心理免疫的无常感相对，还产生了另一种积极的从人生的无常预期获得意外幸福的态度。这时，无常感不是导向幸福的否定，而是导向不幸的否定。在后面的章节中将详细说到，无常感与碰运气的精神相结合，构成了日本独特的宿命论。

比如，有一本佛教色彩较浓的修养书，就是以这样的说教把无常感和预期幸福连在一起的："一般人尝受着劳苦，因此无常是最低限度的安慰，它能使人生于世，对明日的荣耀、快乐寄以希望。……可以说，正因为我们是无常的，才有品味明日快乐的希望。"（友松圆谛[1]：《报心》）

作为对不幸免疫的无常感和作为预期幸福的无常感，是日本式虚无主义的盾牌的两面。与这两种形式稍有不同的、接近外国虚无主义的、类似无常感那样的东西，也进入了现代的日本。日本式无常感与幸福和不幸连在一起，是所谓现实的无常

---

[1]　友松圆谛（1895～1973），佛教学者。

感，而现代的虚无主义不管什么幸福不幸福，包含着否定现实的绝对的无常感。

这种现代的无常感在现代文学中，屡有出现，表达的是一种离开幸福的喜悦和不幸的悲伤的感情。所谓"不向任何现实生活追求真实的灵魂，只在他自己之中发现真实"。

永井荷风①受过近代欧洲的教育，他的作品中对许多人物的心境描写就有一种与日本虚无主义不同的绝对的虚无感。《舞女》中的浅草的乐师是这样叙述自己的心情的："我感到自当上六区的小提琴手以来度过的十年放荡不羁的生涯，好像快要结束了。这似乎是悲，又似乎是一种期望。心里深深地埋着一种莫名其妙的沉痛。"

荷风的《墨东绮谭》，写了他和一位烟花女子阿雪相爱的故事。作者描写自己同阿雪离别时的心理，表现了一种虚无的情感："我和阿雪之间，互相始终不知对方的真实姓名和住所……我们二人也就是一朝分手，终生再难重逢的关系罢了。"《梅雨前后》中的法学博士松崎还有这样的感慨："我感到人世间既无过去也无将来，唯有其日、其时的苦乐，不论毁誉、褒贬似乎都不必太介意。"

在这里，无常感表现在"唯有其日、其时的苦乐"的对待生活的态度上。随后，老博士的一段心里话表明这种现代的无常感最终又回到了类似日本式虚无主义的悟性上。"如果是

---

①　永井荷风（1879～1959），唯美派小说家，《梅雨前后》《墨东绮谭》
　　分别发表于 1931 年、1937 年，《舞女》发表于 1946 年。

这样，必须想到自己的一生起码是人间最幸福的。虽说年已60，但依然无病，不怕世上闲话，拉住 20 岁的女佣胡闹，往往如年轻人而无羞愧。只这一点，就比王宫贵族幸福得多吧！松崎想到这里不由得要笑出声来。"陶醉于无常感之中，心理上还有欲笑的宽裕，这来自日本式的或者坐禅般的顺应自然的心情和由此产生的对毁誉"都不必太介意"的解脱。因此荷风的无常感不仅对活着无碍，而且是个补救。荷风既未发疯也未自杀。

可是在荷风以后的青年一代，无常感由于不能止于幸福或不幸的任何一点上，而产生焦躁和绝望。

织田作之助①在《世相》中借小说家之口说的无常感，虽然表面上与荷风相似，但无补救之点，完全不同。"可是，我等既不追随左翼也不追随右翼，不相信什么思想、什么体系"，"虽说如此，也无极度的不安，以一种年轻人或上了年纪的人都不可解的、像似明白又像似不明白的暧昧的表情"，度过青春，"就算是一种颓废吧"。

就是说，织田或追随其后的一代又回到现代的无常感，他们没有从小市民思想上的动摇中发现精神上的支柱，而认为动摇、转变本身是绝对的。因此，织田说："……漂流，漂流，描写这种不断地栖宿的流浪生活，唯有这时才是我的文章最富活力的瞬间。我像傻子般只知道：使自己的不具体系、思想的感受性，潜沉于唯一的场所，窥视那时的那一场所像走马灯似

---

①　织田作之助（1913～1947），颓废派小说家，《世相》作于 1949 年。

的令人目眩般的变化，并希望自己不受伤。"

现代的无常感如走到尽头，在那里等着的只有绝望、发疯和自杀。《人间失格》的作者太宰治也只能这样说："现在，自己没有幸福，也没有不幸。一切都将过去。至今，自己活在痛苦的称之为'人'的世上，唯一感觉像真理的东西，只有这一点。"

三　日本人的不幸感

与被扭曲成为日本式虚无主义的日本人的幸福感同样，日本人对不幸、受苦的精神准备，也是一种独特的传统心理。

前面说过日本人至今仍不习惯使用"幸福"一词，但是在日语词汇里，不幸、辛苦、艰难等，与形容不幸状态的悲哀、可怜、凄凉等一样，非常丰富。比如日本流行歌的语言，据调查，至今使用最多的名词是"泪"，动词是"哭"，形容词使用最多的是"可爱"，除此之外，是"悲伤""苦闷""怀恋""寂寞"。其中"可爱"也未必只出现在欢快的歌里。总之，面向日本民众的流行歌，歌唱不幸的比歌唱幸福的多得多。

从这一例子可以知道，日本人不论现实生活，还是心理世界，被不幸所困扰、纠缠的机会特别多。现在，我们来看一看与日本人的幸福感相对的，可以叫作"不幸感"的心理。

第一，日本人对不幸、灾难，或者"断念"，或者做自我安慰，都是以消极的方式克制怨恨和不满。没有哪个国家像日本，有这么多的修养书传授排除不幸的心理方法，把它说成是"日本式的修养中心"也不过分。

第二，日本人对待不幸、灾难不只消极地忍耐、自我安慰，而且还采取了一套积极的做法，如说不幸、灾难对个人修养有益，"报恩奉公"容易执着，或者说"不圆满、不完全才是理想美"，等等，这些可以称为"不圆满主义""不完全主义"的心态。不妨说这种心理接近通过折磨自己获得快感的自虐狂，它是前面已经说过的日本式的自虐主义的另一种形态。

首先，看一看日本式的排除不幸的心理方法，对目前所遭遇的不幸，大体采取了四种对策：第一，对自己的遭遇，始终忍耐；第二，从中找出某种理由，"断念"；第三，以自我安慰的方式，排遣烦恼；第四，自认不幸的原因在于自己，进行自责、自罚。

1. 忍无可忍，方为忍

应付不幸的境遇，最方便的"悟性"是沉默忍耐。哪怕遭拳打脚踢也忍耐。

自古以来，日本的统治者就把忍耐、顺从，作为最高的美德，向下边说教，且不准问为什么，人们像对待命令那样，只有"忍耐"。贝原益轩堪称倡导忍耐论的权威。他说：

> 须忍之事多矣。至要者，愤、欲弗出。甘贫而不苦，方为忍欲。思他人于我之无情、无礼，人皆如此而无怨恨，方为忍愤。凡能忍愤欲者，则心平气和而身安，不犯人而无愧、无后忧、无祸灾。……忍而得乐，其益大哉。

益轩这本彻底提倡忍从精神的修养书，名为《乐训》。那么怎样才能做到不论碰到什么样的遭遇，都能忍耐地认为"人皆如此"而不发怒，达到"得乐"的心境呢？书中却没有说多少。总之，忍耐就好，除此之外没有理由可说。这是一种结果论。

白隐和尚"和赞"的歌中，也只是说："此世为忍之世界，不可为心之所欲"，不论受命做何事，重复着"唯唯"服从的习惯，不久即可养成"忍"的习性，达到"心平气和"的境界。说到底就是"断念"，不附任何理由的"断念"，无条件的"断念"，或者说完完全全的屈从。这种无条件的"断念"，依然如前面说过的，不是长期地被强制地绝对服从于权势，是极不容易做到的。

军队是一个例子："刚到的新兵不论干什么都挨骂，不久对挨骂就不在乎了，得了不感症。这里有这样一种东西——断念，如果养成这样的心理，大体就合格了……"(《日本军队》)

这种"断念"的训练，依《叶隐》一书所说，就是把每一天的痛苦看作仅仅是那一天的痛苦而加以忍耐，"如视奉公为今日一日之事，任何事皆能为之。一日之事，当可忍耐。翌日复一日……"这样地"忍无可忍"地忍耐着度过每一天，不久将到达"断念"的境地。《叶隐》的说教竟被世袭至今。

2. 人摆脱不掉受苦

可是，人是不会这样简单地没有理由地认定自己生来就是不幸的，因此给"断念"找到了理论根据。这种依据首先是宿命论。如说人的幸与不幸是"前世所定",是"前世的报应",等等,这一切说法都源于宿命。对于日本式的命运论的特殊点,以后将做详细的介绍。

被搬出的第二个理论根据是:"人生之所以要忍耐,是因为人生本来就是'苦海'。"这主要是佛教的说教,它把人生看作"苦业"①之场所。个人有生老病死四苦,此外在人和人的关系上,与亲人分别有"爱别离苦";出现可憎者时,有"怨憎会苦";欲求而不得时,有"求不得苦";生存本身有"五阴盛苦"。佛教认为到处都有苦。

视人生本来为"苦海"的"断念"教育,通过佛教的普及运动者们的笔,在昭和十年(1935)前后,搞得热火朝天。其代表人物友松圆谛说:"人生本来就是苦的。——不苦而度此世,是自私的想法。"

以"苦业"的观念看人生的厌世观,之所以能够成为"断念"的心理根据,一佛教徒做了这样的说明:"唯有厌世的人生观,才能产生给社会以和平的断念之念。这就如同让儿媳妇忍受残忍的婆婆的虐待。"(市桥善之助:《忍苦和慈悲和谛念》)据说这个姓市桥的作者,是个产业不小的实业家,不知他以如此彻底的厌世观能否经营实业,不能不令人感到:这是为了让人服从而找出的口实吧!他又说:"厌世的人生观教人忍耐,并产生义务观念。"厌世竟成了"义务"观念的心理

---

① 苦业,佛教的说法。人有八苦、三业(身、口、意)。业的善恶将引起因果报应。

支柱，这是其他国家的人所看不见的日本式的厌世观。义务的观念不是针对"权利"的观念存在的，"义务"出自"人生之苦"，与后面将说到的"义理"问题相关联，这是日本式社会心理的一个特征。

生存于苦海般的世界，犹如服无期苦役，只要有这样的思想准备，不论遇到什么不幸都会"断念"。一旦"断念"，就肯定可以产生前面所说过的对不幸的免疫作用。

对于不相信"苦业"等通俗比喻的人，他们还搬出更"深邃"的语言、概念，作为对不幸的免疫法，进行说教。友松圆谛使用了"无"和"空"。他说："日本人把眼睛贴近'无'而观的是'空'。要有一旦需要，就会变得赤条条的准备。要认识到'无'才是人的本性。""从一开始就有坠落底层的思想准备，准备最坏的时候。"

正像这里所说的，日本人的"断念"，不是绝望或失望，而是不论何时都要预想到"最坏"的时候。因此，不是发生什么事时，设法挽救无效而"断念"，而是平素就要想到"会有那一天的"，因此遇事时"不慌张"。这是日本式的"断念"，和一般的断念不同。不是"呀！这下子糟了"举起手来，而是平时就举着手。

这种"断念"走向极端，便成为《叶隐》一书中所说的"必死观念"。"每日清晨静身心：面弓箭、火铳、刀枪而不踌躇，任浪卷、电击雷打、地震山摇，蹈烈火，坠深崖，病死，暴死，诸般死期彻悟于心。"就是说，每天都不间断地想到死。于是便会"户出死人中，门出见敌人"，此"非有所豫，而死置于前也"。

依此看来，所谓"必死"，并非修炼"死的志愿"，而是时时刻刻预想着、准备着"前方"有死这种"最坏"的东西存在。平素各种非命之死就浮于脑际，心理上确实有了对死的免疫，便不会有怯懦的行为了。因此这不是事前有所准备或有警戒之心，而是一种最消极的被动的心态。从这一点也可看出武士道的虚幻和脆而易碎。

而在最具庶民性的修养法——淘宫术中有一首歌这样写道："花开必有落，酒醉必有醒，相逢必有别离，花不要开得像樱花落。"这是与《叶隐》精神不同的庶民的感情，很好地表现了日本式的"断念"。

就是今天，对大多数的日本民众来说，这种"断念"也依然是支撑着他们辛辛苦苦度过每一天的有力支柱。这证明德川时代的心学所说的劳苦是人"随身所带之物"，"劳苦为一生应尽之职"，"厌烦也摆脱不掉"，等等，时至今日，在民众生活中也一点未改变。

3. 知身分

"断念"，还与自古以来的身分和身分界限联系起来，产生了叫人"知身分"、做事"要合乎身分"的处世训。"安分知足"这种儒教的说教在德川时代是最常使用的处世训，至今仍为人们处世所铭记。

佛教方面，在前面引用过的白隐和尚"和赞"的歌中已提过相同的东西，不过，他在提出"知足"的思想时，却大体承认了穷人的不平不满，这十分罕见。他说：

> 欲无限，愈有愈不足。佛谕："凡事知足。"穷而躁
> 无是非，有而躁则卑鄙。

白隐这样的想法似乎是个例外。在德川时代的身分制社会里，把知足和安分结合起来，最便于培养人甘受身分之限，服从长上。贝原益轩的《乐训》说："富贵贫贱，非贤愚所致，唯天生之分也。""安于分，不可怨求分外……不可恨天责人。"这是具有代表性的例子。

现代的处世法也大为推崇知足思想。如《处世百科事典》中说："你有摇钱树，知道吗？它就在于你有没有这种心，它就是知足。不论有多么多的财产，如不满足，则与穷人一样。贫困如果满足就与财主一样。"

4. 月有云遮花有风

—— 自然和人生

上面的知足安分思想中所说的"分"，指的是人类社会中的"身分""身分关系"所赋予的地位，与此并列，还有一种界定"分"的身分论，就是人在包括人类在内的自然和宇宙中也各有各的位置。这里的"分"又一分为二：一方为"天道""天命"所定的"分"；另一方是人作为自然现象的一部分所定的"分"。把人置于自然之中，用人的自然中的"分"，来进行知足安分的说教，心学家鸠翁是一个例子。

他说："草木之开花结实，同人之荣兴。开花结实之草木

有大小，犹人之贫富穷达，状同也。"就是说，人违背"自然"胡来是不会幸福的。"花不开，犹此方随心所欲不止。"解说佛教人生观的江原小弥太有类似的说法："人生现象实际也处于必须与身分相应的场所。……人生现象也依然是一种自然现象。"（《心场》）

这里所举出的佛教中的把自然和人生合为一体的思想，相当普遍地扎根于日本人的心里。比如俳句①诗人高浜虚子，在有人问到其人生观时，其回答说，自然是"某种根源性的力量，它推动着包括一切社会事物在内的所有的东西运转"，"人的生命与花开叶落的自然活动、天体运行一样，与宇宙现象共生、共死……"

虽说这只是一个例子，可是日本人自古以来就对自然有亲密的感情，他们关心自然胜于关心社会，特别是在艺术领域，以自然为素材，歌咏、描绘、叙述的做法，非常盛行，这是为什么？

其中至少令人感到有这样一个动机在起作用，即通过把自然和人生看作一体，想从自然的变幻、"诸行无常"中为人生的不幸、灾祸寻觅依据。

日本人喜欢把自然作为文学作品的题材，不少人说这是因为日本"风光明媚"，但大概不只是由于景色好，四季变换美，易于进入作品，恐怕是缘于把自然拟人化，或者把人自然

---

① 俳句，日本传统的短诗，"五、七、五"，只有 17 个假名文字。原本是连歌的一种——俳谐的第一句。江户时代称作"发句"，明治以后才称为俳句。

化的传统的态度吧。

这种态度在文学作品中，表现最明显的是前面说过的中世的连歌。不论形式还是内容，连歌表现的都是自然和人生的共同的变幻。二条良基①的《筑波问答》中说："连歌，非前念后念之相系。亦非同浮世之状，依盛衰忧喜之境而移。思昨而今，思春而秋，思花而至红叶，飞花落叶之念也。"其意思是说，连歌的形式反映的是自然和人生变幻无常的本来形态。

宗祇也明确主张歌是习练在自然的变幻中观察人生的虚幻。他说："歌之道，唯以慈悲心见花红叶落，观生死，则心中鬼神亦柔，可归本觉真如之道。"（《吾妻问答》）"……见飞花落叶，谁者思常留此世，置定理之外？"（《古今十口抄》）在他之前的心敬说：歌之道是让人明白"虚幻世中之常理"（《私语》），"常见飞花落叶，观草木之朝露，皆为心悟此世之梦幻……"（《心敬僧都庭训》）这与宗祇所说的，属同一心态吧。

心敬还哀叹："厚颜深欲"的人们，"空说忧、苦、悲、无味、厌世、舍身，唯贻笑大方"。反过来说，心敬无疑是视歌道为修养，认为它是可以改变人的"厚颜深欲"的。这依然是把歌道看作一种心术：看自然中的无常，谛人的不幸，以达到悟。

直到今天，大众形式的流行歌、浪曲②中也仍旧吸收了包

---

① 二条良基（1320～1388），日本南北朝时代的连歌诗人。《筑波问答》是他的连歌理论的代表作。

② 浪曲，又称"浪花节"，用三弦伴奏的说唱，诞生于江户时代的大阪。

括连歌精神在内的把自然和人生视为一体的思想。

> 知花的命运，七重七色，恋的彩虹，啊！痴情的心只知开……伫立在山中湖畔，突然想起花的可怜。(《七色的花》)
>
> 草一秋，人一生，这命太短暂。(《弥太郎笠》)
>
> 留下怀念，告别海港，大雨中一羽海鸥。啊！像凋零的红山茶，梦也短暂。为什么今夜里，对着温泉的人儿哭泣。(西条八十：《红山茶的港町》)

这样的例子举不胜举。我们明显地可以看到现代的流行歌是在"飞花落叶"之中领悟爱情的不幸的，在这一点上其与久远的连歌有着联系。

浪曲也反复地唱着自然和人生的无常。

> 有圆有缺的月影，昨日深海今日浅滩，变幻无常。人世有定数无是非，如飞鸟降落般的国定忠治①，人之情啊！(《赤城摇篮曲》)
>
> 月有浓云，花有风暴。人世上的事，不能如己意。(《三弦赌徒》)
>
> 月有片云，花有风。漂流人世，任激浪击打，说到底人的命运多变，不论在何处哀叹也无用。(《赤城夜曲》)

浪曲，歌人生之不幸，也同样托以自然，让人从自然的虚

---

① 国定忠治（1810～1850），江户后期的著名赌徒、义士，长期潜伏于赤城山一带。浪曲、歌舞伎等都有以他的故事为题材的作品。

幻，领悟人"哀叹无用"，从而"断念"。这样地把人对不幸的"断念"联系起来描写自然，可以说仍然来自日本独特的心理传统。

5. 人生如旅途

与把自然和人生视为一体的态度相同，日本人自古以来还把人生比喻为旅途，有"人生之行旅""人世之旅途"这样的话。很多文学作品都试图把人生的虚幻、不定或者动荡之貌投射到旅人的身上。旅途作为人生的象征，旅人的寂寞作为人生不幸的象征，被诗人咏叹，被作家叙说。

中世的歌论介绍作歌的心得说，作歌时，只需吟诵描写旅人寂寞的汉诗，就能写出感人的好歌。《正彻物语》① 中写道："定家谓：低眉索句时，若吟《白氏文集》② '故乡有母秋风泪，旅馆无人暮雨魂'，常心恻神驰，作得好歌。"

这种把旅途的哀愁和人生结合起来的日本式的感伤主义，在今日也是流行歌、浪曲对大众最具动员力量的一个因素。

"流浪""离别"的主题，通过流行歌、浪曲反映得最充分。在这里也是要人认定人生就是旅途，从而坦然对待不幸、

---

① 《正彻物语》，室町前期的禅僧、和歌诗人清岩正彻（1381～1459）论和歌创作的书。定家全名为藤原定家（1162～1241），是镰仓前期的和歌诗人。《正彻物语》极力主张恢复定家的歌风。

② 《白氏文集》，白居易生前亲编的诗文集，平安时代（794～1192）中期传入日本，对日本和歌与汉诗的创作和发展，有过重大影响。此处所举出的两句白诗，译者未能查到原文。

悲哀。下面的流行歌是有代表性的。

　　流浪，漂泊，人生的结果，不外抛骨原野，任雨打风吹。（西条八十：《流浪的吉他》）

　　昨日东，今日西，我希望唱流浪的歌。（《落泪的母子鹤》）

　　旅途没有头，马戏团的姑娘，明天也会哭泣吧，在绳梯的背后。（西条八十：《悲伤的小鸽子》）

　　细雨纷纷的这一天，连胸中也湿漉漉的，将要登上旅途的心，为什么这样凄凉？（《红茶花的港町》）

这样的旅途漂泊、离别的悲伤，令人感到人世就是如此，因此就产生了"浮世之旅"这样的话。浪曲中唱的"将死视之度外的浮世之旅，任风吹到东，吹到西"（《三弦赌徒》），就是这样一种感伤。放浪被认为是人生的一个转折点。

织田作之助在《世相》中，鲜明地表现了这种心境。

　　我是在颠沛流离的境遇中长大的。我的处女作写的是流浪，以后所有作品写的全是流浪。想起来，人生对于我就是漂泊。……漂流、漂流，描写这种不断移地栖宿的流浪生活，唯有这时才是我的文章最富活力的瞬间。

日本文学作品之所以很多以旅途为主题，并不是由于风景美，作家喜欢旅行，其中一个原因依然可以说是"旅途即人生"这种思想因为上述理由已经渗入日本人的心里了。

6. 赏风花雪月

应付不幸的心理对策，从"断念"再进一步，就是寻求安慰。寻求安慰，大体划分有两种：或是向人类社会，或是向自然。

靠自然得到安慰，与从自然中看破人生的态度不同，其是避身于自然之中，寻求对人类社会不幸的一时的安慰。

兼好的这段话绝好地表现了日本人在自然中寻求安慰的倾向："诸般烦事，唯赏月得以遣怀……人生焉能无忧愁？……远离众人，常缓步清净水草之边，如此慰心之事，焉有他哉？"

这种躲避于"远离众人"的自然之中，排遣人生之不幸的方式，虽然不只限于日本人，但观赏自然风光即可忘却俗世之事，唤醒良心，并把它作为人生的教训，这依然可以说是日本人自然观的特征吧。

益轩在《乐训》中的一段话就是一个例子。他说："游于他乡，览名胜之地美丽山水佳境，益于清良心、洗鄙吝也。"益轩虽然是从任何事中都可以发现乐趣的人，但他还是不厌其烦地规劝人隐于自然："知天地万物之景色之美，其乐无穷。……即做山水花月之主，不必乞求于人，不恋财宝，不费分文。……此乐贫贱者亦易得，且无后祸。"他这是向人们推荐：不论多么贫穷的人，通过观赏"天地万物之景色"都可享受到"不费分文""不必乞求于人"的乐趣。

还有，西川如见①在《百姓囊》中也说，农民之所以安于劳苦，是因为农村有城市里看不见的美丽的自然风光。他引用"明月照草屋，无处叹人间凄苦"的和歌和后柏原天皇②的"影动草扉里，玉台月如钩"，安慰农民说："这不是难得的为田家农民而写的御歌吗？"

当然，前面所列举的以旅途为主题的流行歌、浪曲，也有很多是借歌唱自然寻求安慰的。落草于赤城山的国定忠治，也把咏叹自然作为唯一的安慰自身不幸的方法："啊！好景致呀！漂泊在人生旅途中的我，为避人耳目，东藏西躲，唯享风花雪月之乐，思及个人之乐趣，我还留恋此世……"（秩父重刚：《朦胧月下漂泊的忠治》）

在日本人热爱自然的心境中，包含着这样的内容，即避开人类世界，陶醉于自然，并把它作为唯一的"个人乐趣"，用以平静自己的心。

7. 比上不足，比下有余

可是逃遁于自然，归根结底，只是心胸较宽广的人才能行得通的一种自我安慰的方法。与此相对，为了直接在人类世界得到安慰，只要经常想到遭遇不幸的不只自己，别人也同样不幸，或许比自己更不幸，就可以办到了。为此可以把这种通过

---

① 西川如见（1648～1724），江户中期的天文学者。他的《百姓囊》《町人囊》等著作，反映了江户时代农民、商人、手工业者的社会心理。

② 后柏原天皇（1464～1526），长于和歌。

比较自己与他人来寻求安慰的方法，叫作"比较性的安慰术"。

贝原益轩便向人们推荐说，看到自己的不幸时，要想到别人更不幸。这种比较性安慰法是一种重要的"心术"。"我身之不幸，或遇灾，或遭谗言，或受主君、父母、兄弟、友人之非仁非礼，若思和汉①之内，自古有更甚者，相比之，心自平，不忧亦可也。"（《大和俗训》）

益轩还在别的书中鼓吹：这种比较法非常有效，且"容易学"，不限君子，凡人亦可做到。"若我身遭祸，古今受祸更甚者多矣！以我之不幸比之，便知我之祸不足道，亦当不怨。每经试之，得益多矣，此计不可弃也。"

武士的修养书《武士训》，也把这种比较法作为处理"不遇之身"的"心术"之一。其中说："或思昔之不幸者，或比下之忧苦，以慰此心。"

庶民们必须想到上面的人的"劳苦"，而不是"下人"的"劳苦"，这样自己的一点困苦便微不足道了。白隐的《御代之腹鼓》，便向德川将军统治之下的民众说教道："比于此方诸公，身不入人数、劣于蝇虻者，其难纵多，露滴耳。"

民众被认为"不入人数、劣于蝇虻"，因此不论有多大的困难都必须忍耐。德川时代的农民，被作为牛马一般，有"田中丘隅"这样的众人皆知的话，不过这里农民竟被说成"不如蝇虻"。因为再没有比自己低下的人，所以只能和上面比了。

可是西川如见在《町人囊》中，又说："眼朝上，只会增

———————————

① 和汉，指日本和中国。

大欲望，须知世上还有不如我等之人"，强调还是"眼朝下"，
才能得到安慰。

"看下不看上"，据说这是德川家康的话。西川的说教承
袭了这一说法，并成了德川时代町人反复重复的格言。

比如，近江①商人不破弥三郎在店铺的批发账的末尾写有
"自戒书"，其中说："人，看下面之人，才为乐事。与其向上
看而赚钱，不如盘算将来怎样赚钱，这样才会产生好主意。"
很明显，这种做法是通过看比自己境遇不佳的人，产生一种优
越感，从而得到安慰。

可是因为农民觉得自己在社会上比町人还低一等，有羡慕
町人心理，所以《民家分量记》又传授了另一种比较法："生
于乡村，不可羡慕町人。农人虽身卑而心不卑。町人虽有人缘
但唯利是图而心贱。尘于贫贱，不可羡慕富贵。"

这里对农民说的是：尔等在精神上比町人高贵得多，请这
样安慰自己吧！在现代的修养书上也有这种说教。友松圆谛就
说："下看无边，上看也无边。自己总是居于中间。居中是受
报者，因为下面的人欠债于自己。"

通过比较法寻求安慰，是今日大众娱乐的一个重要因素，
对社会有广泛的影响。日本电影中的"母亲片""落泪片"，
就是想让多数女性观众从登场人物的境遇，知道有许多人与她
们一样不幸，或比她们还不幸。

这不单是由于这些主人公的不幸值得同情，导致产生共

———————————

① 近江，今滋贺县。近江出身的商人以精明、机灵著称。

鸣，还由于其中有比较性的安慰因素存在，所以才吸引了广大观众。大众文学中，妇女杂志上的小说以女性不幸为主题的，也依然占最大的比重。

"看小说落泪"，这也是一种安慰法。人们从作品中的主人公的身世感到不幸的不只自己一人，别人也一样，于是便好像把自身的不幸向外分出了一些，进而再得出"大凡妇女都是不幸的"结论，便会心平气转。

兼好有一首歌："恩人世之常以自慰，一介吾身在浮世。"这种心理使日本不幸的妇女至今仍喜欢"落泪片""母亲片"。

8. 明知是傻瓜的赌徒①也……

以这种比较性自慰法，像白隐那样甘认自己"不入人数"，这种自卑心不仅仅产生于自己的社会地位确实低贱、贫穷。如果在心理上进一步认定自己就是"卑贱的人"，"反正不可救药"，那么，不论遭遇怎样的不幸，便都能够忍受，认定这就是天赐的惩罚。这是一种通过自责、自罚，来消除不幸的心理方法。

当然，问题不在于实际上自己是否不可救药，而在于自己认定自己就是这样的人。大众文学、戏剧、电影作品中出现的黑社会赌徒、借酒胡闹的水手都是以"反正如此""破罐子破摔"等自甘暴弃的自罚的话，为自己的行为找理由。正是这种

① 赌徒，这里说的不是一般赌钱的人，而是指黑社会的势力，日语为 yakuza，多指古时劫富济贫的义士，但也包括现代的暴力团体。

自罚、自嘲的"悲壮感"向大众发出了呼唤。

无疑，这是因为大众心理的底层就隐藏着对所谓"卑贱的人""落伍者"的共感和同情。日本的大众，从历史上说，一直至今日，仍经常被权势、统治阶级当作"落伍者""卑贱的人"对待。因此"反社会"的人和行为，作为反抗权力的象征，尽管未必是有意识的，但能够唤起大众的共感，并使其以同情之眼投向人的不幸。

而"反社会"的人本身不论到哪里，都自秽地把自己看作"卑贱的人"，认定身遭之不幸是理所当然的惩罚。

这种心理倾向是大众娱乐喜欢表现的必然加于赌徒心理之上的东西。赌徒几乎毫不例外地怀着深深的自嘲感，骂自己"有前科"，是"傻瓜""废物"，"不可救药"。

赌徒从这种自嘲中感受到自罚感，并对自己的"愚蠢"自责、自罚，以此代替对不幸、不走运的悲哀、愤怒。举浪曲中的一个例子来说明。

　　明知是"傻瓜"的赌徒，一钱不值的我，犯了罪，宽恕我吧！你不论怎样千呼万唤我这个叔父，我也不能这个样子出现在你面前。（畑喜代司：《浅太郎月夜》）

黑社会赌徒因为自认是"反社会"的"落伍者"，所以觉得自己绝不可享受普通人日常生活中的幸福。"人情"的欢悦，不论恋爱，还是父子之情，在赌徒看来，都是多余的幸福，作为已经自行选择了不幸的人，都不可接受。尤其是"前科者"只能一直忍受人生不幸的悲哀。

鳅泽的国太郎返回故乡会见母亲和独生子弥助，"（老母道：）可爱的小孙子和他父亲血肉相连，不管怎样也不能让他知道父亲有前科。……（国太郎道：）啊——对不起，对不起！只是一个心眼想见见孩子，欲令智昏，忘掉了羞耻，我回来了，我真是傻瓜！"（畑喜代司：《新月笛吹川》）

人们因负于爱情而骂自己"傻瓜"的自罚心更深。伊奈庄太郎"一看见（母亲的脸）我的心便软了，我真是傻瓜。何况自己身有前科。为俗世之情所吸引，来寻您，这是我的错"（畑喜代司：《赌徒伊奈小调》）。

黑社会的赌徒也大多不允许有恋爱的幸福。"赌徒还是不该爱女人哪！……阿露，早点找个正经人做女婿……无病无灾地过幸福日子吧。只要活着，有缘还会见面的。"（畑喜代司：《江尻的源太》）

与"正经人"相对照，黑社会赌徒的这种自卑感是使他们忍耐人生不幸的一个心理支柱。赌徒中的"老爷子"那样的英雄人物也一样。

比如浪曲也是把国定忠治作为具有这样自罚意识的人物描写的："无正业的赌徒，日常给大家添了麻烦，忠治虽说是不忍目睹农民们的不幸，但是犯了国法，是个大罪人……""反正冲官卡的前科推不掉，不久判罪的时刻就要到来。忠治这次来，得到大家的照顾，你们又给钱与我，就把它当作对我的处罚吧！"（秩父重刚：《人情月夜小调》）

对有前科的人来说，接受别人的好意，就等于接受处罚。这是一种独特的自罚感。也就是说，在赌徒们看来，不幸是常情，忍耐不幸，维护义理和恩惠的人际关系，就是仁义。

大众通过自身日常的不幸生活，感到这种自罚的悲剧就是自己身边的事情，就是自己的境遇。

太宰治在《人间失格》中屡屡谈及与赌徒相似的现代的"卑贱的人"的意识。这种人的悲剧，是把不幸的原因归于自己的"罪恶"，并且越陷越深，不能自拔。"……自己的不幸，一切都由于自己的罪恶，……自己究竟是俗话说的'任性'呢，还是相反过分气馁呢？连自己也不知道，总之，好像有一个罪恶的硬结，使自己一个劲儿地坠入不幸，无尽头，却毫无具体的防止办法。"

太宰的自罚感，本来是这样的：充满"不信"的社会，表现出的样子，却是"清洁、明朗、舒畅"，"当窥见世上的所谓'合法'，不寒而栗"，因此，不断地发出疑问，那种"反社会"的"卑贱的人"的生活不是更真实吗？

太宰之所以参加过左翼运动，是因为他对"非合法……东躲西藏、犯人意识……内疚之身"产生了共鸣，"与其说为运动的目的所吸引，不如说运动的气质与自己相吻合"。只要生活在这样的"非合法"的世界，把不幸、不走运视为平常，便不会尝到生活于合法社会的人的痛苦。

这和永井荷风明确肯定"卑贱的人""落伍者"的生活相似。"从年轻时起，我便被正人君子们看成不可救药的人了，亲友的孩子，早就不沾我家的边。所以现在就没有可顾忌的了。"（《墨东绮谭》）

荷风的思想，也正像他借《背阴的花》中一个人物之口所说的那样："有名望、有品德的人们的生活，不管怎样说，都受拘束，而且总让人觉得伪善。"于是他发现了人的真实："这些生活在阴暗之处的女人们，在遇见遁世而无前途的男人时，不嫌不怕，总以亲昵、爱怜之心相待。"（《墨东绮谭》）

太宰说，"卑贱的人"，能够拥有"令人神往的温暖的心"。他的话，比任何人都明确地表现出日本式不幸感、自罚感的意图：想要看见人唯有生活在不幸之中才有真实和美。

一般群众在听浪曲、流行歌时，也和太宰一样，"神往"赌徒们的心境吧。

以上所说的解决不幸的心理，是被动地消极地接受不幸的境遇，不去探寻这一境遇中的积极价值。与此相对，积极地解决不幸的心理，是试图从不幸之中，发现某种价值，使不幸合理化，即认为不幸实际不是不幸，而是幸福，是好事。这是一种逆说式的想法。

这种积极的解决法，第一，认为不幸是赐予自己修养、服务的好机会；第二，与前述的幸福危险论、幸福无常论相关联，认为不幸反而安全，逆境反而有益。这种思想如进一步展开，就产生了日本独有的"不完全主义"的道德论、艺术观，认为一切事物不完美、不圆满，才是可爱的、美丽的。

9. 苦自为乐

自古，日本人的清贫主义就主张物质上的困乏，有利于修养。益轩的《乐训》是这一思想的代表作。其中说："贫贱者怠少易教；富贵者累俗事惑多，读书不知斯道之乐。故可谓富贵反而不幸也。"益轩从这种清贫主义出发，得出一切不幸都是幸福的逆说："居顺境易，居逆境难。故居逆境者，则敬畏多、身过少，反为福。"

这是比清贫主义还积极的对待不幸的方法。可是如果说居逆境有益修养，那么该不该为征服逆境做出努力呢？这种逆境幸福论，对永远摆不开逆境的人们才可谓之教训。

从而又产生了貌丑不是不幸，因为可免遭堕落的机会，反而是幸福的条件的说法。三浦梅园①说："人之姿色得于天，而今男女美姿者，索者众。索者众则失节事多。姿丑者，索者寡。索者寡则失节事少。"（《梅园丛书》）

同样，西川如见所说的劳苦农民服务于社会，为天下至宝，也与逆境幸福论相似。他在列举过"富裕之町人"的罪过之后说："世人谓'贫为世之福神'。耕田、造屋、渔猎、乘船、汲水、砍柴之类，皆贫者所做，天下之宝也，福神之大莫过于此。"

如见的话不仅仅这些，他还三番五次地说，农民的苦，忍耐下去，便会变成乐趣，如说："凡百姓……四季见米麦瓜果之生熟，胜观樱花、红叶，悦目赏心之乐，平素甚多。人界之乐皆在苦中。苦愈厌愈增。苦常在人间，为人界之过客。不舍苦而求乐，苦自为乐。"（《百姓囊》）

如见把逆境幸福论进一步展开，便得出"苦就是乐"的逆说。这里指的不是一般说的"劳动的喜悦"，而是从哲学上

---

① 三浦梅园（1720～1789），江户中、后期哲学家。

断定"苦常在人间"的苦乐一致论。如见是这样就农民的境遇，说明他所谓幸福的。"苦为人之常，勿以苦为苦。出母胎始先啼。啼者苦也。笑者经数日后，方有之。此喻人间事，苦于先，乐于后，自然之理也。此苦天子犹无异，况四民乎？明于此理，苦乐本无隔也。"所以，他得出了上面所说的"人界之乐皆在苦中"的结论。

至今，各式各样的修养书依然有这种逆境有益修养的说教，如"苦即幸福。它可以使人明白人生之深邃、世间之广博。物资愈困乏，才愈令人深省衣食"（《报心》），就属于此类。他们主张"苦即幸福"，加之有"苦尽甜来"的想法，认为劳苦未必始终就是劳苦，其终将是会得到报答的。

这里所谓修养，不是要求永久忍耐，而是让人在忍耐中抱以一定的希望，因此，逆境幸福论含有积极的要素。只看这一点，其具有和"功名主义""幸福主义"相通的东西。

不过，日本的成功主义，和其他国家（比如美国）不同，它不要求向上看，产生竞争心，而主张向下看，在现在的境遇中忍耐劳苦，在劳苦中生出成功之芽。淘宫术举出德川家康处世第一秘诀："蒙上大黑头巾，不看上，埋头苦干。"并解释说："以大头巾蒙面，看不见上；看不见上，便不生羡慕心；不生羡慕心，便不会分神于外，拼命地从事他的事业。"这只是一个例子。

10. 知足安分

解决不幸的心理方法，进一步发展，便会成为知足安乐主义：甘忍不幸，安于不足，知足本身即安乐。在这里不是把知足作为修养认识的，而是说这种心境本身，就能使人得到积极的乐趣。如果到了这一步，这种心理就与从自虐中获得快感的自虐狂的心理相似了，而不再是通常的东西了。我们也可以把它叫作日本式的自虐主义。

《方丈记》中说："知身、知世，则不乞、不奔。唯以安静为怀，以无忧为乐。"鸭长明的这段话，说的就是知足安乐思想。

《徒然草》中也说到知足的乐趣："人能自俭、忌奢，不持财，不贪世，当嘉许。古来贤人，富者绝少。"进而如果遁世进入隐居生活，自然而然即可抵达知足的境地："一旦入道而厌世者，纵有求，亦不似有势者贪欲之大……所求易应，其心即足。"意思是说，因为欲求少，极易得到满足。这里的知足的境地，绝不是禁欲，而是事先主动限制欲、求的对象、分量，通过这种方法使自己容易达到满足。也就是说，不是压制现时正在生成的欲、求，而是自行创造尽可能减少诱惑生成欲、求的环境。它没有那种"大隐者隐于市"，做"市中之隐者"的自信，而是承认生活于城市中心，受各种诱惑的困扰，难以知足。这是由控制欲望的意志薄弱而产生的一种心理预防法。其中一些观点很好地表现出兼好法师的俗性。

长明也有相似的心境。实际上，长明也绝不是为了苦行、修行而遁世，其实他是想要躲开凡世中危险的人生，以求安乐。仅看这一点，也可以说，他虽然是消极的，但也是一个快乐主义者。根据是他的《方丈记》接近结尾处，有这样一段话："佛海之旨谓：凡事莫执着。今，吾爱草庵亦咎，著述闲寂之间亦忌。言乐无拘，惜度时日。"

换句话说，兼好、长明是由于摆脱了世间的交往、家庭生活，才得到独自的安乐的。然而一般民众生活于往昔即充满诱惑的"市中"，却被强要以"知足"为训，并实行它，这是困难的。益轩说："吾身凡事知足，贫贱亦乐。"这只是说以这种心理准备，贫穷也有乐，反之，就是富裕了，也无乐。这里的"乐"即"安心"，不是积极的快乐。这种"安心"是消极的，不论处于怎样的状况，都要"安心"，这是日本式的"安乐"的含义。

武士中，也有这种消极的"知足安乐"处世法。幕末，鹈殿长快的《肝要工夫录》中的几首歌，说得很清楚："不看上，知身分，如此渡世，士农工商，共安乐"，"任何事，皆知足，一生常忍，人安乐"，因此，"知身分，万事忍，用功夫，至重要"。

同样的思想，还表现在町人的身分论中。西川如见的《町人囊》是这样说町人的安乐的：町人"不居下，不凌上，不羡他人之威，守俭朴，安身分，牛以受牵为乐，一生之乐无尽"。

如见所说的町人的安乐，仅从这一文章的表面来看并不易懂。从后面可以知道，在他看来，武士的生活并不安乐，而町人却有町人的"受牵"之乐。这便不单是知足安分的消极的东西了。进而，如见又以农民比町人，说农民有不同的安乐。"町人，不意而富者多，不意而失者亦多；百姓，不意而富者少，不意而失者亦少。凡知足而各安身分，则不必造乐。"

这里所说的农民不需担心"不意而失"，也不只是消极的安乐，前面介绍过如见的苦乐一致论，他认为天子也有苦，下面的人自然更不用说了。"若思生于农家为有幸之身，心不外移，享自身之乐，何乐过于此？苦为人之常，勿以苦为苦。……此苦天子犹无异，况四民乎！明于此理，苦乐本无隔也。"

如见的知足安乐论，根据各阶层的需要，想方设法找出各自的安乐。在这一点上，其拥有具体的内容，与益轩及其他道学者的说教不同。

可是，不论哪种情况，都说知足的结果将得到自身的安乐，这是一种快乐主义。仅从这一点上看，它拥有与前面说过的消极的不幸解决法不同的积极性。关于这一点，就连益轩的《养生训》也说："乐为人之秉赋之天地生理。……不失乐为养生之本。"

益轩认为心是"身之主"，心"当静而安；身为心之仆，当动而做"。他把心的安乐放在主要地位，但同时，又指出：作为"人当乐之事"有"三乐"："行善事之乐""病快愈之乐""长寿之乐"。因此，他说的安乐，不仅仅指精神上的快乐，从他把快乐作为修养的目的这一点上看，这是快乐主义。不只益轩，日本的修养书几乎都认为道德修行或者奉公那样的行为是纯洁的、有益健康的。其中甚至有许多本书提到了下面将要说到的"肉体主义"的看法，这是很有意思的。

比如武士道书《涩谷隐岐守笔记》中说，武士奉公，甘忍其境，可长寿。"为报主君之恩而奉公者，不谋高官厚禄，毫无不足之心，亦无怨人之事，自合天理，故命寿心安。"

这里强调的是以报恩之心永处知足的环境具有使精神纯洁的效果，其反映出武士道的非道学的实际主义的一面。总之，知足安乐论，从德川时代的处世歌，如"传授安乐，唯知足，别无他""有米、汁、布衣助身，余者唯责己"，到现代淘宫术的命令式的说教，如"一天不施二，人不可云不足，万物皆缺一而居，若言不足，唯此也"，都用尽心思，换汤不换药地把它灌入日本民众的思想之中。

今天，知足安乐的思想，被各种立场的人，加以各式各样的解释，仍在发挥作用。尾津帮的头子尾津喜之助在狱中，说："蹲多少年也不感到不自由。"他还说他领悟到："常言道：'知足安分'。如果在现实的社会能够实行'知足安分'的俭素生活，便会安心度过每一天。既不为生活苦恼，也不必担心火灾地震。唯埋名隐身足够了。"（尾津喜之助：《新赌徒的故事》）

不只狱中生活，就连日常生活，人们只要为有起码的必需品而"知足"，这样活就会愉快。这是日本人从长期的贫困生活中得出的信念之一。战争时代当然如此，即使和平时代，大众也总是怀有不安：不知何时将陷于非常状态。所谓"轻身"，有这样的从自我满足出发的牵强的解释：因"无所失"，遭遇不虑，也不会不安。所以"安分"，不单是为了忌奢，勤俭过日子。有一本佛教的修养书，其中有一节，利用了民众的这种心理，它说："要想能够忍耐困苦不足，过俭素的生活，便需修行：尽量不为生计而忧身。"这依然是把知足作为一种应付不幸的心理免疫法向人们推荐的。

淘宫术以讽喻诗歌的形式宣传了同样的知足思想："想要住宅不要外出作客，想要有庭院不要外游。山丘海川，看在眼里，便想：'如果是我的有多好！'宽阔的世界，小小的心计，不能成为生存的价值。'有块草席大小睡觉的地方，不就可以了吗？'知足者，乐哉！乐哉！"这是现代的道歌，既诙谐，又让人感到有点可怜。

11. 隐而不露的爱是至高的爱

从知足安乐思想，再进一步，便产生出认为一切事物，有缺陷才有价值的"不足主义"心理，认为缺比满、不满意比满意更有价值。这种态度是日本人拥有的独特心理。

这种"不足主义"作为日本人的思想，是何时，经过怎样的途径形成的呢？说法可能会有种种，但可以肯定的一点是，它与前面说过的日本式的无常观、知足思想等有深远的关系。

以明确的形式述及这种"不足主义"最早的人，大概还是兼好吧。他的有名的一段话是这样开始的："岂止观樱之盛开，月之无缺？"他认为注目于事物完美的状态没有乐趣，有缺欠、不完美才有"看头"，这种认识归根结底是因感于对完美的期待不切实而产生的。兼好说的"望月之圆，须臾不住，顷刻即缺"，以及常说的"有满即有缺，世之常情""相逢是别离的开始"等无常观，都告诉人们：完美的东西，终局不会长久，它是不切实的。与其期待完美无缺落空而绝望，莫如平索习惯于不完美，从不满意中发现满意，这样可以避免绝望。

就是说，对于不足或不完美，如果心理上有免疫力，在变幻不定的人生中，就是遭遇不虑，也不致沮丧、绝望。这是前面已说过的"对不幸免疫"的扩大形态。

恋爱也是这样的。"男女之情，岂可谓唯相见之绸缪？止于不见而思别离之苦，托以虚约，孤身长夜待天明，遥念远方云天，宿荒野之客舍而怀昔日之情，始可谓好色。"

兼好反对"恋爱完成于结婚"的说法。"唯妻非吾所持之物也。唯问'汝孤居何时？'吾心不动。……不问何女，若朝夕相伴，必不合意而憎之。益于女亦当半空。各居他处不时相见，缠绵之情，经年月而不绝。"

总之，兼好的"不完全主义"的里面，是要求树立对一切事物不相信，也不抱期望的态度。为此他还说："万事不可依赖。蠢人赖物深，故生怨事。……不赖己亦不赖人，是时喜，非时亦不怨。"因为把人生视为无常，所以才会有对万事不抱期待的心境。"死之序不必待，死非来于前，从来自后逼。人皆知有死，待而不急，不觉而至。犹遥望海之远滩，而潮水却渐满近岸。""养身待何事？所期唯老死。其来之速，不留念念一瞬间。"

就这样，人将被没有预告的"自后方逼近"的死夺去生命。在他看来，死，不是白昼中自前方袭来的恐怖，而是黑暗中不知何时从后方而至的恐怖。超越这种不安的唯一方法是：自己与其经常想到生不如想到死，与其经常预期幸福不如想到不幸，与其经常预想完美不如想到不完美，与其经常预想圆满不如想到不足。不足主义的心理根据就在这里。

于是，他又说："非徒野①之朝露消尽时，若居鸟边山②之无炊烟处习以为常，情趣皆无。唯人世之无定，乃至理。"正如这里所说的，如果认定"人世之无定"、无常、不完美都是"至理"，从而就会产生出从不足之中发现美的态度。这就是兼好的"不足主义"的终点。他曾屡次地说教：不足、不完美中有美的本质。"……顿阿③言：'锦罗之纹上下错致，螺钿之轴贝片脱失，而后始显美。'意胜实之悟也。弘融僧都④亦言：'谓物必整于一具，拙也。不具方为巧。'巧其意也。凡无论何事皆求齐整，拙举也。"

不足主义的美学思想，当然不限于兼好一人。属于这一系统的"幽玄""侘""寂"⑤ 等观念，作为日本艺术史的重要传统，今天已有很多研究著作发表。这里特别举出兼好，只因为他的议论，最明确不过地显示出"不足主义"的心理根据。

中世的和歌诗人正彻的歌论《正彻物语》，认为兼好的"不足主义"是人共同的生来就有的心理。其中说："'岂止观樱之盛开、月之不缺？'世间有兼好所言之心者，非只其一人也。人有此心，生而得之也。"

他还说："幽玄"，在于"漂泊不可言状之处"，并比喻为

①　徒野，位于京都爱宕山麓，在兼好的时代，是基地。

②　鸟边山，位于京都东山，在兼好的时代，是火葬场。

③　顿阿，日本南北朝时代的和歌诗人，兼好的好友。

④　弘融僧都，僧都为僧官之价位，弘融为法号，其与兼好是同一时代的人。

⑤　"幽玄""侘""寂"，日本俳句，茶道等讲求的意境。

"有志而不可明言"的状态，"然，欲言未尽之体，歌之佳也"（《中世歌论集》）。就是说，"不可言状""欲言未尽"，存在于歌的词句之外，存在于诗人的心中。这里体现出欲说之事不全部充分地说出来的"不足主义"的美。他又说："幽玄，存于心，非词语可言者也。""何处有趣事，纵言'妙哉'亦难尽其状也。"就是说，不论对何事，不明确充分地把自己的感觉说出来，而让人从模模糊糊、分辨不清的状态感受美。"不足主义"的美还具有与日本艺术的另一特征——间接表现的不确定的美相通的要素。

"不足主义"就是这样地与"幽玄"这一美的观念联系在一起的。但另一方面，它也产生了像兼好所说的那种心理传统，比如抑制、反对恋爱感情的充分满足、把"未遂之恋""暗中之恋"的价值看得很高等。这样的"不足主义"的感情抑制，是前面已经说过的、与日本人的不幸感相并列的日本式的自虐主义的根源。

前面举出过的连歌诗人宗祇等人，便非常喜爱咏作抑制恋爱感情的歌。《古今集》的注释和评论，给予这种情趣的歌以很高的评价，形容它们令人"断肠""心哀""怜深"等。

日本式的感情论认为感情越抑制于内心，越纯粹、越强烈。这与文艺复兴后的西方主张通过自由的表现，培养出纯粹、强烈的感情，完全相反。

如果说，认为感情被抑制会逐渐增大其潜在的能量，是日本式的感情论的话，那么近代西方则认为感情被抑制会使其能量衰弱、枯竭。正像人们从日本的"能乐"[①] 所看到的那样，

① "能乐"，日本传统的假面乐剧，诞生于室町时代。

尽可能地控制外部的表现，将感情凝聚于内部，表现这种内部的情结，这是日本艺术传统的心理要素之一。俳句诗人许六[①]的俳文《饮食色欲之箴》说到了被抑制的爱的美："色不可纵，俳之命。托以别，夜恨双栖鸟，待宵钟，熬尽恋之情。"德川时代的文学思想对此也给以很高的评价。

以"隐忍之恋"的纯粹性作为范例的日本式感情论，还用它来套武士的奉公精神。《叶隐》中便三番五次地说：奉公和"隐忍之恋"一样，不让主君知道，诚心诚意，此为最高。比如其中说："恋之极致，见于忍恋。相欢而后，恋之价低矣。一生慕而不露至死，恋之真意也。歌曰：'一缕青烟为情死，隐于心底人不知'，高价之恋也。"其中还说，这种"隐忍之恋"的心境，可为"诸事之心得"，"主仆之间等，亦当以此心处之"。"隐恋于心底"，"无情之苦愈忍，恋慕之心益增。偶有相会，愿舍一身。……情死之念，一生不泄，深藏于心。而后或自然相会，满座亦皆喜。隐虽露，犹深慕之。君臣间亦如斯。奉公大义不言而喻"。

这样要求人们把"隐忍之恋"或者"不遂之恋"的心境作为奉公的心得，其意思是说，一般所说的"感受主君之恩顾，倾倒主君之人品，以尽忠义"，还不是真正的奉公。谚语说："双亲和主人，强人所难。"所谓"不遂之恋"的"本意"，就是要求对主君的强求和肆无忌惮，忍受到底，不得逆

---

① 许六（1656～1715），全名森川许六，江户前中期俳句诗人、俳句理论家。其是芭蕉的弟子。

反，就像甘心忍受任性的恋人的冷酷、无情一样。《叶隐》用下面一个例子强调：服从主君的强人所难才是真正的奉公。"中野神右卫门言教训之事，常谓：依主人之恳请而事之，非奉公。从主人之无情、无理千万，方为奉公。望以此旨度之。"

这种"不足主义"的心理，仅看它从受虐待中发现自我满足这一点，其依然是一种日本式的自虐主义。武士道的修行，说到底不就是培养从受虐或暗自忍耐中发现满足和快感的自虐主义吗？

《叶隐》中还说："隐于主君之奉公方为真。"其要求人们不要张于他人耳目，应把主君的暴敛视为"恩"，加以"报答"，而自己的"阴德之心不求阳报"。

距《叶隐》多少年以后，在"二战"中，军队的教育，竟然把《叶隐》中的"隐而不言的奉公"精神作为向青年灌输之重点，赞扬不为人知地不声不响地战死才是美的。

> "（军人）接受的教育是不要希望死而出名。在南洋上空谁也不知的地方突然战死，或者在中国的旷野的草丛中谁也不知地死去，这样的死才是可贵的。因此不应期待轰轰烈烈的名誉的死。"这样说来，"一般所说'特攻队非常光荣'，或许有点语病。但这是这样认识的：大家都说这是'漂亮的死'，非个人所求，而是被赐予了这样的机会，因此是幸福的……"（《日本军队》）

在这里，"名誉"的战死和"奉公"的战死，是对立的。可以肯定在过去的武士道的历史上，围绕名誉问题，一直存在着两种对死的看法。

12. 茶人玩物之癖

对"不足主义"的美，说得最清楚的是茶道。特别是关于侘茶①，寂庵宗泽②等人说在"茶禅一如"的境界里，知足和甘愿不足，被认为是茶道的真意。宗泽的《禅茶录》中说："侘者，物不足，凡事皆不遂我意，蹉跎之意也。"又说："虽不自由而不生不自由之念；虽不足而不起不足之念；虽不畅而不怀不畅之念"，谓之"侘"。

由此看来，《禅茶录》中的"不足主义"不单要求不把不足看作不足，而且要求人们"以不如意为乐"。

德川时代，柳泽棋园③的《云萍杂志》中说：茶道的道具也以某种形式来增添不足的气氛，作为"款待"，"一切情趣皆出于不足"。这讲的是同样的"不足主义"。

茶道的"不足主义"也出自知足思想。井伊直弼④的《论应以茶道为政道之助》便清楚地表明了这一点。他说："知足

① 侘茶，茶道之一，为桃山时代的茶人千利休（1522~1591）开创，强调在草庵中以简素的茶器制茶、饮茶，发现、体味"和敬清寂"之美。

② 寂庵宗泽，江户后期的茶人，他的《禅茶录》出版于1818年，主张茶和禅是一体的。

③ 柳泽棋园（1704~1758），江户中期的文人画家，日本南画的先驱者之一。有人认为《云萍杂志》不是他的作品。

④ 井伊直弼（1815~1860），德川幕府末期的大佬（最高执政官），被水户志士暗杀。此人亦精于茶道。

而乐之快乐，实非乐。""各守其身分，不期求于他"，以此为足方为乐，以此为乐方为足。这就是数寄（爱好），也就是"侘"。换言之，"国家普行吃茶之法时……上下皆各守身分，乐而无忧，亦无仇……自然太平静谧"。在这里，他把茶道的"不足主义"说成"政道之助"，明确地表现出实用主义的目的。

今日的茶道在强调"侘""寂"时，同样也从正面明确地提出知足思想，这与井伊直弼毫无二致。

比如，一个名叫佐佐木三昧的人，在战后写的《茶道教室》一书中，也从知足讲到"不足主义"："茶道，强调与身分相应、知足满足、排奢侈、警过分……这种心境达到积极的爱乏、喜贫的境界，便产生了侘茶。"反过来说，"若'小心翼翼'地从不完美中发现美，便会有爱乏慕简之心"。这一心境再进一步发展，"其终极即是在完全抛弃自己之时，……将排除一切自我妄念，合一于悠久无际的宇宙"。

从"知足主义"到"不足主义"，进而排除自我，这样的茶道论，似乎可以作为日本式的否定自我的一个标本。

虽然表现形式并不都是这样极端，但是不只限于茶道，现今的处世法也不同程度地吸收了"不足主义"。比如前面列举过的《处世百科事典》就说："不足主义"不只艺术上需要，对人生也是必要的。"俳句的艺术世界，讲究不穷全部，留有余情，人生也如此。……无虚度的生活，没有余情，滞涩而不润。人生也需虚度，也须知风流。有满也有缺，世之常理。这是和留有余韵的艺术世界相通的。"

可是这里说的余情、余韵是指精神性的东西，所谓"需虚度，知风流"，大概说的是不花钱，过"与身分相应"的有情趣的生活吧。比如，在家中房檐下吊个风铃，外出赏花，便被认为是庶民的风流。以这种程度的风流"忍耐吧！"这就是"不足主义"的处世法。于是日本人被说成是"穷而知风流"、趣味丰富的国民。

实际上，正是由于主张"穷中有乐"的"不足主义"的宣传十分彻底，所以庶民才习惯了通过各自的趣味活动获得精神上的满足。这并非来自"国民性"，其根据是在德川时代就产生的强烈反对茶道的"佗""寂"的言论。具有合理主义倾向的儒者太宰春台①在随笔《独语》中，痛斥茶道的"佗"："凡茶人所为之技，皆学贫贱者。既如此，亦有富贵人仿贫贱者为乐之说，然而原本贫贱者再学贫贱之技，岂有乐乎？"

看来，春台似乎对茶道相当反感。他还在别的地方批评说："凡茶人所谓之玩物，诸般事情，皆学于假穷酸之态。"春台以"贫贱者"的立场，批判"富贵"的茶人"玩物"，说得夸张些，他刺中了"不足主义"的阶级性的根源。在德川时代，从这一角度批评茶道，还不多见。

下面看一看对知足思想、"不足主义"的最一般的批评，并在这一基础上，考察一下进一步发展的接近"幸福主义""快乐主义"的思想体系。

---

① 太宰春台（1680～1747），江户中期儒学者、诗人，通算学、历学、医学等。

13. 装作不爱财

"不足主义"，从兼好、长明的佛教人生观开始，经过德川时代的武士道的奉公意识，到昭和的忍耐贫乏精神，一脉相承。一直到战后的今天，其仍然根深蒂固地存在于日本式的道德观、艺术观之中。

与此相对，从正面批判"不足主义"，起自于德川时代中期，那时以生长于封建制度中的商业资本主义为社会基础，开始出现了反封建的合理主义的萌芽。

比如，从儒学中荻生徂徕①和前面举出过的太宰春台的学派，国学中真渊②、宣长那样的接近合理主义的世界观、人生观中，可以发现对与封建的知足安分思想相联系的"不足主义"的批判。

其中正面反对兼好法师的不足主义的是本居宣长（1730 ~ 1801）。他作为德川中期町人阶级反封建思想的代表，采取了明确地肯定追求现实的快乐的立场。宣长在《玉胜间》中，特开"兼好法师之语辩"一条，批判说："法师曾言：诸般事情，皆如花等待风吹，月期望云来。此种违反人之常情而令后世强做明智的风流，实非雅事。虽说是法师之言，但此等事甚多……如以违反一切凡人之愿望皆视为雅事的话，那么强做的

---

① 荻生徂徕（1666 ~ 1728），江户中期的儒学者，太宰春台的老师。他反对朱子学，主张继承周以前的"先王之道"，崇尚礼乐刑政，重视功利。

② 真渊（1697 ~ 1769），全名贺茂真渊，江户中期的国学者。

事多矣……"

宣长不仅把兼好违反人的欲望、"愿望"的话和思想都斥之为"强做之事",而且还攻击他让人"知足"的说教并称其是虚伪的。"不分高低,一律说人的欲望是无限的,并歪曲世上人之真情,把知现今之不足而不气馁,说成知足于此世。多数如此做的人像上面所说的那样都是强做的。"

宣长从同一立场出发,在《玉胜间》中还以"辩不求富贵为善事"一条,针对贫者幸福论,批判了儒者的伪善。"世世代代的儒者,被说成不忧身之贫贱,不求富贵荣华,视不乐为善事,这并非人之真情,多数为沽名钓誉之伪善。虽有极少人不怀此念,然皆为乖僻者,有何善事可言?"

宣长在同一条内,把积极的进取和孝行连接起来,又说:"唯勤勉努力从事一切应事之事,而发迹以致荣华富贵,方为对父母、对先祖之孝顺。然本人落魄,家境贫寒,最大之不孝也。"

和宣长一样,西川如见在肯定肉体的快乐这一点上也可以说是包括在町人思想中的"快乐主义"的代表。他说过:"某人云:乐有二。……知天地人物之理乐其道者,真乐也;饮食、色欲、游兴者,俗乐也。……俗乐或真乐,町人等所愿者何?吾答云:无论,真乐行而无趣,唯俗乐为人之所欲。若得饮食色欲之正道,此即为真乐。言土地爷之神色可乐,即笑而弗止。"(《町人囊》)

但如见并非彻底地追求吃喝玩乐的俗乐的"快乐主义"。在上文的引述之前,他还针对某人说的乐,把苦也一分为二:

"四民各勤所事，不懈五伦之交"的"义苦"和"不知足终日求而不止"的"欲苦"。

于是他又说："真乐义苦，为天事、人之自然之道"，因此不能逃脱；而"俗乐与欲苦，自人心之私而生"，因此可以逃脱。他还告诫说："俗乐"实非乐，且中有苦。

尽管如见的"吾答云"中说了人期望有"俗乐"，可读者还是看重他上文所说的话。这或许是由于如见在说"快乐主义"时，留了余地。

与如见不同，司马江汉明确否定"清贫主义"，而主张"幸福主义"。他在《春波楼笔记》的"贫富论"中说："虽如颜回曲肱而枕，乐在其中，然而依我等之器，不自由之难仪也。"可是江汉所主张的"幸福主义"，不像宣长那样积极、现世，其是从独自的顺应自然主义出发的。这令人感到从这种顺应主义的想法产生出来的消极的"幸福主义"，或留有余地的"快乐主义"，不就是日本人独特的心理吗？

比如江汉在《春波楼笔记》中，还说："不过度，宜中庸。"人生"悟虚无自然，安乐而死，方为本道之人"。他的结论是："知不能为不能。可储财则储财，可出名则出名。然而当知己之量，不为不能之事。"

这是把从"虚无自然"出发的"中庸主义"和"幸福主义"混杂在一起的江汉的人生观。他受到《徒然草》里的佛教的无常观、基督教的宇宙观以及欧洲的合理主义的影响，他想要从他所谓"终极之理"中，领悟人的一生。他的"终极之理"是"因天地虚空，人间万物造化皆现，亦本归于虚无"。但他还认为佛教也好，天主教也好，皆为"异端之教"，并告诫人们说："常人不可随意学"，"壮年学时，将成天壤之废物"，而"六十余"时，学什么都可以。这是江汉以自己的年龄，向人们暗示：他自己吸取了它们的一些思想。

为此，他还在《春波楼笔记》的"江汉后悔记"中写道："我今年七十有余，始知壮年时之谬误"，并特意说："无意留名后世"，又说："名虽可留千岁，然不可至十万岁。据此思之，名者，生时之名也。"后他又说："此世在迷梦中"，活着的自己是"梦中人"，因此"居此世之中，无恐惧之梦而安居"，足够了。"寝而乐起，见地狱之梦，续寝方得极乐。"这里存在着江汉的消极的"快乐主义"。

江汉的"虚无自然"中的"自然"，指的不只是人周围的自然环境。毋庸说，他所谓"自然"的含义是：人作为自然的一部分，人的心理和行动也需遵循自然规律。因为他把人看作自然的一部分，在人之中看自然，所以得出了人服从自然规律最容易生存的顺应自然论。

在今日也有许多人讲过这样的人生观。前面说过的松永安左卫门，可以说是个代表。他说："人生的背后有一个不可移动的大原则，这就是自然规律。就像'天下雨，地必湿'那样，一定会让我们看到必然的结论。……我们的行动……绝不可勉强。遵循自然的规律，走中庸之道是重要的。"

松永的想法到这里，与儒教的天命、中庸论，没有什么不同，但是他的顺应自然主义是有独特的内容的，他所说的"自然"是人之中的"自然"，有时他还用所谓"本能"来替换

"自然"。这种顺应自然主义和个人主义相结合，便构成他的人生观。他说："生于自然环境之中，就要利用它"，这样"就可以达到我的自由"。"……钱也一样，钱无论如何是需要的。因为需要钱，我经营煤矿，以致干过投机商。能赚钱有什么不可以呢？……按自己的本能，积极行动，我的性格就是这样，没有办法。'为了社会，不能这样干！'这种道德对我不适用。……不违反人的本能，自由行动才是本来的道路。"

松永说的"能赚钱有什么不可以呢？"和江汉的"可储财则储财"，非常相似。或许松永读过江汉的书吧。

总之，松永把"自然"换成作为人之中的自然——"本能"，提倡"本能主义"的人生观，这远远地离开了一直以来的日本式的人生观。

尽管这样，日本的"快乐主义""幸福主义"，其出发点之一仍存在着江汉式的"自然""中庸"，一方面"顺应"它，一方面争取实现自己欲望的满足。这出自与其他国家不同的日本式的消极的心理，其依然没有脱离含蓄的、腼腆的"幸福主义"。

与此相比，战后著有《堕落论》一书、从批判"不足主义"出发、提倡"快乐主义"伦理的坂口安吾[①]等人，标榜的"幸福主义"比松永更积极。

坂口首先痛斥"二战"中强制实行的以"耐乏精神"为

---

① 坂口安吾（1906～1955），小说家、评论家，《堕落论》发表于日本战败后的1946年，曾引起很多读者的共鸣，后来他还写了一部反映这种思想的小说《白痴》。

名的"不足主义"。他愤慨地说："说什么农村的美德是耐乏、忍苦精神。忍耐贫困等是何种美德？"清贫、节俭、谦让，"为人所厌，不是美德，而是恶德"。他又说："能够忍耐困乏的日本军队，败给不能忍耐困乏的美国军队是当然的。"他认为"二战"失败是"日本精神本身"的失败。

根据这种"不足主义"的失败，他说："人或人性的正确的姿态"是"要什么就坦白地说要什么，讨厌什么就说讨厌什么"。因为"爱美、爱乐是人的自然，……万人的本性，丝毫不应受到轻蔑"。

为此，坂口主张：只有"从'健全的道义'堕落，复归真实的人"，才有"自己和人性的真实的诞生和开始"，因此"日本和日本人必须堕落"。

不过，坂口所谓"堕落"与颓废不同，其可能来自他思想中的佛教因素。他说的"必须通过下决心堕落，发现自己，拯救自己"，其基本思想出自亲鸾①的《叹异抄》。亲鸾说："若何种修行亦难及其身者，地狱终有一定归宿。"不只如此，坂口还说："虽说堕落本身总是被认为是无价值的，是坏事，但是堕落具有的性格之一，俨然存在着孤独这一伟大的人的实相。就是说，堕落经常是孤独的，被他人抛弃，甚至被父母抛弃，带着唯赖自己别无他法的宿命。"

把孤独看作"人的实相"，从另一方面看，与主张自我、

---

① 亲鸾（1173～1262），镰仓前期的僧人，《叹异抄》是其弟子唯圆辑录的亲鸾语录。

自我主义相通，有了"唯赖自己别无他法"的自觉。

江汉说："天地无始而开，其中无始而生人，此前，无终而生人，无量也。其中口我者，余一人也。虽有父母兄弟，皆别物也。"这与坂口的孤独感相比较来看，二者一脉相承，实在有趣。

坂口从堕落中发现孤独的自我，因为只能依赖它，而无别的东西，所以只能相反地向着强化自我的方向发展。这样努力地以某种形式发现自我，保卫它，使它变成强大的东西，这和江汉所说的中庸的自我完全不同，应当说其是战后日本特殊条件下的产物。

坂口的《堕落论》中所主张的"快乐主义"，是建立在所谓堕落、孤独等战后社会特有的非社会性的心理的基础之上的。这里试举1953年出版的《今后的聪明的生活方式》一书做一比较。这本讲授处世法的书封皮上带有一条宣传纸带，写着："为了您的高升和幸福！"这大概可以说是日本最早的一本宣传"幸福主义"的修养书。其中说："'遵守道德是幸福的'，这种话在今天说它是'谎言'也无妨。而且事实上，虽有烦恼、十戒等各式各样的戒条，但束缚住本能，不可能有幸福。"作者认为人活着的目的就是：专心致志地过物质优裕的快乐生活。他说："人不是为劳动而活着。希望有体面的工作，希望成功，希望过优裕的生活，希望过快乐的日子，为了幸福、为了成功，也就是为了使自己满足。劳动也是游戏。"

他认为作为人生目的的幸福，就是娱乐。"为玩乐而劳动"，是"人的真理""生命的哲理"。"唯娱乐才是幸福的显现"，"人的生命只不过是由娱乐之火点燃起来的"。这可叫作"娱乐主义"的人生观。

为什么娱乐才是"人的真理"呢？他说：因为"当不能玩乐时，首先得以证明：脑的机能衰退，心脏弱化，肉体老衰"。

这种理论虽然十分勉强，但公然主张"快乐主义"的这本修养书，大概是战后日本吸收了美国式的"幸福主义"之后，出版的第一册。在此之前，日本人坦白地祈求幸福的心情，都弥漫着某种认为利己是坏的的"不足主义"。

四 日本人的非合理主义和合理主义

1. 命运在天

日本人好说"天然自然之理""自然的法则"等，而实际上这样的话中，隐藏着否定"理""法则"，认为某种"非合理"的东西支配着人的想法。这就是天道、天命、命运、宿命等词句所表现的超于人的智慧的作用的绝对者对人的支配。

在今天，像日本人这样还用命运、宿命等词句，试图说明社会和人间事件的文明国民，似乎并不太多。自古以来，就有种种关于所谓人事和天命的关系的想法公之于世，而且权力者都直接或间接地运用它作为维持权力、统治民众的思想武器。

日本式的命运论或命运主义，从广义上划分，有狭义的命运主义和宿命主义。

所谓狭义的命运主义，指人生是冥冥之中的偶然巧合决定的；而宿命主义同前世后世、因缘、因果等思想有联系，它认为人的一生都是生前已经安排好了的命运决定的。

古来使用的天道、天命等，都包括两方面的含意，有时也根据情况分开使用。

不论哪一种，命运主义对于封建社会的权力者来说，都是重要的思想武器。武士道的修养书，都不厌其烦地要求人们顺应天命、天运行事。比如宽文七年（1667）出版的《阙疑兵库记》的本文就把命运做了详细的分类，加以介绍。

> 运于武士分五类：天运、人运、世运、事运、义运也。天运者，圣人治天下而生天灾，或洪水，或旱魃以虐。恶王主天下时，命长而安者，亦天运也。人运者，圣德之君昌，恶德之君亡。此谓人运也。世运者，虽其人未做恶事，而与世之盛衰共亡。事运者，依自然之误，自然而亡。……义运者，因义已前定，昌亡皆依义。……

在如此简明地说明命运的分类以后，其又强调了"凡事不出五运之外"的命运主义，但同时他又告诫说：对于武士，"尊天运不思善恶为愚人"，"嗜武勇者不尊天运而尊人运，天运近于恶之故也"。这是附带条件的命运主义，即不是听命于天运，而多少保留有以人力推动人运的积极性。

与此相关联，武士道的命运论，对人的沉浮和道义的关系是这样看的。

比如《叶隐》一书中说："不可以盛衰断人之善恶，盛衰者天然也，善恶者人道也。"人生的盛衰、沉浮虽依天然自然之理法，非人所能及，但是善恶作为人道，有与天道不同的法则。前面的"人运"近似这里的"人道"。

可是，宿命主义所强调的是：即使是武士，他的身分、阶层也是依天命事前就已安排好了的。《诸士男子训》中说：

"家富位贵，本在于天，难求而得之。读书修身于人易求。与其苦于身求难得之事，莫如求易得之事，欢愉于心。"这里所谓"天"，是作为知足安乐的根据提出来的。

可是，人们会说"世上不公平，坏人反而走运"，并不甘心认定天运、天命。关于世上的不公平，也有种种的解释。比如益轩的《初学训》说："从善而无福者有之。此为命分薄、生来福少之人也。从恶而无祸者亦有之。此为气好而厚、生来福于身者也。"或许会有人接受这种生来的"命分"和"福"之薄厚的说教，甘忍一生的不公平，但是对不接受的人，他还有因果报应的理论："一代不报，必报其子孙。……善恶必报，自然之天理，不可疑之。生来之祸福，天命也。"

益轩把生来的幸和不幸称作天命，与此相对，把善恶之报称作"天理"。于是天命的不公平，有"天理"相接，因此这里的"天理"也和因果、因缘一样是宿命的。

与益轩比较，中江藤树①的"命"和"命运"等更具有宿命论的色彩，其认为一切都是命定的。《翁问答》中说："人一生间所遇之境界，吉凶祸福以至一饮一食，无不在命。""幸福、富贵亦生来之命运，非我等之力所能变。不幸、贫贱亦生来之命运，既非双亲之过，亦非他人之所为，当然亦非天道之错赐。"

藤树说明：人一生之命运在"胎育十个月间"，杂以阴阳

---

① 中江藤树（1608～1648），江户前期的儒学者，被称为日本阳明学之祖。

五行的作用和"善恶报应之感化",因此"生来好运俱全,绝非易得"。其以"易"的理论,说明命运是最费事的一种形式。

总之,日本关于命运的思想,反映出古时的知识阶层对此反复地进行过翔实的议论。

命运论作为前面所说的知足安分思想的依据,被有效地用来进行对武士以下的商人、农民的说教。

首先,关于家业、职业,说是作为天命被赋予的,违反它就会遭违背天命之罪。

比如手岛堵庵①的心学书《会友大旨》中说:"家业,农工商,降于其家,皆非因自身所好。受家业而不觉,为天命。故我之家业,少有怠之,即背天命之大罪也。"

对武士,与天命相对还有"人运"之托词,而对町人则威胁以"背天命之大罪",对农民则更露骨。介绍农民处世心得的《民家分量记》明确说:人各有生来的"天命之分量","生于百姓亦天命,贫富亦天命,不可悔亦不可怨,付以警之"。这句话带有命运主义的政治性的味道。

对妇女也有同样的天命论警告并要求其"断念"。《续鸠翁道话》说,妻子的境遇一切依天命,"……嫁于夫家,然后或经受各种苦劳,或成尊贵之身,皆天命也。……欲逃亦无逃之路"。于是"百人有一人者,弃夫而归旧家,且再嫁成富贵

① 手岛堵庵(1718~1786),江户中后期心学者,石门心学的创始人石田梅岩的弟子。

之身者亦非无有，然而此人纵然富贵，而心必有苦劳。守从夫之道，形虽苦劳而心安乐哉"。其意思是说，逆天命必报心之劳苦。"人受仁义之性，少有勉强，即感气恶，此天命之验也。"即今日所说的良心的苛责。这里不仅仅警告将受到天罚，还要求进行内心的反省。

天命论进一步言及天之赏罚，"赏原为天之庇护"，不是"人之作为可易"的。"罚因我之任性，受天弃之，自然不意而来，此谓冥加。"（《冥加训》）从而找到了方便的遁词，就是说：不幸是缘于人自己而受到的惩罚，而幸福则是天道所司，人之作为不起作用。日语中的幸福一词可用"巧合""幸运"等词代替，这正表明保留的幸福为天赐之物，而非人力能及的认识。从中还产生了许多同一含义的谚语，如"睡觉等待好报""坐待风平浪静""天棚上掉下馅饼来"等。

这种想法的另一方面将导致前面说过的自然顺应主义。《续鸠翁道话》写道，心学的目的就是要达到听其自然的心境。"一哈欠、一喷嚏、一指之动，若时节不至，皆不可有本真之事……知可为可，知不可为不可，则甚安乐也。"

日本人所说的"断念"，是知天命而心境"安宁"，与西方的"绝望"不同。"绝望"不是应天命而"断念"，而是"不可为之事，强而为之"，从而造成的精神上的"苦"。"天命主义"不是执着到底的绝望，而是从一开始即"淡白"而爽快的"断念"。这才是所谓顺应自然的心境。

因此，"天命主义"并不是完全不需要努力，正像"尽人事以待天命"这句话所表现的那样，对命运的力量和人的力量的相互关系，存在着种种看法。怎样估价这两种力量的对比，决定着命运论者或现实主义者的气质。

西鹤的作品认为超越人的智慧和理性的不可抗拒的力量——"运气""巧合"，必须和"才能"结合起来。他一方面承认宿命论，说"一切人之命运在天……死可谓前生所定"（《世间人心》），但另一方面又说"身分难与才能巧合"（《日本永代藏》），"身分"因"运气"和"才能"的结合状况而定。

2. 车到山前必有路

天命论，在现代的修养书中，也是不可缺少的项目。下面只举出《听命与人生》一书作为一个样本，它完全重复了过去的说教，只是改成了现代语。其中说："总之，贫穷、幸福皆神授。……因此无论怎样等待，或许幸福都不来。那时要毫不怀疑地认定这是天命。"

作为顺应自然主义，相信天命要求有"听命"的心理准备。"发生的灾难，就按发生的原样，一切完全听命于神。"

这种"听命论"的进一步发展，有江原小弥太的《心场》，其是面向知识层的。他把命运分为绝对、相对两种，与前面举出过的"天运""人运"相类似。他说："命运有绝对命运、相对命运。绝对命运是人力无法改变的，相对命运却可以靠自己的力量改变。因此所谓天命，相当于绝对命运。"所谓相对命运，靠宗教的祈祷可以控制，而绝对命运依赖神佛也无济于事，因此，"相对命运或许可以套用善因善果、恶因恶果的因果律，而绝对命运，善因可能产生恶果，恶因也可能产生善果"。

这样把命运一分为二，便把人生的不幸的责任推到绝对命运方面，而幸福就成为相对命运，成为靠祈祷神佛可得的东西。江原的逻辑，对佛教人生观的说教，是最彻底的。

江原还用"交出去"这一说法，表现佛教的顺应自然主义的心境。根据把天命和人事相结合的观点，他说："把自己的一切交与阿弥陀如来处置，个人只安心立命勤于人事……这就是绝对命运和相对命运结为一体的'交出去'的境界。"但日本人中这种"听命"的心理绝不只限于佛教的"断念"和修养之道。

在所谓"现代人"的知识层和小市民中间，很多人心里的某个地方，也同样以各种形态隐藏着这样的"天命主义"。

坂口安吾的《洗青鬼兜裆布的女人》中出现的女主人公，便是顺应自然主义的代表。这位田家女的述怀很有意思。她说："车到山前必有路，困难时自然会有办法，这是我至今得出的人生的原理。"这个女人还谈到"二战"时的心情："报纸、广播呼叫祖国危机，街头上的流言悄悄说'日本要灭亡'。可是我确信我能活下来，我心里有个支柱：'困难时自然会有办法。'我想：'日本不论怎样无所谓。'"这生动地重现了日本小市民利己的顺应主义。

对大多数日本民众来说，什么"祖国""民族"，的确"大而空"。遭遇不幸，现在也如此。"困难时"，不是靠自力想法解决，而是"自然会有办法"。自然，自古以来是天、是命。因为唯有它可依赖，"日本不论怎样"，而自己的生活总会有办法的吧？这是与"天命主义"相通的。

这也不是绝望，而是从日本式的"断念"产生的一种懈怠。仅就这一点，可以说其不是意外漆黑的绝望，而是无知的乐天主义。

有一个"伴伴女郎"，写下这样的手记："如果××归国了，我们这样的不幸的女人就没有了。还是早点归国好。我想：××回去后，不再干舞女了。可是世上不论什么事都是命，没有办法。想这种事，都有点像傻瓜。"在命运论后，伴伴女郎明显地跟随着"听命"从而放弃了个人的思考。

十分明显，这种战后的命运主义是由把战败认作一种"天命"的心理产生的。"这场战争究竟是什么？日本战败，美军在日本本土登陆，大半日本人或许死掉。只能认为这是另一种超自然的命运，即所谓天命。"（坂口安吾：《白痴》）

当然，战后的命运主义的发展，不单单是由于战争终止于宛如"超自然"的原子弹的轰炸，其造成灾害之巨犹如"天灾"。本来日本国民就生活在长期的战争和非常时期，法西斯的非合理性便借用了神的形式，因此他们不可避免地或多或少地变成了命运主义者。

日本的军人进行战争时，不依靠合理的、科学的计算，而把天佑神助一直放在脑里，命运论当然不知不觉地渗透到军队的上上下下。

昭和十八年（1943）陆军中将中井良太郎在《将帅论》中断言："战争的胜负存在着命运、天佑，这不仅是超越理论的事实，而且是任何时代都有的事实。"他还回顾自己的战争经验，并以此来证明战争中的这种命运主义的倾向是越来越明显的。"作为掌握多数人的命运的武将，尽其最善之后，无一不抱有信仰天佑、神护之心。作战越激烈，这种信仰越强固。"

在军队教育方面，命运主义的"断念"，称之"淡白"，被认为是一种"清高"，包含在前面已举出过的"隐忍奉公"的精神里，受到重视。军队里"强调所谓淡白。……比如奔赴战场，不得有出名的思想。露尸荒野，死在无人知晓的地方。在天空中，孤单的一架飞机上，谁也不知地死去，必须有这样的心境"（《日本军队》）。

在战死的学生的手记中，到处可以发现这种令人心痛的、用命运和宿命的思想来平静赴死之心的话："作为生于此世的一个人，……互相背负着生来的命运，各自不该按相互决定的那样竭尽力量劳动、竭尽力量战斗吗？……寻找不值一提的理由，逃离自己决定的道路，是怯懦的。向着既定的道路前进！依天命决一胜负吧！"（《遥远的山河》）

3. 痛苦的命运

不只前线的士兵，市民中也有许多人，把战争看作一种宿命。太宰治在一篇自传式的短文中，谈到这种心理："虽然战时的报纸没有一篇可以让人相信的新闻，但是我们强让自己相信，并打算去送死。当痛苦地知道父母遭遇破产，走投无路，亦无可挽回时，孩子们能摆脱得了吗？只有默观命运的尽头，共同讨死。"（《十五年问》）

日本人的命运主义依然作为一种对待不幸的心理免疫法，发挥着巨大的心理性效用。这是由于日本人从平时起就养成了不论对何事都认定是命运、是宿命的"断念"的习惯。

日本的大众娱乐，特别是流行歌、浪曲，充满"命运""宿命"或者"定数"的词句，大众平常看这样的书，说或听这样的话，好像就是在独自接受命运主义的教育。

反过来，由于命运主义根深蒂固地植入大众的心里，人们又要求用这样的语言说、唱故事和歌曲，因此这样的作品又具有巨大的商品价值。

在这样的相互加强下，命运主义不仅至今不衰，相反同社会黑暗面形成正比例的关系，越来越兴旺。

下面试举若干流行歌的歌词为例。

> 命苦的红鞋呀，道路两条，你一人，用眼泪撕碎了鞋样，再见吧，花随着远方的汽笛飘散。（《红鞋的探戈》）

> 阴暗的码头，命中注定痛苦地分别了，流下悲伤的泪。上海的雾夜，我在这里，丽蕗一个人，丽蕗，我是悲哀的丽蕗。（《我是丽蕗》）

> 我孤独一人，渡海而来。不要抛弃希望，丽蕗。返回上海的丽蕗。阴暗的命运，把两人分开。要像以往那样一起生活，丽蕗，今天也不能相会，谁也不知道丽蕗吗？（《返回上海的丽蕗》）

还有许多要求人对命运"断念"的歌。

鸟的性格，听命于歌，爱和泪，听命于歌，不能闹别
扭，不能闹别扭，啊！因为是命运。(《伊豆的艳歌师》)

从以上的例子可以知道，日本的流行歌唱的都是命中注定
的阴暗的、悲伤的、痛苦的"别离"。其所使用的动词，最多
的只有两个，就是"哭泣""离别"。其次还有一堆"断念"
"听命"等。由此也可清楚知道：以命运主义和无常观为主题
的流行歌有多么多！

浪曲也有很多歌唱命运、定数的。

尽管强忍着切也切不断的泣血断肠之念，我等也必须
活下去，这就是所说的命运哪！(《赤城摇篮曲》)

漫长浮世的争斗，胜败在命运，何时来运转，还会
胜利。(《浪人之街》)

4. 什么因果、什么因缘

在浪曲表现的赌徒的世界里，命运主义是用古调的"因
果""因缘"等词表现的。

不知什么因果和因缘，使用同一澡盆里的水长大的男
子汉同胞，竟赌气争斗了十年之久。(《天保水浒传》)

是怎样的因果和因缘，竟由我来照看被我杀了的人的
老婆？(《赌徒之街的小道》)

是何因果使赌徒，说一不二，掷骰子度世以仁义，终
落于刀刃养我亲人的境地。(《赤城摇篮曲》)

　　从以上三个例子可以知道，这里的因果、因缘就是"阴暗的命运"，其说的是命运使幼年的友人相互为敌，使杀人者看护被杀对手病中的妻子，使赌徒杀了养育自己的伯父。

　　"这是赌徒的因果！"这是赌徒们常说的一句话。在赌徒的世界里，他们认为发生"正经"的社会所没有的非人性的事情是宿命的。现实中，他们把所谓仁义、恩义的特殊人际关系产生的事情，归之于某种超人力的命运，是为了增强悲壮感、淡化罪恶感。比如在争夺地盘的纠纷中杀了毫无关系的人，"这是赌徒的因果啊！竟杀了无冤无仇的人！"这样一说，似乎错并不在赌徒本身，而在因果支配着的赌徒的处世命运，这种命运被认为是悲哀的、无常的，似乎又是值得同情的。

　　当然，因果论，自古就通过佛教广泛地传播至日本的民众当中，白隐的"和赞"的歌早已简单明了地就因果报应的问题做过说教。"凡生此世，贵贱贫富，皆同。无病、长生、钱财，无人不愿；病身早死、贫穷，无人不厌，然而行之，缘何？前世莳田，此世结果也。"（《善恶种莳镜和赞》）

　　心学的道德观的底流也是因果报应思想。不过它与佛教比较，进行的是具有现实性的说教，其认为：行善、修善心在活着的某时一定会有幸福，即不是来世而是现世的报应，比如有这样的话："奉侍双亲，无论何事迅即应答，取悦其心。若如此为之，成人后将运至福来也。"（手岛堵庵：《口教》）意思是说：如孩子孝顺父母，此世即会得到幸福。

　　反之，如果不孝，长大就会遭遇不幸。"报应者，悲恐之事也。……儿众自幼即习以放言，终将身哀也。"（《口教》）

由此看来，心学的报应论主张：在活着的时候，人心和行动的善恶就会产生或善或恶的结果，因此它的因果是现实的、积极的。虽然其与佛教都主张命运主义，但其远比佛教的因果、因缘说重视人的力量。命运主义根据它怎样评价人事和天命的对比，产生了种种微妙的不同。

此外，还存在着极端的因果、因缘论。其认为诸般万事，都是因缘事前决定的，人不论怎样努力，怎样积德，如果发生坏的结果也是没有办法的。

以佛教为首，大众性的宗教都或多或少地利用了这种因缘论，并把它作为最有效的理论，说服人们"断念"。下面是利用佛教的因缘论，进行现代式宿命论说教的样本。

> ……人一生的日程表，从开始到结束，全部都已经定下来了。必须领悟，不断地苦劳都是徒劳的。(《听命和人生》)

"我们现在做的事情是因……它关系到十年、二十年以后，不，以至来世"，因此"不可过敷衍了事的生活"。这一点，即以现在关系到将来为由说明修养的重要性，在论法上，和心学完全相同。

今天，作为民间宗教之一、具有很大实力的天理教①的教

_____

① 天理教，江户末期产生于日本贫苦农村的大众性的神教，明治维新后遭过镇压，1908 年被政府承认为独立的神道教派。其总部在奈良县天理市，信者现有数百万。

义，就把"因缘"说成"神意的显现"，认为它是以往积下的"尘埃"的结果。教义中说有八种"尘埃"，即"惜、欲、憎、怜、恨、怒、贪、傲"八种欲望。再加上"追从谎言"和"亲神所示"，共有十种心忌。

"今生"积下的"尘埃"的结果，是"今生的因缘"；经几代转世积下的，是"前生的因缘"。人遭遇的种种不幸，都是当人积满"尘埃"时，"亲神"为警告人们而下赐的。

天理教认为不幸有若干级，它与"亲神"愤怒，即天罚的程度成正比。战后出版的《天理教要义》，在教义概要一章里，有"因缘""尘埃"的项目，其中说："疾病、病灾是'身上'不意之灾难，谓之'事情'。亲神把一切'尘埃'显现为'身上事情'，希望清扫人心，实现理想一律的快乐的生活。"这里说的"快乐生活"是天理教的理想生活，即："不论遭遇何种困难、灾害，都认为是难得的，高兴地承受，……以'明朗的心'活下去。"其中还说："关于'尘埃'的亲神警告，最初采取'指引''示道'的形式，在还不明了的阶段，先是提出'意见'，以后则表示'遗憾''气愤'，渐次激烈……"（《天理教要义》）

天理教的魅力，在于现世的利益，在于"快乐生活"的明朗和积极性。天理教主手写的神谕常说："不论何种苦痛、伤病皆尘埃。""身上事情是道之花"，"决心勇敢地克服它"。因此，这和消极的"断念"不同。

天理教的命运观，从天命论的绝对主义转到了主张以人力克服命运的相对主义。因此它虽把不幸看作因缘，但不主张

"断念"或自甘暴弃,而规劝人们战胜命运。"不论这样或那样,能够实现亦因缘,不能够实现亦因缘,都不可避免,那么就无论如何也要想办法","总而言之,必须渡过难关"。

它告诉人们:彻底进行"忏悔",扫除"尘埃","因缘"就可被"纳消"。这种对"前生因缘的忏悔",被称为"堪能"。"堪能"不是"断念",而是"积极地在纳消'因缘'的道路上前进","堪能如欣赏花开,有充分的理"。

天理教或其他信仰,与这种因缘、因果的想法相结合,都认为自己的生命是从神那里"借来"的,或者说是神临时"寄存"的。

天理教说:"总之,人的身体是'借来之物','心一是我之理'。身体既然是'借来的',那么什么时候必须奉还给贷主——亲神。这奉还的时期……不叫作'死',而称为'重来'。亲神极简单明了地教导说:'没有死。它就像脱去旧衣换上新衣那样。'"

因此,人不能把自己的生命看成自己的。神自由自在地操纵着它,"人的思考","每个人的心,无能为力"。这种认为自己是从神处"借来"或神"寄存"的宿命论,也是"灭私奉公"精神的心理上的依据。

一特攻队的学生队员在给母亲的信中写了这样一段话:"我们是陛下所寄存的东西,当然必须为陛下而献身,请母亲注意绝不要有怨言,说见不得人的话。"母亲被强制要求"断念":认定最亲爱的儿子的生命是"陛下寄存的东西","奉献"出去是当然的。从这里可以看到在宿命的名义下人的悲哀，他们被最大的非人性的罪恶道德碾碎，却连泪也不能流。

这种认为人是神的赐予的宿命论，一种是完全消极的，即主张所谓绝对的"断念"；另一种，像天理教的教义所主张的那样，重视"借来"的自己，并积极努力尽可能地使它好起来。这里便产生了天命和人事、人力的关系问题。

5. 尽人事待天命

在前面已经说过的天命和人力的关系中，关于人力的作用，古时的天命论即屡屡提到过。德川时代的天命论，作为武士的教训，与对町人、百姓的要求不同，其与绝对的宿命相比更重视评价人的努力。比如，《武士训》中说："忧世俗诸事，谓依天道次第，非也。天道在己，不在外。尽人事后方可委于天。"这同恫吓庶民听天命的想法不同。关于天命和人运的关系，书中又说："虽命为天有，然成其命在己。命在天，亦在己，谓运。天命人运合一也。"就是说，对于武士，人运和天命是并列的。

贝原益轩的《初学训》甚至说不论哪个阶层的人，通过人力都可以得到天运。"士仕君以忠，得君宠，则禄厚。农务田勤于作，则秋实丰。工商勤其家业，则富。"益轩告诉人们：只要"各尽其职"，人就可以靠自己掌握天命。

下面将说到，武士道认为武士可以左右天命的东西，不单是"尽职"，还要合于"理"，按"道理"行事。这与命运论的非合理主义相对，合理主义的因素受到强调。

现代的处世训，关于天命和人事的说教，类似益轩。比如名叫泉山三六的政治家为《处世百科辞典》写的序文说："天即命。知天命人生第一。……在各自的场所全力以赴。……知天命者，天命必高，其地位、身分不期而提高。"这里所说的"全力以赴"与益轩的"尽职"相同，但以怎样的方法努力，却一点也未说。

像鲇川义介①那样曾作为技术人员经过科学训练的实业家，也标榜相信命运主义。他这样评价人力和命运的关系："赔赚在于机会。与其说靠实力不如说靠命运。九分九厘是命运。运气未来时，不论怎样动脑筋，世上的事也不会依人愿，经常会发生预料不到的事情。……自古以来，命运不就是可怕的吗？事情成败的关键，常常掌握在人无力左右的命运的手心里。"（《我的生活信条》鲇川义介章节）

这样的命运主义，几乎存在于大多数日本人的心中。在战争等非常时期，它像上面已说过的那样，以"断念"、领悟或牵强附会的形式，起着淡化、弱化不幸感的作用。

因此，日本人虽也靠自力进行生活设计，为实现其目的，也讲许多道理，但是因为这种"人力"是限于天命的界限内的，突然一碰壁，即很容易"天哪！命哪！"呼叫一通而认命，并把它美名为"断念的悟性好""清高""淡白"，甚至看作一种美德。这依然来自其他现代国家不多见的日本式心理。

其实，这就是把原因归于天命，以"尽人事"的悲壮感，弥补由自我软弱造成的脆弱、无韧性。

---

① 鲇川义介（1880～1967），战前新兴财阀"日产康采恩"的头子。

　　与此相对，反抗命运主义的现实主义者被说成"断念的悟性坏""固执""死心眼""执着"，甚至"厚脸皮"。日语中赞美顽强的词很不丰富。

　　因此，前面引用过的松永安左卫门高度评价人的力量、大骂天命论的话，是极少见的。他还说过："人事无尽头。……我不明白事业半途而废还说尽了人事的人的心理。至死，事情也做不完，不靠什么天、什么命，不与他人这样的东西纠缠，才可谓：人的活动力、实行力，才是人的魂。"

　　据松永说，有一次他被请去小田原参加茶会，主人要求客人在书画册上留下自己喜欢的名句。"老汉学家盐谷温①最先用漂亮的字在卷头写了'尽人事待天命'一句古话。接着……我毫不犹豫地写了'我为为我之事，岂可赖天'。"他说他当时之所以这样写，是因为"不满意古时中国人的那句梦话。把人事和天命分开，自认尽了人事，心安理得，然后就可等着上帝开恩赐予了。哪有这样的美事？"

　　这段故事，清楚地反映了一个信奉东方天命论的汉学者和一个主张现实主义的资本家的强烈的反差。

6. 世上事，只靠道理讲不通

　　上面的命运主义，是非合理主义的一种，它否定自然和社会规律，认为一切现实都是由超人力的、超自然的力量支配的。这种非合理主义，对于今天的多数日本人来说，依然是思

_____

　　①　盐谷温（1878～1962），中国古典研究家。

考问题的基础。

"神兵队事件"的影山正治以这样一件事来证明这种非合理主义。"前田前辈想要舍身，把手枪对着自己的脑袋，扳动三次枪机都不响。手枪也没有什么特别的装置却不响，这不是神意是什么？这是科学主义、合理主义说不清楚的。"（《七·五事件公判记录》）

这完全是从命运主义出发的非合理主义，是拒绝科学地思考问题的非科学主义。在"二战"时期出版的《农士道》一书的作者菅原兵治，攻击科学的思维方法，竟叫嚷："必须停止、分析和理论狂奔的非日本式的言行！"从这件事可以知道，一直到最近，科学性等于非日本性的公式还通用于日本。依这一公式，换句话说，非科学主义、非合理主义才是日本式的。

因此，过去很多日本人认为：东洋，特别是日本，和欧洲的思维方式存在"对立"，日本式的思维内核是否定科学主义、否定合理主义。这种思想倾向，虽说战后有很大的削弱，但是在被称为知识阶层的日本文学家、思想家中，依然有人认为：合理主义在日本得不到发展是理所当然的，合理主义不仅不适合日本人的社会心理，而且有害。

奇怪的是，下面将会说到的合理主义式的思维方式，自古以来在日本便以各种形式存在过。因此在比较日本和西方时，没有理由硬断定日本式的东西必定是非合理主义的。

可是，很多知识分子在鼓吹"日本主义"或日本精神时，像菅原兵治那样，反对"分析和理论"，认为它们是其他国家，特别是欧洲所特有的，决不适用于日本。

横光利一①在小说《旅愁》中描写了几个这种反科学主义者的典型。其中一个说:"我虽然使用外国来的抽象名词做分析用,但是倍加注意极力避免用它测定人的生活心理。"还有一个说:"明治时,论理不受重视,道理受重视。这时你喜好的所谓欧洲的知识性的玩意儿钻进来了。说这东西具有分析力,不论什么都用它分析。连道理、感情也开始用它分析,是大正、昭和时代吧。"

"日本主义者"认为:人的"生活心理""道理""感情"是不能分析的,而欧洲的知识、科学主义却一定硬要做不可做的事情。他们在自然科学方面,或许还大体承认自然有规律,但是在社会科学方面,则认为分析的方法对社会和人是无用的,如果勉强对人和社会做分析,结果只会导致对欧洲的崇拜。"若做分析,父母、主人都变得一钱不值,个人成了最受重视的对象。可是,真的分析到自己,一下子就会明白自己实际也是可有可无的。那么究竟什么才是可贵的呢?完全不清楚。所谓知识阶级就是这样干的吧?如果这样,那么使自己也认为微不足道的欧洲就像上帝那样是最可贵的了。"

不只限于"日本主义者",日本人常说的什么"世上事,靠道理讲不通""人是不能用道理说得清的",便也很好地反映了日本人的非合理主义。既然存在"说不清"的部分,就一定有"难言之衷",对待自然便不可使用分析的方法了。

---

① 横光利一(1898~1947),新感觉派小说家,《旅愁》开始写于1937年,未完成,横光即逝去。

日本人的这种"难言之衷"的产生，一方面和前面说过的"不足主义"的余情、余韵等心理有联系，另一方面，也与日本式的凭所谓以"勘"① 观察事物和"秘传"② 的习惯等一脉相承。

总之，日本式的非合理主义不是彻底的神秘主义，它承认某种范围内的事物的合理性，只保留一部分暧昧的、"从道理上说不清"的非合理性，即部分的非合理主义、"客气"的非合理主义。因为它不彻底，所以具有灵活性，这也是日本式非合理主义的特征。比如，前面引用过的鲇川义介的话，还有他举具体市场行情的例子，都说明判断经济、社会的变动不能全靠科学规律，而要凭运气，"一直到前些时候，纺织品价格很坚挺，但谁也不会想到一夜之间就垮下来了。今天的世界在激烈的变动之中，预测一切变动是不可能的"。

这种认为不可能用规律套"一切"社会现象的部分非合理主义，作为一种思维方式，就是在今天，也广泛深入地保留在日本知识阶层中。

7. 胜在合乎道理

像上面说过的那样，人们常常会以为非合理主义是日本人天生的传统性的心理，其实不然，合理主义的精神，在古时的日本并不是完全欠缺的。

---

① "勘"，指直觉的悟性、第六感。
② 秘传，日本的茶道、花道、武道等各种流派都有只传给袭名的直系继承人的"秘传"。对"秘传"不明白，也不准"究其理"。

在战场上决胜负的武将，重视战略、战术的合理性，以合理主义的精神运筹帷幄的不乏其人。当然不能把他们的行为和今日所说的合理主义等同起来，但起码他们的用兵精神与非合理主义相反，他们不认为战争的胜负仅仅是由于天命或者运气，而强调"理攻"的兵法。武田信玄[①]说："人云：'不败之军败，不亡之家亡，皆人之天命。'吾不信天命，此皆缘方策之恶也。若豫之方策尽其善，何有败，缘而，吾心常注于不乱我家之规，如虑不违道理。"

信玄以"方策""道理"代替天命，认为"方策""道理"才是军队之胜负、家庭之盛衰唯一的原因。他勇敢地站在合理主义的立场上，破除迷信，打了很多胜仗。

比如在桔梗原与小笠原长时[②]对阵时，难分胜负，日落两军停战各守阵地。翌日是历书上的"先负凶日"，信玄说："长时定疏忽大意，以为凶日不会进攻。"于是第二天出其不意，攻进敌阵大胜。还有，在出兵信州时，一只鸽子落在庭院的树上，部下高兴地说："这是大胜的吉兆。"可是信玄用火枪一枪把鸽子打落在地。据说这是为了打破部下的迷信心理，因为官兵们以后如看不见鸽子来便悲观，就不好办了。

本书前面的"命运在天"一节中，引用过《阙疑兵库记》

---

① 武田信玄（1521～1573），日本战国时代的著名武将、军事家。1547 年他制定了《甲州法度之次第》，又称《武田家法》，共 55 条，包括家臣的组成、领导及领地的管理、经营体制等。

② 小笠原长时（1514～1583），信浓国林（松本）城主。其与武田信玄的桔梗原之战发生于 1553 年。

中说的"五运"，该书后来加有注释批评说："以五运推而广之，强令人勿疑，其言甚浅。……夫天地之间，人、畜……皆以一理而成。……然而人若不知尽理不可有。……以五运解万事之疑，实难成立也。"其明确地驳斥了命运主义。这也是武士道合理主义式的想法之一。

德川时代为禁迷信，会津藩在士卒禁令中增有一条："不可以阴阳卜签，说鬼神之灾祥，论敌我之吉凶。"

可是，虽然说，武士之间作为战胜敌人的方法，在可以允许的范围内，运用了合理主义，但可以说这些只属例外。至今的日本人，能把合理主义的想法一直贯彻到日常生活中去的，大概还是少数。

司马江汉曾哀叹日本人的非合理主义说："我日本人，不好究理"，"吾国人不善万物穷其理"。他的《春波楼笔记》写于大约150年前。但是至今，就是在专门的科学家中，彻底的合理主义者、科学主义者也不多。在现在的日常生活中，如有人要来点合理主义的行为，就会被看作怪物。像前面已经说过的那样，这是因为"人是不能用道理说得清的""世上事，靠道理讲不通"这样的生活非合理主义深深地扎根于日本人的心里。

因此，多少想要过点合理主义生活的人，便会受到"世上"的"误解"或非难。三越百货店的总经理岩濑英一郎[1]，是个合理主义生活的实行者，他谈到他的心境：

---

[1] 岩濑英一郎（1894～1963），"二战"时期和战后初期，日本商界著名领导人。1943年任三越百货店总经理。

世上常有人说我是"讨厌人的人""冷漠的人",但我一向不介意。因为我认为见不必见的人,去不必去的地方,用这样的方式表现对人热情,更富人情味,这是低俗的。我不论公私事情,认为有必要见的人,不论何时都高兴地会见,如果不是这样的人,我会说:"我时间有限不想浪费时间。"(《创造人创造钱》)

这个叫岩濑的实业家说的话,如果美国人听起来,会感到极普通,但日本人会认为:这个人"没人味",是"冷血动物"。可能读者中就会有人有这样的反映。

就是说,在日本,为了在交往中表现出"人情味",必须见"不必见的人",必须为此消耗时间。前面引用过的处世指南一类的书便说:人生需要"余情",需要"徒劳"。

还有一个最明确地宣布自己是"合理主义者"的政治家尾崎行雄①说:"我的思想是科学的合理主义。让我们以用度量衡决定根本为根本吧。这就是以符合不符合科学,进行正邪的判断。这是最理想的。如把眼睛看到的幸福、耳朵听见的幸福等,进行科学性的思考,以此作为判断好坏的根本,来创造一个社会,那么,就能够创造出一个好的社会。只要认定了幸福的标准,然后以算盘和尺子为根据,进行思考就可以了。"(《我的哲学》尾崎行雄章节)

尾崎主张科学地思考事物,以实现合理的社会为理想,因

---

① 尾崎行雄(1858~1954),连续25次当选众议院议员,战前经常批判政府政策,被誉为"宪政之神"。

此，他批判教育敕语"完全无用。……究竟要说什么，根本不清楚。……只会有助于亡国"。可是像他这样的想法，在今日的统治阶层中也是例外，而且与大多数的民众也无关系。

这是因为在日本以科学性的知识和论理为基础的健康的生活合理主义不发达，特别是在战后便开始出现了"非人性"的、扭曲了的伪"合理主义者"，其代表性的人物，就是前面已说过的"光俱乐部"的山崎。

8. "看透了"的人生

青年山崎曾把合理主义看作"生活的主体系"。他说：拥有"永久性和统一性的生活体系"的人生，"如果理论上看不透，肉体上便会感到厌恶，不能坚持到底"。

他虽然认为没有固定的生活行动的框框，安不下心来，但是他也不相信已有的宗教和意识形态，于是他想要在自己造出来的所谓"合理主义"的框框内，保卫容易受伤的自我。在前面的"日本人的自我"一章里，举山崎的例子时说过：他为了从心理上弥补自我的脆弱，提出了自己的"合理主义"。因为对他来说，能够以一定的明确的法则、规则处理自己和自己周围的世界，是最重要的问题。

他认为事前把一切都"看透"是一种捷径。如果是有着强韧的自我的人，当他遇到用至今的做法、想法都"看不透"的新情况时，便会执着地想法去认识它、解决它。而他却是用事前由自己制造出来的"合理主义"的框框，裹住身子，固守脆弱的自我。因此，他的自我并非强韧的自我。

他说，他不采取权术主义，"随时根据当时的情况处理，没有时间的统一性"，这正表明他根本没有随时根据情况，动员强烈的自我的自信。

因此，他的"合理主义"，并不是发挥坚实的客观的论理的力量向任何事态挑战，而是想以自己任意制造出来的论理闯世面。

在一次座谈会上，作家丹羽文雄问山崎：你不承认人在生活中"有什么不清楚的东西吗?"他回答说："大家遇到看不透的暧昧性的东西时，似乎都进退犹豫不决"，"而我本身不存在"这种"看不透"的暧昧性的东西。"我愿意（遇到这种看不透的暧昧性的东西）以便确知自己的理论是错的"，但"不幸的是还未遇见"。

因为山崎是从生活中根本不存在非合理的、暧昧性的东西的前提出发的，所以他不是"没有遇见"，只不过是闭着眼睛佯装不知而已。对他来说，不需考虑是否存在暧昧性的问题，因为他事前就把它从他自己的"生活体系"中除去了。

他认为：与"充满邪恶、矛盾的人交往"，从而生存下去，只有采取"玩弄权术的马基雅弗利主义①"，或者他所谓"合理主义"。

---

① 马基雅弗利主义，又称权术主义。马基雅弗利（1469～1527）是欧洲文艺复兴时期的意大利的政治家、思想家，他在《君主论》中说："君主为维持国家的存在和发展，必须记住正义和暴力两手，因此需要有狐狸的狡黠和狮子的猛威。"据此，人们认为他主张"玩弄权术不择手段"。

他本人，如前所说，不具有实行权术主义的强韧的自我，所以主张"遵守作为社会规范的法则"，但他不承认有"实在的道德、正义等"。他说："为达到目的，可某种程度不择手段"，但应"始终合法而且合理地进行"。

这里，他说的"合法"是符合他独创的"法则"，所谓"合理"也不过是合乎他独特的"理论"而已。

这绝不是生活上的合理主义，而是处世上的"契约主义"，它是这样的一种主观性的"合法主义"，即：不论常识性的也好，非合理性的也好，一经成为契约，便死守到底。

关于"契约主义"，他的说明是："我遵守国际法的'达成协议，即应受约束'的思想。此外的道德，一切不遵守。……一旦承诺必定履行，只有这一点是以我的世界观为基础的行动。"

他的"合理主义"就是这样的以"我的世界观"为基础的，并不是以科学性的世界观为基础的合理主义，其不过是从个人的盘算和利己心产生的一种牵强附会的理论。

牵强附会地为个人打算找理由，是在战后一部分年轻人中间经常可以发现的伪合理主义，其目的是想用所谓"合理性"说明自己行为的正当。

一个战后派的女学生，在抗议大人批评她"堕落"时说："自己干有理由的事，大人立即说'堕落了'。——我认为与其听无聊的课程，不如去看宝塚歌舞团的歌舞。"她还说："如果把宝塚请到学校里来，在学校里挖个水池能够让我划船，那么我就不会去井之头公园，不会去宝塚，也不会有人说我

'堕落了'。"（古谷纲武：《少年少女对大人的抗议》）

过去，不论大人还是孩子，心中有类似"要求"的人，当然也不少。不过，给自己的行为加上所谓"理由"我行我素，这种伪合理主义，战后明显地多起来了。

这是个极端的例子，一个堕落的女学生因卖淫而受审问，她说："这是我打短工，打工是用脑袋，还是用手，或身体的哪个部分，是个人的自由。"这也是个"看透"型的主张自我的伪合理主义者。

在战后出现的反社会性质的集团，如赌徒、伴伴女郎等中，屡屡可以发现这种"看透"型的人，可以说，它是伪合理主义的一个延伸。他们扔掉"看不透"和暧昧性的心理，以求从正面肯定自己的反社会性的生活。新赌徒不像旧赌徒那样自罚、自责，他们积极地主张自己行动的"合法性"，以自己"看透"自己行动为"理由"，证明自己行动的正当。

"尾津帮"的头头尾津喜之助是这样表白他的"赌徒之道"的："我敢公开宣布：'我是赌徒！'……'赌徒'是一群无赖之辈吗？岂有此理！我说：'赌徒之道'……的精神是'己空参义'的彻底牺牲的心，这与基督的爱相通，这是佛教的菩萨之道……"

这里毫无踌躇、暧昧和"卑贱者"的意识，他还说："政党是合法的，而不良之徒的结合就是不合法的。这在世上说得通吗？"其间接地表示了赌徒集团存在的合法性。这的确是对社会的一种批判，仅从这一点看，他对社会的看法包含一定的合理因素。

就像山崎以自己独创的"法则"和"理论"为根据，使自己的行动"合理化"一样，尾津也以他自己的"正义"为尺子，来证明他的行为的正当。他说："相信'我就是正义'，就会产生'纵有百万人奈我何'的勇气。"

在伴伴女郎中有很多这样的"看透"型的人。特别是在日本被占领初期，所谓"防波堤"论成了她们的伪合理主义的支柱。这种"理论"是："因为我们筑起牺牲的防波堤"才使"良家妇女"免遭占领军官兵的蹂躏。

的确，这也是一种"看透"方式，而且有以更坦白、更露骨的形式"看透"自己行为的人。比如有的街娼明确地写道："在现今的世上，快乐地生活是美德"，"性生活很有趣，又可以赚钱，一举两得"（《街娼的实态和她们的手记》）。

她们的伪合理主义是以金钱和肉体的快乐作为标准的。

上面说的这些伪合理主义，进一步有意识地加以利用，便产生了战后派处世法之一的"诀窍主义"。这种"诀窍主义"和以往的日本式的处世法完全不同，其是建立在"合理性"的计算的基础上的。它要把处世法变成一种"技术"用到人际关系上去。它不以道德性的判断为基础，完全以个人利害得失为标准打分。

前面引用过的《今后的聪明的生活方式》一书，便推荐了这种新型的"合理性"的处世术。比如，其中介绍了要使别人感到自己了不起和使他人感到比自己优越的"技巧"："要以自己的实力，显示自己的价值，有时要使出浑身解数。""时而准备一些小小失败的笑料，讨人高兴。"特别是书的后半部详细地介绍了"滑稽"的效用："你如果是用心周到的精明人，想要得到他人的信赖，那么你要在有计划的基础上，搞些令人发笑的小失败。这样，既可博得下属的好感，又会淡化上司的戒心。"

在工作方面，它与以往让人诚心诚意、竭尽全力的修身之道不一样，它告诉人们一套独特的"不足主义"的窍门。其中说：在工作上，"不论什么事都做得尽善尽美，是否就会取得上司的信任？值得怀疑"，"做工作，要以自己的能力，做到九分程度，留下一分给上司、主人干预、插嘴的余地，这才是最佳的"。在玩乐方面，也同样，"与同僚一起玩乐时，保持头脑清醒，酒等以喝到五分程度为宜。不足部分可单独到别的地方补足"。

在这本教授处世技术的书中，"合理主义"表现得最彻底的地方，是竟有介绍"受贿方法"一项。"有交往的商人送来贿赂，在婉拒一通之后，对方仍一再要给，便爽快地收下来。但不要做口头许诺。"如果收的是钱，以后可以用和商人一起玩乐的形式，或者做点对方希望的事报答。如果收的是物，以后相应地回赠一些东西，就可以了。书中还告诉人们应知道：对方送贿赂来，是出于好意，不讲情面地拒绝，"会招致反感，成为以后工作中招致意想不到的失败的根源"。

在日本，虽以政府官员为首，收受贿赂的行为遍布国之上下，但是如此堂而皇之地教授受贿方法的处世书，大概是第一次出现，堪称战后伪合理主义的顶峰。作者还直言不讳地表白信念说："聪明地在世上活下去的道路，就是使并不那么美丽的生活手段、方法和实态，让人看得美丽，而能否做到这一地步，就在于技巧如何。"用如此坦率的语言推荐战后"诀窍主义"的书，确实还不多。

他们还不隐讳地主张这种"诀窍主义"不仅适用于大人，也适用于孩子。"然而如果学校允许旷课，那么就没有人来上学了。因此，学生那方面也需要能掌握诀窍，做得漂亮，这样双方不是都过得去吗？"（《少年少女对大人的抗议》）

当然，"诀窍主义"并不是战后的特产，前面说过，在军队中，过去就存在这种处世法。实际上，如仔细地翻阅一下有关武士教养的书，就能够发现不少有关的例子。

《叶隐》一书便给武士讲授了很多处世的技巧。比如，关于"与人争论时之心得"："做唯唯倾听状，令言者言尽，待其乘兴而过言之时，觅其弱所，畅表己见，以驳之。"再有"处理公事所生之歧见时"，可回答"容思后禀之"或"尚需思之"，保留回旋余地，以吸取各方的智慧。此外还说，精明能干的人，不可突出自己，做事要与常人一样，或略显"不足"。乍见"温和软弱"之人，稍一显其能，即会得到"诸人褒美"。总之，这些处世的技巧，与根据仁义礼智信一本正经地提出的人生的教条，趣旨大不相同。

不过，在日本，从精神主义产生的"至诚通天"的思想，自古以来一直是被公开提倡的处世法（笔者在讲完非合理主义后，下面将对此做专门的介绍），因此像上面举出的常识性的心得，似乎被认为"于武士不适"。《叶隐》中说明处世要领的一些话，好像也令人感到与整体上的非合理主义的基调不相一致。

五 日本人的精神主义和肉体主义

1. 精诚所至，金石为开

与非合理主义紧密联系着的日本式心理，是精神主义。它至今仍发挥着巨大的影响。

精神主义，系指在某种意义上主张精神优越于肉体或物质的思想以及以这种思想为基础的行为。可以举出，日本人有以下几种表现。

第一，有一种信念即认为在超过人的智慧和力量的状态下，依靠"精神力"的作用，可以实现意想不到的超人所能的事情。

第二，认为精神的作用，可以改变物质性的条件。

第三，认为物质中含有精神，即"物神性"的观念，或谓"物心如一"论。

上述精神主义的第一点，也就是认为：靠精神或"精神力"，能够处理前面说过的站在非合理主义的立场上认为受天命、命运支配，人力不能胜任的事情。

"精神一到，无事不成""至诚通天""精诚所至，金石为开""蝼蚁有志也可升天"等谚语，都表现了这种精神主义。这里所谓精神和至诚能够扭转天命、命运，不是说只靠热情、努力就能做到，而是说期望借非合理的、神秘的"精神力"，实现合理性的智慧和努力所不能实现的事情。

这种精神主义在过去的军人中表现极为强烈。他们在自己的智慧达不到，或者事前便已预断达不到的状况中，期待着精神显示出超人之力。

"一开始，事态就超过了人的智慧。这时便只有依赖这些青年人的纯洁无垢的精神和保持自己精神高估的锐气，除此之外不可能产生奇迹。"《神风特别攻击队》的作者、当时的参谋猪口力平中校和飞行队长中岛正两人是这样写的。

他们所说的"超过了人的智慧"，实际上就是说在人的智慧上，日本军明显处于劣势，但他们期待扭转这种劣势，出现奇迹。如果他们确实相信青年的"精神""气势"能带来奇迹，那么可以说他们是日本式精神主义最坏的代表。

不过，精神主义不只司令官或有权发号施令的军人才有。《战舰大和的最后》的作者吉田满（当时是少尉、该舰上的副电测士），描写了舰上下级军官以精神主义迎接最后海战的心境："那时休息了数日，以涵养回天之英气，在无我的心境中磨炼必死的斗魂。"

事实是：超越于科学的战争技术之上的日本军队的所谓必死、必胜的信念，造成了一种恶性循环，即战况越不利，便越放弃合理性的方法，而期待精神主义创造奇迹。一个陆军军官谈战争经验时说到这一点："这是精神主义的顶点，要

使用奇策、秘术或者像诸葛亮那样的魔术去干！但什么才是这样的魔术呢？没有交代，只是一个字'干'！"（《日本军队》）

因此，随着日本战败临近，日本军人便更加看重超越科学性的精神主义、超越技术的信念，而特攻队精神，就是它的集中表现。

上面说过的神风特攻队的猪口参谋，战后回答美国的轰炸调查团的质询时说："本来，神风特攻队就是以精神性为特征的，因此，只要技术上有一般的驾驶飞行技能便可达到目的……"

从这个回答可以知道，精神主义的军队教育把精神修养放在科学技术训练之上。连组织特别攻击队，对技术性的"技能"的要求，都是普普通通就可以了。

在军人的精神教育中，常说什么"日本精神""军人精神"，"不需究其理由"，只有硬灌。连教育方法本身，也已经是精神主义的了，比如讲军人敕谕，不解释词句，只要人感受它的"可贵"。"敕谕集上的话，……不理解也没有关系，总之，要读。在读当中，渐渐便体会出味道来，最终敕谕就变成自己的血和肉。命令每天每天这样做。经过一年、两年，虽然依然不理解，但是将会感到：反正它可贵。"（《日本军队》）

"不理解"，反而感到它可贵，这就是精神主义教育的目的。就是说这种"不理解"，不需要用理智理解它，只有从"精神上"才能感受它。

2. 凡事决定于心态

精神主义，表现在日本人身上的第二点是：相信精神可以改变现实的物质条件。

将它用于生活方面，表现为精神性的幸福论，即认为物质的困乏和不足，可用精神性的东西填补，幸福是心境的一种状态。

精神性的幸福论，指给人们的最简便的通向幸福的道路，是自古以来推崇的"苦乐在我心"。

前面说过的天理教的"乐天生活"，就认为不论在多么痛苦的时候，如能"变换心境"，以"晴天之心""勇敢地活下去"，就能实现乐天的生活。"莫念地狱有极乐，凡事皆在各自方寸中。"

一般修养书中也说："如能在精神世界获得幸福，不论这世上有多少不幸，我们都会感到幸福。""所谓顺境或逆境，绝不是生活的事实，而在于人的想法和心态。"

可是，战后的精神性幸福论，对怎样才能获得幸福，却讲得不多，只是说："不论贫穷、疾病、遭欺侮、倒霉，什么地方总会找到：'啊，这就是幸福！'"（二瓶一次：《活下去的生活》）

与此比较，"日本精神"在以精神主义为中心的时候认为：特别是它的"精华"——军人精神，是能够支配物质条件的。"二战"中，某俘虏收容所所长关于俘虏的粮食问题，对下属有过这样的训示。

　　　在全国粮食不足、物资困乏的目前，不能让俘虏吃饱。……我国自古以来有日本精神，其结晶、精华就是军人精神。你们发挥军人精神，毅然地面对俘虏，就会使俘虏的精神状态紧张起来。虽然他们受过物质文明的毒害，

但是他们自己会感知精神高于物质，就能够忍耐困乏，克服类似营养失调的软弱病，全面地协助我们增产粮食。（《自那以后七年》）

这段训话以最露骨的形式暴露了日本式精神主义的无视物质、无视生命。

日本军队强调打仗时要始终把这种精神主义放在物质条件之上。"决定战争的命运的，不在于物质上的损害，而在于精神上受打击的大小。"因此，特攻队的参谋说：当看到"敌我力量差距大"，感到"祖国危机到来"之时，想到"现在正是把全心全灵如实地献给大君（包括祖国）的时候了"，"不让欧美各国人耻笑日本人自甘暴弃"，才编成了显示这种精神主义的特攻队。因为日本人传统上"便把生与死的精神基础，建立于绝对顺从伟大的权威，不惜牺牲的信念之上"。所以，仅仅用一句"战力上存在大差距"，便可简单地应付过去，而把参战人的生命、军队的物质条件，完全置之度外。

战争中的精神主义，最极端的是所谓"灵魂冲锋"的说法，说什么阵亡的整个部队的灵魂将会驱走敌人，生命虽死，胜利在握。这可谓终极的精神主义。比如，"在诺门坎①的某高地某部队冲锋时，官兵全部阵亡。可是不知为什么，或许对方厌恶待在满是死尸的地方，放弃这个阵地后撤了。据此，一个参谋说：'诸君，你们怎样看这件事呢？这是灵魂还在冲锋，

---

① 诺门坎，位于我国东北和蒙古的交界处。1939 年夏，日苏军队在这里发生冲突，苏军痛击日军，日军伤亡惨重。

所以敌人撤退了。'"(《日本军队》)

很多军人相信：就是全体死在战场，"也没有输，我们都是死后能够升天的有信仰的人"，"玉碎，众人归一，非常崇高"。随着日本战败临近，日本出现了牺牲全体军队、全体国民的"本土防卫"的打算，"一个一个战场，全部战死，然后把'灵魂冲锋'推广至本土规模"(《日本军队》)。在军部的首脑中讨论过这种可怕的精神主义的"全灭论"。按"灵魂冲锋"的理论，要进行全国老百姓参加的"竹枪作战"，也被认定"决非鲁莽"了。

日本战败迫近，发给军官的"上陆防御教令"上面只是写着："在敌我物质的战力相差悬殊的困难状况下，为了胜利，……需要官兵的伟大的精神力和坚固的团结"，"官兵战到最后一卒，也要毅然确信必胜，勇敢地尽其本职"，却没有提出任何具体的作战方案。像上面所介绍的日本式的精神主义，不论是在战场上，还是在生活中，都成了败北主义的别称。

3. 敬惜字纸

日本式精神主义的第三种，是认为物质中存在精神的物神论。物神论分两种：一种是认为万物皆有心或精神的广义的物神论；一种是只承认特定的物体中存在着精神的狭义的物神论。

这里不谈广义的物神论或泛神论，因为从狭义的物神论更可以窥见日本式的物神论独特的面貌。

　　据狭义的物神论，物质分为有精神的东西和无精神的东西。比如，称为"精神劳动的产物"的书，就是在今天，多数日本人也认为它是有精神的，而不单是由纸和铅字印刷而成的物质。因此，不能把书只作为一般物体对待。日本人从小受的教育是：枕书午睡，或用书做脚垫是不懂事理的。

　　而美国人却满不在乎地坐在书上，或把书垫在脚下，只要不把书弄坏还可以读，派什么用场都无所谓。而这样做，对现今的日本学生、老师来说，却仍被认为是"不敬"。

　　日本有一句俗语："借书是傻瓜，还书也是傻瓜。"就是说，书不同于别的东西，借出去不好催还，借方也可以不还。这可能是认为书有精神价值，在当事者之间，书的借出和归还不同于他物吧。这也显示出精神主义对书的看法。

　　书是"超越"于肉体劳动之上的精神劳动的产物，从精神主义的原则看来，这种精神性的物体，应受到尊敬。

　　书作为精神产物而受到重视，那么精神性的劳动场所，尤其是桌子、写字台，也需同样对待。常见美国人坐在桌子上，或把腿伸到桌子上，而这在日本人看来，不仅举止不雅，而且还是一种"不敬"。

　　虽然，在战后的今天，日本人的这种赋予特定物体之上的物神性，渐渐淡漠了，但是在过去拼命鼓吹天皇主义的日本精神的时候，物神性借天皇之名充斥各处，搞得人们事事不得不留神。当然，军队中极端的例子最多。

　　"步枪上有皇家菊徽标记。步枪生锈，就等于军人精神生锈。步枪作为军人精神的象征受到尊敬。……根据步枪被损伤

的部位不同，长官发怒的程度也不同。"（《日本军队》）正像
这里所说的那样，不爱护步枪是对军人精神的"冒渎"，进而
就是对天皇的"不敬"。由于步枪被拟人化，被看作同有精神
的人一样，那么因它受损部位不同，也就有伤势轻重不同，从
而，把它搞坏的士兵的罪过也就不同。

野间宏的小说《崩溃的感觉》描写了一个二等兵因步枪
损坏而受罚的场面。这个二等兵被用木椅打倒，然后又被拉到
没有铺席子的房间，坐在凉地上。他是擦枪时搞坏了 10296 号
发条，他忏悔说："三八式步枪老爷，卑贱的陆军二等兵及川
隆一是笨手笨脚的混蛋，误伤了您的重要的脑袋，今后绝对不
再干这样的事，请您宽恕。"

武器的物神性竟以体罚的形式被提高到如此可怕的程度！
忍受着最大侮辱的及川二等兵，是天皇制度下的野蛮的物神论
的牺牲品。

军队的精神主义还表现在语言的物神性，或者迷信语言的
物理效果上。比如，陆军战时规定"退却"一词只限于我方
生命、物质上虽受到损害，但是"完全可以重新恢复精神上的
优势"的状况下使用。如不能，则用"转进"代替"退却"。
这是因为他们认为：语言具有的心理上的影响会造成战斗力的
下降。

过去的例子，如日俄战争时，"重烧（日语烧意为烤）面
包"，因为"重烧"与"重伤"发音相同，所以不能读"重
烧"，而称作"omoyaki 面包"。这样的事很多。

当然不只限于军队，在盛行迷信的花柳界的旧生意人中，

今天依然使用很多隐语，就是由于相信语言具有这种物神性、魔术性。"梨"的读音 nashi，因为和"无"一样，所以把"梨"叫作"arinomi（有实）"。"茶"的发音有"客人不来"的意思，所以叫"出花"。"する"（书 suru），在日语中有做、磨、摸、赔、输等很多意思，为避开输、赔，都改读"あたる"（ataru，有当、中、得、交好运的意思），"すり钵"（捣芝麻、萝卜泥的小盆）叫"あたる钵"，捣棒叫"あたり棒"，砚盒（すずり箱）叫"あたり箱"。落语（相声）中有这样一段笑话：人力车夫问乘车的艺妓去哪儿？艺妓把她要去的"御茶水桥骏河台"说成"御出水桥当台"。

昭和初期，日本政府使用"计划经济"一词，由于被人说成"赤色'，而改称"经济计划"，亦同出一辙。

在日语的表现方式中，最注重利用这种"语言精神主义"的，是为了巩固天皇权威性，搞得特别难懂的皇室用语。皇室用的字，让一般民众认不出；说的话，让人听不懂。唯有这种认不出、听不懂，才符合皇室的不可接近的威严。到了现代，还把语言本身当作一种强力的政治的、物质的手段，这样的所谓文明国家，除日本之外，大概看不见第二个。

4. 忠孝为养生之术

在战后的日本，与非合理主义相对抗，不是从正面发展科学的合理主义，而是偏入伪合理主义和"诀窍主义"的邪道。与此同时，与生活中的唯心论——精神主义相对抗，渗入生活中的，不是科学的唯物论，而是否定精神主义过了头的"肉体主义"。

"肉体主义"，从广义上看，有两种：一种认为在人类生活中肉体的条件和精神的作用一样，至少同等重要，消极地反对精神主义的偏重精神论；一种是主张在一定意义上，肉体优越于精神，即所谓"积极的肉体主义"。

"消极的肉体主义"，实际上是人之常识，谚语说："饿着肚皮打不了仗""鲜花不如饭团""生命是老本""死了岂能赏花"。不过这类理所当然的谚语，在日本，自古以来都不是太高雅的，这本身正说明了精神主义才是受推崇的。

日本很多作家、学者至今端坐在桌前写作，仍说："坐姿懒散写不出东西来。"这就是一种企图以恶化肉体的条件，昂扬精神的精神主义的残余。

可是"常识性的肉体主义"则认为：为了集中精神工作，改善肉体的条件是必要的，就是说放松身体，只要能保持身心舒适，姿态不好看一点也无妨。因此无须正坐苦行，戒斋沐浴；吃好睡好，做户外运动锻炼身体，这才有助于精神劳动。

然而这种"肉体主义"却受到精神主义的蔑视和排斥，被认为是"贪安逸""懒散""牛饮马食主义"，举止卑贱。

日本的学校教育，特别是官办学校，一直是被这种精神主义束缚着的。受过旧教育的人，今天常常觉得让孩子自由地活泼成长的教育方法是堕落的。他们常对孩子们的肉体的自由给予不必要的压迫，使他们的自由精神不得发展。至今日本教育所犯下的重大错误之一，就是违反"健康的肉体主义"，实行扭曲了的精神主义。

即使古时的修养书，对于肉体的条件，也没有完全否定。比如前面已多次引用过的贝原益轩的《养生训》中，也与作为精神修养的"心术"相并列，提到"养生之术"。不过，它是建立在"畏"字基础之上的精神主义性的东西。其中说："畏天道而慎从，畏人欲而慎忍"，这是个原则。虽然还未到禁欲的地步，但主张的是节欲，通过精神修养，消极地谋求养生，与其说把健康置于首位，不如说首先强调的是精神上的纯洁。

不只限于益轩，德川时代的许多修养书都强调：精神的提高，也有益于健康。这种独特的道德卫生论，或许也可叫作"精神性的肉体主义"吧。

比如《续鸠翁道话》中，有以下这样的道德纯洁论："凡忠孝之人，寒暑皆不易伤身，缘精神常饱满无隙，寒邪弗能窥其虚也。……忠孝不只为善行，首先为身之养生、长寿之妙术也。"

与武士道和其他修养书不同，这里改其趣旨，说忠孝不仅仅是道德上的"善行"，而且也是对身体有好处的"妙术"，多么像重实利的町人的道德论啊！其与儒者先生的精神主义相对，鲜明地倾向于"肉体主义"，这是很有意思的。

同一本书，在谈及作为修养法的"心学"时说，这是"一生保身之依"，与坐轿子旅行的"安乐"相比，这是"一生安乐之法"，而且"不收脚夫钱"，只要求"莫瞌睡"，"切望听之"。这依然联系到肉体，与精神主义的修行不同，"因可保君一生安乐，忍耐一下睡意听下去！"从中可窥见町人式的心理。

5. 身体是资本

第二种的"积极的肉体主义"，是一种主张肉体优越于精神的倾向，进一步又可以分为强调生活中的肉体性条件的"肉体主义"和特别偏重于性欲或肉体快乐的"肉体主义"。

关于前者的表现，比如对美国人不论何事都强调肉体条件的社会心理，日本人便感到不可思议，这是因为在日本人的日常生活中，依然普遍存在着精神主义。

在美国，评价、介绍某一人时，一定触及此人的肉体条件。因此，美国的《人物评论》《当代名人传》等，一般在文字的最后都会说明"他身长几英尺几英寸，体重多少磅，什么色的眼睛，什么色的头发"，有时甚至言及声音的好坏。

这是欧洲也少见的美国式的社会心理，如此强烈关心肉体条件，当然可以称作"肉体主义"。这或许是由于在美国人的现代生活当中，依然保留着重视与自然做斗争的体力，尤其是开拓精神的缘故吧。同时，美国人喜欢数字，喜欢计算，也是其重视肉体条件的一个因素。美国的智力调查的常识测验问题中，甚至有"美国妇女平均身高多少"，可见关于肉体条件的知识在美国多么普及。

对他人的相貌，不分男女，一般都十分关心，这从美国的书后都附有著者的肖像照片便可知道。

日本战后受美国的影响，像上面那样的"肉体主义"倾向逐渐增强。比如，战后出版的书，带著者照片的渐渐多了起来。根据日本精神主义的传统，书是著者精神主义的产物，著者长相如何，无关紧要。战前的读者们，是在"精神上"与著者接近的，他们未曾关心过著者的肉体条件。

"肉体主义"还表现在文艺杂志、综合性杂志的刊头，在这些地方并列登有著者和名人的肖像。这说明读者已不满足只通过作品了解作家，还要求通过照片看见作家个人的肉体。

男性的服装，夏天的开襟衬衣、短裤等的出现，虽有经济的原因，但也是受"肉体主义"的影响所致。这种打扮意味着终止精神主义的虚礼，把肉体上的宽松纳入生活。

生活当中，承认肉体优越于精神的"肉体主义"，作为重要的社会现象，给现代日本人的心理造成了很深的影响。

这种意义的"肉体主义"，首先产生于通过"二战"和战后的生活经历得出的观念："肉体的体力才是唯一的资本。""依靠精神力"的日本军队败给了"物资、营养丰富"的美军，这样的反省也助长了"肉体主义"。

既然把肉体看作生活的唯一的基础条件，那么体力作为生活力的大部或全部，当然就被置于精神能力之上。

在战后的文学作品中，屡屡有彪形大汉作为"肉体主义的代表选手"登场。如田村泰次郎[①]的《雾》，是这样描写一复员军人的："他……有一种不论是什么都吃给你看的气魄，总之，不以自己的肉体撞击这混沌的现实，就没有自己的新的出发点。"

---

① 田村泰次郎（1911~1983），他的小说《肉体的恶魔》《肉体之门》，分别发表于1946、1947年，其被称为"肉体文学"作家。

于是，作家又来说明：对于战场上的士兵来说，肉体是他们活着的唯一证明，精神的作用无助于他们活着，"为了证明自己还活着，吃、喝、睡"，"既与敌人斗，又追逐女人，这样，自己才品尝到了活着的滋味"（《雾》）。

大城市的知识分子当受到空袭时，感到精神活动更难熬，"有时甚至想：不如被军队抓去，如果能够解脱思维的痛苦，与子弹、饥饿比起来要舒服得多"（坂口安吾：《白痴》）。

在战场上，以肉体搏斗的人，为证明活着，成了"肉体主义者"；在日本内地，从事精神劳动的人，由于忍受不了思维活动的苦痛，也倾向于"肉体主义"。

日本一战败，战争中的"肉体主义"便变成重视肉体的社会心理，成了度过战败混乱时代的生活力。

伴伴女郎是"肉体主义"的实行者，有好体力的男人作为生活力的拥有者，受到她们的尊敬。"在她们的伙伴中，都以一种敬畏的眼光，望着伊吹新太郎，认为像他这样的为了活着充满旺盛的斗争力的男人，是个可依赖的存在。"（田村泰次郎：《肉体之门》）

这种"肉体主义者"，对自己的体力充满自信，他们洋溢着生命力，以实力强夺欲取之物，希望强而有力地活下去。"他对自己的肉体的强韧的自信，几乎成了信仰一样的东西。他鲜明地感觉到在自己的肉体当中存在着勇猛的生命力。他没有绝望过，在不断地从自己内部产生的生命的鼓动、冲动中活了下来。如此明朗的、乐天的男子汉，还不多见。"（《肉体之门》）

"力"不只限于肉体，还有财力、权力等。但战后大多数日本人，与这些挂"力"字的东西无缘，他们对拥有这些"力"的人，在憎恶的同时，又抱尊敬之情。用一般的说法，可以叫它"力的信仰"。

"力的信仰"是不管道德、社会的价值如何，只要是对拥有实力的人，或者表现出有实力的事，就赞美。因此，厚颜无耻、"敢说敢干"，作为力量的表现，今日自觉无力的人，与其说对它们反感、厌恶，莫如说把它们看作长处，表示赞美。

然而，"力的信仰"，以至赞美强者，未必可谓战后特有的社会心理，从某种意义上说，当民众怀有无力感时，为了弥补无力，便会产生对实力者的憧憬。

昭和十一年（1936），永井荷风在《墨东绮谭》的"作后赘言"中，以神代帚叶翁①的话，说到当时社会心理中表现出的"力的信仰"。

　　可是如今世上之事……暗杀也好，奸淫也好，如果把这一切都看作精力发展的一个现象，也就不必为之皱眉了。……体育的流行、交际舞的流行、旅行登山的流行、赛马及其他赌博的流行等，都是欲望膨胀的现象。……每一个人都比他人高明，让人相信，自己也相信这一点，——就是这种心情，这是愿自己优越于他人的欲望。……这就是大正

① 神代帚叶翁（1882～1935），书刊研究家，被誉为"考证之神"，是荷风的好友。

时代长大的现代人与我们不同之处啊。

这里所谓"精力发展"现象，其精力主要注入于体育、跳舞、旅行、登山、赌博，也就是余暇活动中。其中，尤其是跳舞、赌博的流行，是由于民众的热能向政治、学问等方面找不到发泄口而产生的现象。"力的信仰"只能使他们在那些场所得到满足。在同一篇文章中，荷风说，"就是在背巷的寿司店里"，也可以知道"现代人……是怎样争强斗胜的"。这一描写与战后的风景很相似，"他们一见店内客满，眼睛立即敏锐地向四处扫视。一发现有空座，即推开人群冲过去。……为抢占火车的座位，他们甚至不惜把小女孩推下站台……"荷风把这种"现代的优越感"的产生，归之于竞争激烈的现代社会不同于不紧不慢的昔日社会，并从中寻求"走路上学"的明治人和"从小就飞跑挤电车上学"的现代人不同的原因所在。

可是，仅以现代人生活的忙碌和生存竞争的激烈，并不能说明跳舞、赌博流行的原因。笔者认为这依然是由于生活苦产生的不平不满，在人的内心中发生作用，使人们不知不觉地养成了竞争性、攻击性的习性。

今天也能看到：只需稍等一分钟，便可从容坐上的公共汽车、电车上，大家却都互不相让抢着上，反倒浪费了时间。现代人因内心的不满、不平，老是处于焦躁之中，一个小的爆发，便会发生不必要的相撞、相争，这也是一个原因吧。

这种互争优越的竞争，另一方面，也产生于人们心底存在的劣等感、无力感。人们为了一时的优越，为了忘掉若干劣等感、无力感，推开他人，拼命一争。只要是胜负之事，能胜就好。这也是"力的信仰"产生的一个心理原因。

这样的心理，荷风在昭和十三年（1938）发表的《女招待的故事》中，有如下观察："在日常闲谈中，在现今的和平之世没有听过的新词听了无数。其中重复最多的是'像强者那样活''做强者'。可是这些话让人感到有时似乎是作为相反的含意使用的。"

其中，还举"在小巷酒馆里听到的流行歌"做例子："……只有干到底，即使是悲哀西沉的落日，明天又会升起。成为强者吧，你，成为强者。"女招待惠美子"就是今日社会上的一种所谓强者，……夕阳西下，令人伤感，但明日又会光芒四射地升起。她似乎是个哭着入睡的强者"。

荷风虽然使用了"强者"的美称，但是他描述的是弱者的无力感，这是她们的心理的基础。

战后的今天，伴伴女郎、不良青年、靠黑市发迹者、强盗等的生活力，从"力的信仰"的角度看来，具有一定的价值。因此，不少人对他们的行为，不是愤怒、憎恶，而是暗中羡慕、向往；但这不是赞成那些反社会行动，而是被他们敢于那样行动的旺盛的实行力、生活力所吸引，从而产生一种佩服之念。

因此，自信自己也多少拥有这种能力的人，也想要以某种形式发挥这种能力。

"光俱乐部"的山崎说："我希望试一试自己能力的界限"，"至少豁出生命赚钱，亲身体验一次直接的风险"，"把50年的生命在这一个月中赌进去，希望品尝一次生命完全燃烧的美"。

前面已说过，希望试一试自己的实力的山崎，虽是"力的信仰"的信徒，但他本身的自我脆弱，使其期愿自己是个强者。正因为这样，"力的信仰"是无力的信仰。

6. 好色，本出于欲

田村泰次郎的"肉体文学"，突出了伴伴女郎、赌徒世界作为生活力的"力的信仰"。他认为：人类生活中"只有肉体是真实的"，唯独通过肉体"才能感到自己活着"，因此，"除自己的肉体本身之外，任何地方也没有所谓思维的存在"。

这样的"肉体主义"，必然与肉体的要求——性结合起来，成为"性的肉体主义"。

"性的肉体主义"，或称"性欲主义"，首先主张恋爱和性的解放。这在日本社会里，到日本战败以前，一直受到不当的压制。不论怎样，它有利于摆脱封建性的性道德，仅这一点，它确实含有健康的因素，笼统地批评"性堕落"，是不公允的。

当然，性的解放，伴随着至今禁止的脱衣舞、禁止的图书、黄色晚报、低俗杂志的出现，产生了过度的性堕落。但是也存在坂口安吾那样的看法："感叹道义沦落的人发出的是不了解人世之情的梦呓"，性堕落，"只不过是有秩序的社会内部一直存在的东西，战败后溢露出表面"。

不过，性堕落，存于内部和露于表面，还是不一样的，有如脓血积于体内和破口而出。性堕落当然不好，但是作为破口的过程，某种程度也是不得已的。

性的解放，特别是性的知识的普及，如果方向正确，对成人是很好的性教育。脱衣舞，可激起对女性至今隐藏着的肉体的好奇心。这未必只和性有关系，民众想要知道一直到日本战败还不知道的事实，这种欲望的满足，是"对事实执着"的一种表现，不仅仅出于好色之心。最近，终于看到脱衣舞的观众，又叫又笑。起初，观众一个个表情严肃，就像在专心探寻什么神秘的事物一样。这种气氛大概在其他国家的脱衣舞剧场中是不会有的吧。直到最近，日本的大人，才从脱衣舞的性教育中毕业，能够以轻松的心情观赏了。

黄色淫秽书刊，有有害的一面，但作为成人走上正确的性解放之前的一段道路，接触一定的黄色的东西，并从中毕业，某种程度上是不得已的。从法庭关于《查特莱夫人的情人》的审判[①]和读者的意见，也可看到：人们拥有的性的常识，确实要比战前科学、正确得多。

"性欲主义"，又同战后青年对人的普遍不信任连接在一

---

① 法庭关于《查特莱夫人的情人》的审判：劳伦斯的《查特莱夫人的情人》这部小说，由伊藤整整理翻译，于 1950 年在日本出版，同年译者和出版商即受到检察当局以出版"猥亵图书"罪为由的起诉。日本文艺家协会、"笔会"为维护"表现自由"，推著名评论家中岛健藏、福田恒存为"特别辩护人"，积极支援译者，展开法庭斗争，1957 年最高法院驳回上诉，认定有罪，强调"不能因有艺术性，即否定它的猥亵性"。

起而表现出来。如果不相信他人，便只有依赖自己，从而认为：只有肉体的事实，才是证明自己和自我存在的唯一的证据。

在小说《确证》里，小谷刚是这样描写一青年医生的：他"六年间，完全沉湎于女色"，"以自我为中心的斗争"支撑着他的这样的生活，他认为"决定自我胜利的唯一的'确证'是肉体的获得"。

就是说，他的自我不是以精神为支撑的，他的自我是通过"肉体的获得"才变得确实起来。这里的"通过肉体，恢复精神"的说法，尽管牵强附会，但是似乎成了战后肉体主义文学的共同语言。

田中英光①在《爱和憎的伤痕》中，是这样描述自己和伴伴女郎的爱欲的场面的："静静地爱抚着她那皮肤绷紧的娇小的肉体，逐渐地感到：我们的爱情，虽说起初只有肉欲的满足，但现在已伴随着精神上的激烈的爱情的满足……"

田中还在小说《离魂》中，谈到爱上伴伴女郎的经过，其中说，他 36 岁前，是个精神主义者，"不识肉体之恋"，"对钟情的女性，反而没有肉体的欲望"，然而现在则"被女人裸体的情欲征服了"，"认识到：恋是男女互相袒露羞耻，恋中含有人生之救药"。

不只限田中那个时代，日本人的恋爱观，即使在今日，精

---

① 田中英光（1913～1949），太宰治的弟子，战后一度加入共产党，写过一些反映工人生活斗争的好作品，后沉湎于酒色，在太宰治墓前自杀。

神主义的因素也占有极大的比重。自古以来，日本烟花女子就有"卖身不卖心"的说法，认为肉体的性行为和精神性的爱，基本上是两种东西，不包括或不考虑肉体关系的精神爱（Platonic love）是可能的，而且比包括肉体条件的爱"高尚"。这样的想法，日本人至今也难以摆脱。

于是还产生了即使有肉体关系，也能保持精神上的"纯洁"的说法。坂口安吾的《洗青鬼兜裆布的女人》中有这样一段话："把保持处女看作女人纯洁的唯一条件，认为失去处女便失去了女人的一切纯洁，正因为这样，才有了暗中偷男人的女人。可是女人的纯洁并不是那么轻飘飘的，它是属于灵魂的。依我看，日本的妻子……身体不论怎样，换五个、十个男人都没有关系，但在灵魂中必须保持纯洁。"

当然，"纯洁"或"不纯洁"，不能仅以肉体的条件判定，但是完全不看肉体关系如何，能否判断是否"纯洁"，这也不能不令人怀疑。不过，只从"纯洁"一词本身来看，其多半被精神主义使用，"性教育"也被改称"纯洁教育"。但日本的衙门口，对性和恋爱问题的基本认识，还是会把发生肉体关系看作"不纯洁"的。

"性的精神主义"，在伴伴女郎中间，有这样一种看法：卖淫作为一种交易是可以允许的，而肉体的快乐却是罪恶的。"对于感受不到快感的这些女人来说，只是出卖肉体，没有罪，不过是一种交易而已。那种沉湎于不要钱的、秘密的肉体的欢悦中的行为，才是罪过的。"（《肉体之门》）

这种认为以娼妇为对象进行肉体交易是可以允许的，而离开买卖关系发生肉体关系是不道德的看法，自古有之。比如式亭三马①的《浮世澡堂》中，一位夫人是这样评论男人嫖娼的："喜欢嫖娼的男人，大体都是精明能干的，只有那些爱土产买破烂货的，才是坏得不可救药的。……男人就要像男人那样，用钱做买卖是男人的能耐啊。"这里说的"土产"，指的是非卖娼的良家妇女。

自古以来所谓男人以金钱买娼妇的肉体，不算男人不贞，不算不道德，这样的认识今天仍通行于上层阶级的夫人中间。悲叫"道德堕落"的显要、贵人中，买艺妓做妾，是被允许的。这也是"性精神主义"产生的一个"误会"。

否定精神性的恋爱，主张男女间的爱，包括精神和肉体两方面，这种认识是对恋爱精神主义的否定，从而便会产生"恋爱肉体主义"式的看法。

在"恋爱精神主义"看来，或许会批评这是"肉欲主义"、贪好女色，但恋爱是在肉体欲望的基础上才能成立的，这一观念，比如在本居宣长的思想中，即已明确表述过。

1763 年本居宣长写的《石上私淑言》在论及恋歌时说："思色本亦出于欲，情与欲同在，缠绵于情，生者难免。""好色之事，昔今、彼我皆同。"为何法师的恋歌多？他说，和尚"无妻，常慎此欲"，"若生恋念"，内攻"胜于俗者"，因此"恋歌多出"。

---

① 式亭三马（1776～1882），江户后期的剧作家。《浮世澡堂》描写了町人的人情世态。

宣长的"恋爱肉体主义"把爱的内容区分为"欲"和"情",主张"欲为本"。

可是现代,在认为男女间的爱是由性欲和爱情构成的时候,许多人似乎给这种爱加进了某种猥亵感。

女人在决定抛弃情人和别的男人结婚时,常对原来的情人表白:"我就是结婚,心也是属于你的。"而对方听女方这样一说,尽管失恋了,不少人却认为"自己基本上还算是恋爱的胜利者"。

山田耕筰①则认为女人这类告别的话不值得重视,不过,他是个例外。在山田的恋爱对象将和另一个男人结婚时,山田接到一封信,上面写道:"我是爱你的。我虽然把身体交给了别的男人,但灵魂是属于你的。"他看过后骂道:"狗屁!身体和灵魂能够分开吗?"(杂志《王牌》1953 年 8 月号)山田主张的是"恋爱肉体主义",多数日本人或许觉得他有点粗鲁,但是像宣长那样的古人,也明确地把恋爱看作肉体和精神两个方面构成的一个整体,可以说,这才是健康的恋爱观。

太宰治在《机会》的杂文中,讽刺了"恋爱精神主义",并给"恋爱肉体主义"下了个定义。他说:"矫饰的女人爱说:'我们之间的爱情不是恋爱,你是我的哥哥。'……当女人说这话时,那男人大体已被抛弃。……这种'我爱你'一钱不值。说什么'做我哥哥吧'更是荒唐!谁要做你哥哥?

---

① 山田耕筰(1886~1965),著名作曲家,早年留学德国,一生作品甚多。

根本不是一回事！""恋爱，是把好色之念加以文化性的修饰新造的词，其实它就是以性欲冲动为基础的男女之间的激情。"

战后"肉体主义"的表现，低俗杂志、脱衣舞、伴伴女郎等，都是过渡性的东西。在《查特莱夫人的情人》的审判中，为性的解放展开的斗争，极其合乎逻辑地表明了"健康的恋爱肉体主义"，在这个意义上，它成了日本的"肉体主义"的一个顶点。这是"正确的肉体主义"在日本人的心理中开始扎根的证明。

六　日本人的人际关系

关于日本人的心理，主要的特征都已经说过了，但是产生这样心理的基础，最主要的是漫长的历史决定的日本的社会结构，进而，其中还有相向的人和人的联系，即人际关系。

人的心理虽然从根本上说是由社会结构决定的，但它更直接地产生于人际关系。下面想从整体上看一看：现今的日本，人际关系是怎样的？从而把至今说过的问题明确起来。

日本的社会结构虽然原则上是资本主义经济，但其中拖着封建关系的尾巴。因此建筑在这一基础上的人际关系，既有近代的一面，也有近代前的一面，两者混在一起。在日本的人际关系中，这种新的关系和旧的关系的巧妙的平衡，是最显著的特征。

日本的人际关系中没有被现代化的要素是什么？粗略地说，归根结底是人和人之间，受近代以前的被称为"义理"的社会性的约束联结着。毋庸赘言，在资本主义社会，控制人和人之间关系的约束，是佐证权利的义务；而在日本，近代性的义务和封建性的义理，二者微妙地结合在一起，构成了复杂的人际关系。

现在，让我们看一看义理和从义理中产生的人际关系对日本人的社会心理，造成了怎样的影响？

1. 讲义理的社会

"义理"一词，在日语中有种种含义。最广义的解释："义"是个人明白自己"理应如何"，并以此指导自己的行动。"义理"就是义的道理。

因此，义理，或者义，是在社会生活中，自己对他人处于怎样的关系，遵循这一关系自己应当怎样行动的约束。这种约束与义务不同，没有权利的佐证。

义理，就是对自己周围多数人中的每一个人，应当采取的态度和行动的约束。于是推而广之，便产生了作为对"世间"（社会）的义理的"世间的规矩"。

义理，在父子、夫妇、同胞、亲戚、朋友、上司和部下之间，以各种形式表现出来，不论哪一种，都是自古以来定下来的约束，其不问道理地要求人们"理应如此"行动。

室直清①的《五常五伦名义》中说，义理是"当生时生，当死时死，决断万物，些许不可违其道"。心学说，"非勉强之事"为义，下人全心全意侍奉主人、妻子爱护丈夫，为"宜"，"其宜者，人之道也"（《鸠翁道话》）。

在现在的社会里，义就是对自己处境的满足，就是进行前面已说过的那种"无我"的修业，就是使灭私奉公精神合

---

① 室直清（1658~1734），江户中期的儒学者。

理化的强制性的约束。

义理，一般始自上司向下级要求以忠义之心奉公，而相应地对下属要以某种形式怀有爱和感谢之情。这就是上司的义理。

比如，与武士的忠义奉公相对，有"主君爱顾"这样的话，忠义不只是单方面牺牲。"恩"一词，古代长上感谢下人的服务时也使用。《伊势贞丈家训》①中说："主人不以扶持家仆米银为恩，而以受家仆劳苦奉公为恩而悦，此主人之义理也。"这里说的是：上下互有义理。

宣传武士道的书屡屡露有这样的想法：忠义就是按受主君重视程度奉公。这依然说明义理不是单方面的。

《武道初心集》中说，"武家奉公者"有两级："足轻"（步卒）以下的小人之中，在临近会战之场所，少数人逃走或动摇，也没有关系；但"数代数年厚恩以待、受平日之情"者，必须"怀御恩、御爱于一身，置生命于不顾"而报效主人。

其中还说，所谓"下下"者，因为他们"平日受恩薄，无所感，勿论不知义理，为此，下下也"。这就是说，义理之心的轻重是以受主君之恩轻重为比例的。

这样看来，忠义或奉公，在德川时代的武士的道德中，已经相当程度地包含了交换、契约的意义。

---

① 《伊势贞丈家训》，作者伊势贞丈（1717～1784）是江户中期的武家历史研究家。他的父亲对室町时代的武将伊势一家的礼法等深有研究，受到德川将军的器重。后贞丈继承了父亲的事业。

可是明治以后，为维护天皇制而强化的"修身"，只强调了对天皇做出牺牲的灭私奉公的一面，像第一章已说过的那样，把对权力的绝对服从和自我否定，强加给全体国民，从而使作为义理的忠义成了单方面的。下面试从第二次世界大战中出版的两本书中举些例子来看一看。

"凡勤务都必须从勤奉天皇的真心出发"，"真正的灭己奉仕（服务）"是"臣民之道"，"除此奉公生活以外，……不存在所谓私生活"（《臣民之道解说大成》，1942年）。这里所谓"奉仕"是绝对性的奴隶般的奉仕，其与古时所说的作为一种义理的忠义是不一样的。

而且，古时"足轻"（步卒）还可以逃跑，而在以天皇为中心的国体下，他们被要求"拼命地干，一个劲地干"，还"不要以此为满足"，"面临最后的死，才是最有价值的"（《产灵的产业》）。在这里，"不考虑工作和报酬交换"（《产灵的产业》）。

令人吃惊的是，在战后的今天，还有旧军人公言："灭私奉公是日本人的禀性。"前面已引用过的《神风特别攻击队》的作者之一在回答美国调查团时说："……如实地以全心全灵奉献给大君（包括祖国）……唯此是日本人本然的心情或姿态……我相信，神风特别攻击队正是从这些想法出发，才能够表现它的顶点的东西。"

当然，国民的忠义，也有与其相对的"皇恩"，这大体上也有交换的意思，未必是单方面的。而且，实际上如果不这样认为，无论如何前途肯定不妙。

古时有一位名叫立花宗茂①的大名（领主），他说："吾之家人与敌战时，若仅受令'进！死！'可不从此令。"他主张待下人要像对儿子一样疼爱。

即使在"二战"中，临战的官兵中的许多人肯定也有这样一种感情："我等前线将士受赐过分的衣食，何时一定报答这一知遇之恩。"（《战舰大和的最后》）而且事实上，在衣食方面，军人也比一般市民好得多。

其次，义理在父子之间，是以儿女的孝心和孝行报答双亲的恩爱的形式表现出来的。在这种情况下，父子的感情与义理联在一起，一般无法区别义理和"人情"。可是孩子对于作为家长的父亲要特别尊敬和服从。从这一点看，日本的父子关系，便在其他国家的父子的感情之上，又加进了儿子"理应如何"的义理的内容。

类似父子关系，儿媳与公婆的关系，特别是在农村，义理占上风。这与武士的忠义相似。义理"随着财产的多寡，冷酷程度按比例增长。……越是有财产的家庭越要求儿媳相应地侍奉公婆、好好干活，因为今后财产将交给儿媳。公婆似乎认为这样要求儿媳，是理所当然的"（《农村的世态》）。这就是说，儿媳尽义理的心情是以奉公的形式出现的，它与自"人情"而产生的对亲生父母的孝行不同。

日本的家族关系，在今天也十分鲜明的是：在农村里，作

---

① 立花宗茂（1569～1642），丰臣秀吉活跃的桃山时代和江户前期的筑后国柳川城主。

为家长的父亲的权力远比母亲大，长子的地位比其他兄弟高。

这是日本人残存很深的男尊女卑的思想基础。在国会里，从议员先生的发言都可听到"作为男子汉""像男子汉那样""男人和男人的交谈""给男人面子""男子汉说话算数"这样的话，这是不奇怪的。

在日本，在父亲和长子结成一种权威性同盟的同时，母亲和女儿也容易结成对男人进行精神上对抗的联合。因此，日本的女孩子们，多数对母亲尽义理的心情比对父亲强烈。伴伴女郎、不良少女的悔过告白中，便有很多表示要对母亲尽义理之情的话。

> 今后不论多么痛苦，也让死去的母亲看一看，我拼死努力，认真劳动，成为一个诚实人的样子。

> 我要做个老老实实的人，回家向母亲赔不是，好好劳动。我希望在母亲的旁边。（《街娼的实态和她们的手记》）

可是，日本的家族关系对日本社会所起的巨大作用，不限于闭守于一个一个家庭之内，而在于遍及日本所有的人际关系之中，这些人际关系都是以雏形的家族关系为基础的。日本的家庭是"以父子关系为主，以家长为中心"的，和其他国家的"以夫妇为中心的集合体"不同，"因此重视孝道是当然的"（《臣民之道解说大成》）。

这种父子关系的义理，使作为家长的父亲，"居于家族全体之上，拥有大权和指导力，宛如军队的长官，毫无二致"

（《产灵的产业》），其他社会集团一切以家族集团作为基本的型，并仿照家庭的做法，从而产生了日本的独特的家族主义的人际关系。

这样的家族主义的关系，或亲分（黑社会集团的头目或作坊师父兼主人等）和子分（部下、徒辈）的关系，使日本的成人们，不只在家庭里，在社会集团当中也一样，不是扮演着父亲的角色，就是扮演着儿子的角色。由于大部分的日本人在家庭以外的社会集团中也充当着假的父亲或儿子的角色，所以日本人的心理，被植入了家族式的狭隘性和调和性的倾向。日本的人际关系中的独特的"父母心"主义、"温情"主义就是它的表现。这不只是指长者对下属拥有父母般的慈爱，像待孩子一样娇惯、重视他们，同时也是指"有把下属当作孩子吞下去（不放在眼里的通俗说法）的肚量"，"有自己居于高处爱护、培养、引导周围的自觉"（《产灵的产业》）。

因此，"父母心"主义，内心多伴随着认为可把下属"吞下去"的轻视下属的观念。或者，纵然本人未必觉察，但究其底，是居于"高处""俯视"下方，这一点和家长的权威是一样的。

这种"父母心"主义，在军队里表现得最鲜明，它把日本人的家族感情原封不动地搬了过去。有这样一首歌如实地表现了军队的这种气氛："连长训话：连长是爹，班长是娘，年长兵是兄，望大家和睦、精神饱满、平安无事地完成使命。说这话时，他含着泪，但一夜天明他便变成无感情的鬼。"（《真空地带》）

这首歌的余韵令人感到：日本的士兵在军队家族关系中，作为儿子，受着"一夜天明"便成为"鬼"的长官管教，像受继母虐待的前生子那样可怜。一旧军官也对这种家族主义做过这样的说明："准尉……扮演的是妻子的角色，要有母亲那样的心，体恤部下……而连长则需有父亲那样的严厉的一面，另一面又待兵有骨肉之情，使他们能够彻底执行自己的命令……"（《日本军队》）

下面的这个小插曲反映的士兵对严父般的军官的信赖，曾作为军队的理想的人际关系受到推崇。　"明治三十七年（1904）十一月三十日，我作为连长参加了争夺203高地①的战斗……也许是因为黑夜里打仗，士兵完全看不见指挥官的身影，似乎有点不放心，时时可听到士兵喊：'长官在吗？'我回答：'在！'他们似乎安心了，又听到他们兴奋的喊声。起初可听见我身边的人回答'在！'后来便只剩下我一人的声音。"（内山雄二郎：《战场心理学》）

这样的信赖感，只有在类似父子关系的血肉相连的人际关系中，才能建立起来。同时，这也与日本人成年以后更靠近家族关系的心理和自我不发达有关。换言之，在日本的成人中保留了相当多的孩子似的气质。

与此相反，日本领导者们的"父母心"主义，反而因把部下当成自己的孩子，有一种异常心理——牺牲部下也不后

---

① 争夺203高地的战斗，是日俄战争中一场决定性的战役，居此高地，可俯瞰旅顺口。

悔。神风特攻队的司令官玉井中校对青年部下说："父母想到儿子'可爱得不得了'，感情至深，总是想方设法寻找机会，使他们能完成崇高的使命。"（《神风特别攻击队》）今天看起来，这种"父母心"对于日本的年轻人，完全是帮倒忙。

义理，除像上面所说的表现在君臣、父子之间所谓"上下明确"的人际关系以外，在商人和顾客之间，还有把客人当作主人对待的义理。东京最现代化的某百货店教育店员说："以往称客人为'前主'……意思是前台的主人。这是对顾客的尊称"，因此"尤其对客人的态度，不能以新的民主主义的方式对待"（某百货店杂志《金字塔》）。

这仅仅是一个例子。据日本国立舆论调查所的《关于社会教育的舆论调查》（1953 年 3 月）显示，至少上了年纪的人，至今依然重视义理是社会的约束。

"有人认为：现今的社会，不知义理的人多起来，可耻。你是否也这样看？"对此，虽因年龄的区别回答的比率不同，但约占70%的回答者赞成这一看法。当然，这一提问有相当的诱导性，而且回答者对义理的理解也不尽相同，因此对这一数字需要打折扣。不过，在今天还流行着"义理人情是日本的名产"这样的话，这足以说明义理还很深地保留在日本人的心里。

其次，当义理不是对长上、家长等有限的个人，而是对世间（社会）的时候，便变成"名誉""世间规矩"。这里的"世间"不是指广义的社会评价或作为社会意见的舆论，而是指个人所处的整个人际环境，因个人不同其范围也不同。

对一个普通市民来说，左邻右舍就是"世间"，而政治指导人物，可能会把整个社会作为"世间"。

因此，对于"世间"的义理，最窄的范围是不可"在近邻面前，干坏事"。同近邻交往要按"理应如何"去做，就是义理。对于广泛的"世间"的义理，就是保证绝不做"败坏名声""对不起世间样①的事"。

"世间样"这种叫法，便包含着日本人的感谢"世间之恩"、感谢社会生活的关照的心情。也就是说，人以某种形式承受了社会的恩惠，与此相应，要遵守对社会的义理，服务于社会。"今天自己能够这样地生活，是多亏了国家、祖先和周围的帮助。"(《产灵的产业》) 这个没有明确界限的"周围"，就是"世间样"。

因此，日本人要不断地遵守义理，这也是对"世间"的一种奉仕（服务）。上面举出过的舆论调查问道："不知义理，举例说是指哪些事？"回答"不知恩"的占三成，回答"利己主义"的占一成。多数人依然认为报恩、"奉仕"是义理要求的当然的行为。

2. 讲义理不如求实利

如果说，义理是封建的旧的人际关系，那么否定它的社会行为，首先可举出的是利欲。自古以来日本就有"利对于义"

---

① "世间样"，"样"（sama）是日语中对人的一种尊称，这里可译为"尊贵的社会""可敬的人世间"。

的说法。比如《武士训》中说："士当专意敏义理，敏义理者疏于利……"与武士的义理相对立的是町人的利欲。不过，町人自身不仅不认为欲望是不道德的，相反如西川如见所说，"町人舍利而专于名，则毁一生"（《町人囊》），排斥了义理的一个内容——"名"。心学的石田梅岩（1685~1744）说，"商人买利"与"士之俸禄"一样，"取之，理所当然"。

甚至有这样的看法：对于町人来说，不仅把利欲置于义理之前，而且不受武士的忠义、奉公的义理约束。西川如见说："町人无主，唯有父母。务武道关联之事不孝之第一也。……总而言之，生为町人幸也。"（《町人囊》）他还在此书中讲了一个故事。

> 一僧人对某町人说："你心善，来世或许会托生于武家。"町人答道："生于武家那可晦气了。一生小心翼翼侍奉主君，心无一日安宁。武家最大的好处是名声显赫，可摆出个威严的样子，虽也有乐趣，但比起来，还是我町人快乐啊。"

在现代，人们把宁可牺牲利益也讲义理的人，看作是傻瓜。这是从商人的道德出发的。淘宫术便推崇把利放在前面："谚语说：'与其重义理，莫如先吃饭，与其逞刚强，莫如先睡觉。'总之，今日之时势，不可死心眼，坚持义理，不如饱腹重要。"

3. 义理和人情的夹板

可是，与义理相对的最一般的表现形式，是"人情"，即人性的要求。自古以来，日本人就习惯把义理和人情连在一起，"义理人情"似乎是作为一个东西考虑的，实际上，义理的约束抑制着人情，可以说，"义理和人情的对立、义理和人情的夹板"给日本人的心理投入了特有的阴影。

这一夹板紧紧地夹着日本人的心。因此，日本的悲剧作品多是反映这种可怜的令人焦急的场面——主人公一直忍受着义理和人情的夹击而不能摆脱。这样的作品能够唤起日本的读者、观众、听众的悲剧性的共鸣。这和其他国家的作品的悲剧性主要产生于人物的性格、命运的趣旨极不相同。日本的悲剧不像其他国家那样是通过主人公的失败、灭亡吸引读者、观众，而是以状态的未决、停滞为中心。

举浪曲为例："母亲在窗外，虽然听见儿子说话的声音，但是因有碍浮世的定条，不能进去认子。不如鸣蝉，像不鸣的萤火虫一样焦急。一直忍耐着，生怕露出哭声。"这写的是一位赌徒的母亲，想见归乡的儿子，但世间义理不允，她在义理和人情的夹板中，忍耐着，甚至不敢哭泣。歌中的"浮世的定条"，就是义理。义理控制着人情的喷泻口，使人情变得纯粹、有力。义理和人情的对比关系就是这样的。

浪曲最常表现的人生观，就是把人生置于义理和人情的夹板当中。"生于浮世，备尝痛苦，泪流不断。人心的脆弱，相互扶持活下去，花开在义理和人情之间。"（秩父重刚：《短册草纸》）

以受义理和人情夹击的人际关系为题材的歌，不只限传统的浪曲。因为在现代生活中，忍受爱情和"世俗"的夹击的那种心境，也容易引起人们的共鸣，所以以此为主题的流行歌也很多。"忍着泪，抛弃做母亲的名义，如果这是真心的爱，至少我该抱着你，看着你的小脸，唱支摇篮曲。"（《夜月下母亲的歌》）"风啊，送去我的歌，温泉街的已婚的女人，孩子啊！就是见到你，也不能告诉你真情，至少把我这颗思念的心送给你。"（《温泉街的哀歌》）

日本电影中称为"母亲片""落泪片"的作品，大部分描写的是这类母亲的悲哀，她们不能公开以母亲的名义与亲生的儿女相见。从战前到战后，类似的情节反反复复地出现在银幕上。因为这种受义理和母性爱夹击的悲剧，能够挤出女性影迷的眼泪，获得很高的上座收入。

"母亲片""落泪片"之多，反映出在现今的现实生活中，仍有很多人处于这种夹板之中。这是一个具体显示日本人这种人际关系的晴雨表。

4. 区分义理人情

与这种义理人情关系相对，还出现了想要把人的朴素的欲望从义理的框框内解放出来的否定义理人情的自然主义，和想要创造新的人际关系代替义理人情的人际关系的生活合理主义。

否定义理的自然主义，与重视肉体欲望的"肉体主义"相通。以这种立场强烈否定日本封建的人际关系的主张，前面已多次举过的坂口安吾的《堕落论》、松永安左卫门的《有勇气的自由》等书中，都做过有力的表述。坂口说："什么大义名分，什么不要不义，脱掉义理人情的伪装是恢复人性的第一条件。"松永说:"封建的义理人情这种感觉和心理,对于真正的人的爱情来说,是愚蠢的。"在战后的今天,这种发言还不多。换句话说,因为否定义理人情,容易被错误地攻击为牛饮马食的利己主义,使人感到:日本人在心理上对它还难以消化,它的冲击过于强烈。

要尝试使人际关系现代化、合理化,在日本首先必须从整理超出必要的义理人情开始。生活上的合理主义,如果方向正确,理应能为此发挥作用,但不幸的是:在日本,这种合理主义,就像前面已说过的那样,过了头,很容易落入不顾他人的利己主义的圈套中。

因此,政治家广川弘禅①虽然有下面将举出的反对义理人情的主张,但是在日本,人们并不认为这是争取合理主义政治的发言。广川曾针对别人说他对自己表示过忠诚的头领吉田茂缺乏义理人情,辩解说:

> 大体,政治上,必须明确区分政策和义理人情。因为政治可贵,如果不论对多么坏的事情,一切都以义理人情处之,那么政治将会怎样?如果头目干坏事牵连到贪污事件里,而大家都按义理人情跟随其后,那又会怎样?(广川弘禅《落选的发言——不需要自我批评》,载《文艺春秋》1953 年 6 月号)

---

① 广川弘禅(1902～1967),战后曾是吉田茂的亲信,任过几届吉田内阁的农相等要职,但后来站到了吉田的对立面。1953 年,他被开除出吉田的自由党,参加另立的自由党,后竞选众议员落选。

对于广川的"合理主义",市川房枝①那样的人说:"我认为这是一个前进,取消政治上的义理人情不是很好吗?"(座谈会《日本的名产——义理人情》,载《文艺春秋》1953 年 5 月号)在日本,如果不考虑是谁说的"合理主义",很难一般论之。在同一座谈会上阿部真之助②也"强烈批判(广川)背叛主人本身就是封建主义",所以从这一点看,广川的话本身讲的是政治合理化。

否定义理人情的合理主义过了头的战后最显著的,是认为人和人的关系一切都可按契约办事的光俱乐部的山崎的"契约主义"。他从前面已说过的那种"合理主义"出发,得出"契约主义"。他说,"人和人的关系……都可以用'协议就应遵守'的国际法的基本原则处理","除此之外,约束人的东西都不需遵从"。因此,他完全未把义理人情看在眼里。

恋爱,"既成契约,绝不可违反。就是说,不允许说过'我爱你'30 分钟后,便去会别的男人……这是违法行为"。结婚,是"相互处不好便可分开的协议","应当把结婚契约,做成公正证书"。

在山崎看来,父子关系也是契约关系,"为什么要听父母的话……因为吃父母的饭,就是说,作为薪俸的代价必须顺从"。

"契约主义",在美国那样的社会里,相当彻底,因此对

---

① 市川房枝 (1893~1981),著名妇女运动家,战后竞选参议院议员,多次以最高票数当选。

② 阿部真之助 (1884~1964),著名新闻记者、评论家。

山崎提倡的父子关系，不会感到特别冷酷。可是对日本人来说，却会令人感到毛骨悚然的无情。原因之一是义理人情已渗透于日本人的心理。

在现实生活中，美国的父母让孩子干事、修理房子，事前都讲好报酬，建立类似契约式的关系。这在日本人看来，如同践踏父子间的义理人情。正因为日本是受义理人情严重束缚的社会，所以一要破除它，因此就出现了激烈的过了头的"契约主义"。

> 于是，我和青白大佐订了婚。形式别致：双方交换了契约书，按了指纹。可是，实际上我从未认真考虑过结婚。因此，买主是大佐，卖主是我。卖的东西和卖主是同一人，昭和二十九年，即后年履行契约。条件是我必须"和新品同样"。双方谈定，极为简单地签了契约。（久坂叶子：《几度临终》，载《新潮》1953 年 5 月号）

这是战后被推荐为芥川奖[①]候选人不久自杀而死的一个女青年写下的手记的一节。这里写的交换契约书的情节，好像有点半开玩笑，但反映了战后年轻人多少共有的"契约主义"的人生观。

不论山崎，还是久坂叶子，无疑说明战后青年从对人的不信任出发，想要使人和人之间以契约的形式相互束缚，信任

---

① 芥川奖，文艺春秋杂志社为纪念著名小说家芥川龙之介（1892～1927）所设的文学奖。始设于 1935 年。

它、遵守它，以保持人际关系的平衡。

山崎在无法偿还借债时说："契约……不适用于死人这种物体。"他按照这一事情变更原则，"通过改变物体，遵守理论的统一"，贯彻他的契约主义，后来他自杀了。久坂叶子陷于三角恋爱的苦恼，为艺术和人生而迷惘，撕碎结婚契约书，自杀了。"契约主义"走投无路，总是选择死的结局。因为他们不只反抗旧的义理人情，甚至还完全否定了人的爱情和信赖。

与此相比，一些从战前便一直坚持不受义理人情约束的人们，则以极明朗的形式实行了"契约主义"。前面作为"肉体主义者"举出过的山田耕榨有过这样的"恋爱契约论"："仅仅是自己一方爱着人家，而人家却和别的男人结了婚，虽然这也叫失恋，但说真的，这并不是失恋，因为契约还未成立……"（杂志《王牌》1953 年 8 月号）

"契约主义"一词，对日本人来说，虽然陌生，但考虑实现生活的合理化，它和肉体主义同样，即使过了头，也是必须走一次的道路。

5. 区别公私

如果说义理是对人、对社会关系的约束，那么"本分"，则广义地指在社会中，每个人所处的场所和与这一场所相称的全部行动样式。自古以来，日语中就有"分""分际""分限"等相当于一般的"本分"的词。职业的"本分"叫"职分"，阶层的"本分"叫"身分"。

"本分"原是封建社会表示身分的人际关系，但残存至今。其旧的因素和现代日本社会里的新的人际关系交织在一起。

今天的"本分"和过去的身分不同，它不是由生来的身分和家业决定的，它不是一生不变的。从这一点来看，今天的"本分"是在某种程度上可以由自己自由选择的人际关系。

可是，"本分"与身分相似，束缚着人的 24 小时的生活。这一点和普通的上班不同，就是说，公司的社员有"社员的本分"，学校的学生有"学生的本分"，这种"本分"在上班和上学时间外，也束缚着社员、学生的行动。

不仅在时间上，在空间上，人们也受"本分"的约束。在公司外，社员也有"社员的本分"；在校外，学生也有"学生的本分"。这些都要求他们的行动必须符合他们的"本分"。

前面作为例子举出过的东京某大百货店的服务要领告诫店员说："在店外，因为世间也是把你作为××百货店的店员看待的，所以你在私生活上也要注意自己的言语行动，不可败坏××百货店店员的名声。"

民间的企业如此，官厅就不须多说了。过去日本有《官吏服务纪律》，今天有《公务员法》等，公务员被禁止在工作时间外从事政治活动，其他方面也受着法律上烦琐的束缚。

换言之，多数日本人个人的时间和生活，都受到所谓"公"的时间和工作的侵蚀。极端的情况下，私生活甚至完全被"公"的生活吞掉。

公司社员的"公"的生活，从下班以后一直到深夜酒会，就是说，私的时间和生活几乎全部被夺去了。这种不合理的生活，其他国家的人是无论如何无法理解的。同时这也是日本公人和私人、公事和私事混淆不清的一个重大原因。

日本的公私混淆不只来自私利私欲，因为"本分"这种人际关系，公早就侵犯了私，在这种情况下，让人分清公私，只能是勉为其难了。日本人的社会生活中的这种公私混乱不可能不造成行贿、贪污、徇私、舞弊等腐败的不断发生。虽然到处讲"本分"，但公越侵蚀私，不合"本分"的行为越会增加，以致形成无法中止的恶性循环，依靠今天的社会机构，想消除也消除不了。

由于把本来是封建性的"本分"关系，搬进了以资本主义经济为基础的现代社会里，所以如果把"本分"和私利私欲适量地搅拌在一起，就能够干出不知多少"坏事"。看来，前面说过的介绍处世法的书，甚至传授收取贿赂的方法，也并非怪事了。

6. 逃避责任

现代社会的职务，不管何种职务，一方面有与这一职务相应的权限，另一方面也有与这一职务相应的责任。

在日本社会里，以最能说明问题的官厅为例，本应包括在"本分"中的权限和责任平衡，偏向于一方，权限所占比重大于责任。这是一个突出的特征。

关于这一点，一个名叫今井一男的官僚坦白地说，日本的官厅"对权限有十分详细的规定，但另一方面，对所赋予的工作，如果发生错误，应负多大的责任，却几乎找不到可称为规定的规定"（《官僚》）。

在军队生活中，这种权限和责任的平衡，同样是偏向一方的。比如一海军下士官说，在日本战败前，"海军生活的乐趣是随心所欲地指使士兵，在不负责任的地位上最大限度地挥舞权力"（《日本军队》）。

而且日本的官僚的权限，不只限于职务所赋予的工作范围内，在此之外还有"以权谋私"的权限。"以权谋私"不单是特权、优惠那样的公定的报偿，除此而外，还有所谓默契——官厅内部非正式的谅解。官厅以外的一般人，虽也知道他们"以权谋私"，怨言不少，但也认为这是法律上允许的。

这种"以权谋私"，名副其实地直接产生于公私混淆——把公的权限用于私的生活，而究其源，依然是来自对"本分"的认识。警察超越职务的范围，在饭馆白吃白喝，这是利用了警官的"本分"，俗称"孝敬"。市民知情也不敢抗议。饭馆方面对这种"以权谋私"可以说大大欢迎，因为作为交换条件，警察方面将会高抬贵手。

这样的"本分"关系，一方面使"以权谋私"的权限无限地扩大，另一方面要求尽可能逃避责任。所谓官僚的能力就是善于逃避责任的能力。

大官回避责任说："此事已完全交给下边办了"，"此事属事务一级处理"。小官则说："此事正等待上级做出判断"，"我只是个事务官，不能做负责的回答"。这些都让人抓不住把柄。此外，从其应付的好坏，还可以衡量官僚的"政治性"

如何。

政府的官吏按道理本应是公仆，但他们对付人民的办法却经常是以"政治性"为托词，重复着含混的回答，以待市民的锐气耗尽。

官僚逃避责任主要通过两种方法：一是尽可能缩小自身的责任；一是不让市民了解自己有责任。官厅不论是纵的关系，还是横的关系，都可相互推卸责任，一旦有问题，都装起好人来。

可是从另一方面看，逃避责任不只来自狡黠、利己心，同时其也是日本人缺乏自信、自我脆弱的表现。过去封建社会的人际关系强调身分相应，或者"依分退身"（《武士训》），这已影响了多少代人，至今日本人依然习惯一辈子小心翼翼过日子，尽可能不过分出头，不负责任。在这一意义上，可以说逃避责任是日本封建性人际关系养成的特殊心理的产物。

因此，逃避责任，不只限于官吏，市民中也屡有所见。这也表现在其他国家的人常举出的"商谈大事，当事人不直接露面而非经过中间人"的例子上。有的国家的人好意地解释说："这是由于日本人不愿伤对方的面子，所以才通过第三者。"但是笔者看来，这依然存在着相当强烈的逃避责任的因素。

结　语

日本的人际关系，像上面说的那样，由于义理人情的存在，妨碍着人和人在透明的空气中进行一对一的对话。义理人情给人和人之间罩上了一层朦胧的气氛。

作为个人的人，每人都有一套"本分"的外衣，都不露本来面目地生活着。在这里每人周围也罩着一层朦胧的气氛。

本书所讲的日本人的非合理主义、精神主义、"不足主义"以及共有的"区分不清""靠道理讲不通"等，这一切似乎都是由笼罩在人际关系之上的气氛的暧昧产生的。

其他国家的人说："弄不清日本人想什么""日本人难以捉摸"，这种批评是由于对日本人之间特殊的人际关系理解不深而产生的表面看法。

日本人为创造新的日本，在缔筑社会基础的同时，必须努力擦拭过去遗留下来的朦胧的人际关系和从中产生的社会心理上的云雾。如果在重建社会的同时，不重建人，则难以有每一个人的幸福。

此书或许令人感到笔者在反复地从日本人的心理中挑刺。可是如果怠于检视自身真实的姿态，那么人的改造将更需花费时间，因此，令人厌恶的东西，还是赶快除去为好。笔者写此书的目的就是想多少为此起点作用。

日本的自我

序　言

30 年前，笔者的《日本人的心理》一书问世。自那时起，笔者研究的中心题目一直是日本人的问题。

其间，笔者在日本出版了许多论日本人的书。一时，甚至出现了"日本人论热"，众多的日本人论层出不穷。日本人对于自己的国民性如此关心，这一事情本身便反映了一个日本人的国民性的"自意识过剩"的问题。这是因为大部分的国民，既作为个人，也作为国民，在留意他人或其他国家的眼睛的同时，也不放松自身的观察（见拙著《日本人论的系谱》，讲谈社现代新书）。

笔者在这 30 年里，就日本人的生活和文化，从种种角度，以不同的题目，分别做了探讨（见拙著《日本人的心理和生活》《日本人的艺术和文化》，劲草书房出版）。本书试图将这些个别的题目共有的东西归纳起来，作为前提，探讨一下日本人精神构造的基本特征。

很多人已论述过日本人行动方面的日本式特征，日常的生活行动，政治、经济的社会行动，艺术、宗教、教育、科学的文化行动，等等。可是给这些行动以动机、一贯方向和色彩的心理基础的，不是别的，正是日本人个性中所共有的自我构造。

笔者早年就认为缺少主体性的"自我不确实感"的存在，是日本人自我构造的一个鲜明特征。这种不确实感表现在消极方面，如怯懦、内向、多心、认命等，但另一方面，正因为如此，才有体谅、同情他人之心，而且为克服不确实感，又出现专心致志、研究欲、进取心、灵活性等好的行动倾向。

关于这种复合状态，本书"多元性和灵活性"一章中有所探讨。正因为有这种多元的自我构造的存在，才有基于此的多元的角度，于是才接连产生了一个又一个多元的日本人论。

众多研究者的种种日本人论，在立论、资料、解释方面，都有很多值得学习的地方。不过，笔者在这方面想探讨的是以下几个方面。

首先，将历史心理学的方法引入日本人的自我构造的研究。就是沿着日本人的社会心理的变迁，即笔者所说的社会心理史，看一看现代日本人的自我构造的各种特征，以及是何时形成的。围绕这一问题，既有从历史上追溯日本人的精神构造形成，向古代精神古层追求的"古层说"，也有弗洛伊德的"原始心性"和荣格主张的"原型"那样的"无意识说"。可是，如果把问题和现代人的心理紧密联系起来考虑，那么会发现，自我构造的部分，无论如何，是通过自、他的人际关系决定的。日本社会的人际关系在江户时代的封建社会、锁国社会里，大体是固定的，并持续了很长时间。明治以后这种固定性被打破。笔者认为从这样的社会心理变迁，看日本人自我构造的形成过程是最无可非议的。

明治维新的变革，大大改变了江户时代固定的人际关系，因原则上实行四民平等，确认自、他的相互关系，渐渐变得困难起来。虽然在取代等级制的阶层性社会里，还保留了敬语那样的交流形式，靠它还可以表明自、他的相互关系，但是从明治到大正，进而又经过了昭和时代的 50 年，至今，由阶层和年龄差而定的人际关系也失去安定性，从而使现代人的自我不确实感进一步加深。

在今天这样的信息社会、大众社会、管理社会中，我们每日因被动地接受过剩的信息而团团转，在这样的情况下，确立自我，主体地思考和行动，越来越困难。规格化的制品大量生产、大量消费所产生的心理上的划一化、定型化，更加阻碍着个性的自我实现。

社会的现代化的一个标志，本来应该是人人确立自我，并在这一基础上个人主义有所发展。可是日本的现状是，管理社会的性格还很浓厚，不论教育方面，还是工作生活，都实行着对人格的"质量管理"。

在这样的社会条件下，自我不确实感加深，种种心理上的不能顺应的征候蔓延，这是理所当然的。这些心理上不能顺应的困难，在人类为未来担心的今天，也是必然出现的社会心理现象。笔者的意图只是想就其中尤其是扎根于日本人自我构造中的自我不确实感，及对其心理上的处理，提出一个线索。

　　最后，在本书出版之际，谨对岩波书店的小川寿夫表示感谢。他从本书的策划阶段起，便一直积极予以合作。黑田美佐、山本绿、林阳子担任了本书原稿的记录、抄清工作，也向他们致谢。

南　博

1983 年 8 月

一　日本人的自我不确实感

1. 自我不确实感

自视的我和被视的我

日本人被认为缺乏主体性，没有确立自我。可以笼统地认为这是指日本人没有主见，没有独立的、积极的、能动性的行动。

但这里所说的自我，不过是自我（意识）的一个侧面。这是主体的自我，简称为"主我"，是自我的一面。与此相对，自我的另一侧面，不是主体而是客体。作为对象的自我，不是能动的而是被动的自我。其与主我相对称为"客我"。

主我是主动行动的自己、自视的自己。与此相对，客我是被动行动的自己、被视的自己。从这一意义上说，客我是被动的自我。

客我还有两个侧面，一是作为主我的自己所看到的客我，称为"内的客我"，因为它是通过自身从内部观察自己，并经过内省得出的结果。比如，任何人一般都有过这样的自我憎恶或自我欣赏的经验："自己讨厌自己""只有我，才干得这么漂亮"等。这不是仅仅靠自我反省、自我批评那样的逻辑式的自我分析就能得出来的。以这样的方式形成的自己的形象，就是自我像。

与"内的客我"相对，客我的另一侧面是他人所看到的自己，或自己觉得他人对自己会产生的印象。从外界看到的自己，从这一意义上说，这种印象可以叫作"外的客我"。它与"内的客我"不同，"外的客我"是别人说自己是这样的人，或自己推测别人大概会这样看自己，这是他人眼中的自我像。因此，这也是几种自我像，即多数人分别对自己所抱有的印象。

人们可以从"内的客我"看到若干个面。弗洛伊德①的意识论认为：社会规范的禁止性内化产生超我或良心，超我的肯定性内化产生自我理想。禁止性的超我，要求人们服从社会规范，即追随社会上一般观念的人们的平均道德意识。

可是，每个个人不只依社会规范，而且有各自的个人规范，他们对根据个人规范行动的自己，持肯定的态度。这样，"内的客我"便有了肯定性的自我像，即"肯定我"的侧面。"自己这样很好"，这就是"内的客我"的姿态。人的成长一般都是从这种"内的客我"水准出发，进一步向以自己的理想为目标的"理想我"迈进的。这种自我实现的道路，伴随着自信和自负。

---

① 弗洛伊德（Sigmund Freud，1856～1939），奥地利著名精神病学家、精神分析派心理学创始人，在近代西方心理学史上居重要位置。

而与此相对，觉得"自己这样下去不行"，是否定性的自我像，即"否定我"。这将产生带有自卑、耻辱、罪恶等意识的自暴自弃的倾向。

他人之眼和介意他人

我们兼有这样的"内的客我"和"外的客我"，两者相互渗入形成复杂的客我。比如，总是介意他人眼神的人，在意识中对"外的客我"反应强烈："人们会怎样看我呢？""对我的做法将有怎样的批评？""对自己会抱好意吗？"等。各式各样的"外的客我"经常在自己的生活中发挥重要的作用。于是，出现了介意世面的世面意识、介意面子的面子意识、"自意识过剩"等以他人为中心的、依赖他人的他人本位倾向。

受这种顾虑他人的意识支配的人，很难确立正确评价自己的"内的客我"。别人一批评自己，就相信自己是那样的。即使他人不在眼前，也会想到别人可能那样看自己。在这里，"内的客我"——以自己的思考、判断、经验为基础的评价等，受到他人"会那样看自己吧"的"外的客我"左右。在这种情况下，受"外的客我"影响，"否定我"将增强。

这样，脆弱的"内的客我""否定我"，还同不安定的主我结合在一起。没有自信、缺乏自尊心的"否定我"，同时妨碍作为行为者、能动者的主我的确立。人，不论谁，都是从相信自己的力量、尊重自己的存在，产生行为的决断的。如果缺少这一点，不确实的"否定我"增强，主我便会被"否定我"缠住手脚，作为实行的行为者便会犹豫不决，总是想："自己这样做，别人会怎样看呢?"

日本人的自我构造中，常常是"外的客我"意识强，因过分意识他人对自己的看法而产生的"自意识过剩"，影响着整个自我构造。"外的客我"意识强，压倒"内的客我"，便形成"否定我"。

比如，以为别人瞧不起自己的"外的客我"意识强，影响"内的客我"，便会产生"否定我"，以致自己也认为自己是劣等者。自卑感，常常就是通过这样的"外的客我"的内化形成的。

又如，一个孩子假使总受父母、老师申斥，被说成是笨孩子，便会逐渐地形成"自己是劣等生"的"内的客我"，并从这种自卑感中产生不安定的主我。从而，便会像前面所说的那样，对通过主我自行决定的能力丧失信心，出现主我的不安定感和不确实感，出现自我不安。这种主我的不确实感，反过来，又使"内的客我"变得不确实，如自叹"自己无能，自己是个废物"。

自我不确实感

在不能以坚定的信心决断和行动的时候，自己这种无主见的姿态，将强化"否定我"，妨碍确立"肯定我"，从中也将产生不确实性，如想"自己想干，可是又怕自己干不了"。

这样，主我被"内的客我"和"外的客我"两方缠住，主体性动摇不定。此时，将从中产生自我整体的不确实感。自我不确实感，是大部分日本人共有的性格特点，甚至可以说是日本式自我构造的基本特征。

不确实感，作为性格的特点表现于客我和主我两面。一是倾向于"外的客我"，一是主我脆弱。这两点，复合成为日本人性格特点的自我不确实感。

倾向于"外的客我"，产生他人中心主义倾向。这表现在人际关系上的顾虑和客气。后面将说到的日本人特有的所谓"视线恐惧"或类似的"对人恐惧"，就是这种倾向的极端表现。

主我脆弱，表现出胆小、羞怯、多忧、孤立感、反复盘算、迷惘、犹豫等消极的行动倾向。

这样的自我不确实感，未必经常被人意识到，但由于其已被纳入日本人的自我构造，所以常常根据当时不同的情况，决定着人们日常行动的方向。

主我的脆弱，从意欲方面看，意味着意志脆弱。人在行动时，需要以下几种能力：选择以什么为目的的选择力；决定选择结果，即决定目标的决定力；将决定转为实际行动的执行力；持续行动的持续力；进而，在持续中遭遇不可克服的困难时，决定改换成别的目标的转换力；下决心中止行动的中止力。

主我的脆弱，首先成为问题的是决定力。在重大的情况下，需要决断力，但因缺乏决断力，便出现了日本人的犹豫、迷惘的倾向。这种倾向不是缺乏为了决定所需的判断力，而是从预想行动的结果中产生了不安，预想不安走在前面，总是不安地想："自己选择的目标没有错误吗？""能够顺利实行目标规定的行动，并坚持下去吗？"即所谓"杞忧"。这是日本式的"预先主义"的一种。

这样的决定不安，是日本人在主我意欲方面脆弱的表现，其结局是回避根据自己的责任做出自己的决定。

历史心理学的背景

如果如上所说，来自主我、客我的不安定的自我不确实感，在日本人身上表现得特别强，那么，它是在怎样的社会心理条件下产生出来的呢？

从历史心理学的立场考虑，有两个条件。

首先可以指出的是，江户时代的封建性的身分社会①，通过明治维新的变革才崩溃。其历史之长，在世界上没有先例。

在严格的身分制社会里，如果能够遵从身分的等级，对上怀着忠诚心行动，那么日常生活的心理是安定的。当然，这种安定是依等级意识形成的安定感。这种等级意识是在不准有确立主我的自我意识、否定自我的状况下形成的。所以，主体的自我和社会之间不存在纠葛，所谓自我处于睡眠状态。

---

① 江户时代，亦称德川幕府时代，从17世纪初德川家康在江户（今东京）建立幕府统辖天下开始，至1867年第15代将军德川庆喜被迫还政于天皇为止。这一期间，幕府为维持其统治，实行了严格的封建等级制度，即身分制。统治阶级为士，包括将军、大名、家臣、一般武士等，共分20多个等级，各有相应的特权。下面的被统治阶级是百姓（农民）、町人（手工业者、商人），其中又分若干等级。百姓、町人下面，还有贱民（称为秽多、非人）。本书后面提到的歧视"部落民"问题，就与明治维新以后这部分贱民的境遇有关。

明治维新由于实行文明开化政策，福泽谕吉①所说的那种独立自尊的风气，多少在一部分先进分子中形成。但一般民众之间，被植入了新的阶层意识，并以它代替了旧的身分制的等级意识。

由于废除了江户时代的武士和町人、农民的明显差别，旧的身分意识的阶层意识消失，产生了某些自我表现的萌芽。明治初年多杂的风俗，象征着阶层意识的弱化。比如，后面将说到的"和洋折衷"的多元的生活方式，在某种程度上，民众个人可根据自己的喜好采用，仅从这一点看，它已成为一种自我表现的手段。但另一方面，民众依然需要恪守阶层制的礼节规矩和使用以皇室用语为顶点的敬语。

这样一来，明治维新对民众来说，只能唤起不确实的自我意识，并以不充分的意识革命而告终。

幕府时代末期，农民起义或町人暴动等强烈主张自我的革命行动，产生了自我意识的萌芽，但明治新政府通过管理民众的政策，又使其招致封锁。刚要实现的自我意识，受到挫折，只有自我不确实感被留了下来。

就家族集团来说，由于明治以后，以天皇为家长的家族主义国家建立，作为它的构成单位的家族集团，同样受到家长权

①　福泽谕吉（1835～1901），明治时代宣传"文明开化"的启蒙思想家，幕末他随幕府的使节团数度访问欧美，接受了西方文明思想。明治维新后，其主要以民间人士身分从事文笔活动，宣扬自由平等，主张国家独立富强。但是在民权运动高涨之际，他又批判民权，主张国权。他同时还是"脱亚入欧论"的鼓吹者，为明治政府的对外侵略、扩张出谋划策。

威的支配，孩子们主张自立、寻求自立之心，受到抑制，从而也妨碍了自我的确立，增强了自我不确实感。

至于家族以外的社会集团，虽然集团内的序列意识和自我之间多少有些纠葛，但从明治维新以后至今，对日本人来说，与其说集团是主张自我的场所，不如说其是同化自我的场所，自我的一部或大部被集团同一化，从而形成"集团我"的意识，并被置于所谓自我的背后，作为自我心理的支撑。

现代的条件

今天，自我主张和自我表现，在青年一代中有所加强，但另一方面，信息化社会特有的通过信息操纵社会心理的结果，使自我划一化、平均化也在发展。于是被平均化了的个人，担心在平均性的集团里被孤立于伙伴之外，这种害怕疏远的不安，也会产生自我不确实感。

与此同时，在今天，从孩子时代起，人们就被按偏差值①分类，个人的自由学习精神受到压抑，无法摆脱自我不确实感的困扰。

进而日本传统的所谓"和"的精神再度被强调，个人间、集团间的协调行动受到重视。于是产生了随和、顺应随时随地情况的"场合主义"②，与此同时，也就产生了缺少自我一贯

---

① 偏差值，统计术语，指计算出一个平均的标准值，然后用相关数值与其比较而得出的数值。70 年代中期，日本的一部分私人补习学校开始用这种方法测定高考生是在标准值之上还是之下，之后这种方法在全国蔓延，受到家长们的责难。

② "场合主义"，指随时随地根据不同场合改变态度。在本书第五章有详细说明，类似权宜主义。

性的不确实感。

日本人的自我不确实感，便这样地在个人的自我形成不充分的过程中，被强化起来，而这是不能适应明治以后新社会的人际关系的。

对明治以后的人来说，可以指出的另一个大问题是他们对自己所属集团和外部集团的所谓集团间关系的敏感。如将它引申为国家的规模，日本在和其他国家，特别是和欧美国家的关系上，出现了后面将说到的称为"西欧 complex"① 的自卑感，它存留至今。不仅如此，西欧化渗透到社会各个角落。因此，"西欧怎样看日本人？"这一"外的客我"意识，严重地左右着日本人的自我。

在岛国日本，尽管日本人以同胞间的"和"的精神相协调，但与此成比例地，可以说，日本人有意识、无意识的"西欧 complex"在深化。明治以来，日本人过度顾及西欧人看他们的眼神，这种"自意识"又深深地与日本同胞的"外的客我"的意识连接在一起。

下面，我们来探讨一下日本人为了减轻或克服自我不确实感，有意识或无意识地构建的个人心理和社会心理的机制。

2. 集团我的形成

集团主义

自我不确实感所产生的前面所指出的决定不安、预想不

———————————

① "西欧 complex"，complex 是精神分析派心理学专有名词，现在一般译为"情结"，英文原意为复合。"西欧情绪"的实际意思即指对西欧的自卑感。

安，用什么方法可以平息、解除呢？

首先，靠依附集体减轻决定不安。其他国家的人常常指出，日本人一个人时，谨慎、谦恭，但一成为集体，便积极得如同换了个人。

这是因为集团决定比个人决定更让人安心。不是自己做决定，而是由大家决定，在这种情况下，自己做决定所带来的自己的责任部分，被集体决定的集体责任吸收，因此心情变得轻松。像比特武志①说的那样，"亮起红信号的道路，如果大家都过，就不可怕"。

集团对其成员来说，是超过成员个人之力的超越性的存在，能够影响成员心理，使人行动。

命运主义

日本人的集团所属意识强，从这一意义上说，倾向于集团主义；但与此平行，其又具有服从、依赖命运的命运主义的倾向，命运共同体意识便出自于此。

命运主义产生了把人力不能左右的命运（定数），托付给他人做决定，或者托付给他人预测结局的做法。

今日流行的算命，从易占，看手相、人相、家相、印相、墓相等到电脑卜卦，人们越来越要求由他人做决定和预测。占卜因占者不同，判断自不相同。尽管没有科学根据，但依赖它的人非常之多。与其说，日本人迷信，不如说，很大程度上这

---

① 比特武志，原名北野武，以诙谐著称的电视演出者。其常说一些违反常情但又符合"真理"的话。1948 年生于东京。

是决定不安、预想不安的心理倾向。人们所企求的是回避对命运负责、回避对自己做出的决定承担责任。

另外，命运主义又使人们相信像"在劫难逃"这句话所说的那样，人被命运之手捉住不能脱身，只能听天由命。与此同样，很多日本人把自己投入了"已经逃不脱的集团"。比如，与企业、公司共命运的心情，最恰当地表现了日本人对企业的忠诚心。

这样，人们通过与命运结合在一起的集团，即命运共同集团的超个人力量，来增强自我的决定力，其依赖的是共命运的集团的威力。从中我们可以看到自我与集团心理一体化形成"集团我"的过程。集团我支撑着个人我，起着消除自我不确实感的作用。

3. 自我的位置

虽然通过"集团我"的形成强化自我，可以减轻自我不确实感，但是在日常生活里，自我不确实感并不会完全消除。

在同不属于自己集团的人接触中，或在同一集团内部长辈和晚辈、领导和部下、同事之间，为了保持自我的确实感，需要自他的相互关系一直处于稳定的状态。

自我的不确实感，终极基于主我消极。与自己对自己的评价——"内的客我"相比，更重视他人的评价——"外的客我"。也就是说，顾虑他人怎样看自己，自身畏缩、怯懦。

因此，首先一点，自我不确实感在人际关系上，在他人和自己的相互位置未得到确认时，最强烈。如果自他的相互地位和作用的关系清楚，"外的自我"和"内的自我"间的不合拍便会缩小。而且假使这种人际关系不是一时的、一次性的，今后也将继续下去，那么便会产生首次见面时就进一步确定自他位置关系的必要。为此，日本人在今天的生活里，强迫般地遵守着问候、交换名片、赠礼和回礼等礼节，这成为必要的行动。因为这样做，能够平息人际关系上产生的自我不确实感。

再有，日本人在生活的各方面都喜好定等次、排顺序。这是人们想要知道在自己和他人的生活中，自己或某人，在各个方面，他人给予怎样的评价，依此评价自己或某人将居怎样的等次。

这种定等次的倾向，终极是由于关心他人、世间、社会怎样看待自己，关心这一"外的客我"的序列所造成的。它表现为日本人喜好排名次、喜好列顺序。

姑且把这种关心自己、他人在生活的各个方面居于怎样位置的倾向，叫作日本人特有的"排名次意识"。

对其他国家的人特别是西欧人，日本人的自卑和向往甚深，这是日本人名次意识中独特的地方。崇拜西欧或称为"白人 complex"的意识，从明治时代起保留至今。

4. 定型化和完全主义

"型"的意识

上面所说的给自己和他人定等次，是受名次意识、序列意识支撑着的，但与此相并列，还可以发现日本人特有的"型"①的意识。

这种"型"的意识，是指日本人为增强自我的确实感在生活的各个方面，都按照一定的"型"行动。它追求定型化，是一种把重点置于守型的生活意识。

因此，礼仪性行动受到重视，因为不论哪种礼仪都按一定的"型"运行，一丝不乱。礼节规矩、传统节日活动等得到维护。敬语所代表的 communication（交流）的"型"，亦被看重。

定型化波及整个生活式样，包括风俗、余暇活动、崇尚时髦等，日本人都按样本行事。特别是在今天大众化的社会里，其特征是生活划一、意识划一，这又会促进生活式样和生活意识的定型化。

定型化的欲望，从彻底追求精炼过的模仿方式和模仿物出发，又产生了日本人独特的"模仿意识"。

强迫性倾向

为学习并维护这种样本的"型"，日本人又显现出特有的可称为"强迫性"的行动倾向。这比强迫性神经症所表现的强迫状态，更具有广泛意义，因此，笔者特意使用了"强迫性"的措辞。

---

① "型"，日本美学上的一个概念。古典的表演艺术、造型艺术都讲究"型"。本书作者把它用在分析日本人的心理上，而且把它的含义扩大。它在本书中大体的意思是定式、公式、样本、规范、标准、习设等，它是本书出现最多的一个概念。

强迫性神经症者为头脑中不能排除的强迫观念所困扰，无意识的潜在的欲望强使他必须干某种特定的事，尽管他也想停止这种强迫行为，却停止不下来。比如，有洁癖的人，他以为外出即会把手弄脏，并被这样的观念缠住不能自拔。这是一种强迫观念，它可以使他陷于不用消毒液长时间反复洗手便不安宁的状态。

这种情况有时是因为人们无意识地潜存着某种罪恶感，为了洗净它，重复着洗手这样一种象征性行为。强迫性状态是无意识的欲望和感情，其使人受内在的某种行为、观念驱使，自身不能控制。

完全主义

与此相对，此处被称为强迫性倾向的倾向，依然是从自己内在涌出的某种欲望，为了得到满足而行动，不达到满足，无论如何也继续努力干下去。这是企图通过努力取得完满结果的"完全主义"的倾向。

日常所说的对某种事"着迷"的人，所谓专心致志的人，就是这种强迫性倾向强的人。如果这种强迫性倾向强的人，有才能，就有所谓成为名人的天分。他们在自己从事的艺术、技术事业中，追求达到完满的境界，为此不惜牺牲自己的生活，全力以赴。有时即使把自己置于毁灭的边缘，依然执着地追求。这种完全主义者如果觉悟到各种条件都不能使其满足，便会想通过中断自己的生命，摆脱其内在的强迫。将自己的生活和艺术结为一体的所谓毁灭型的艺术家的自杀，就是这种强迫性倾向带来的命运。这是极端的例子。

就是一般的醉心某种事业的人，因为他对自己的要求高，理想高，不达到目的，也不会罢休。他们干的事，有时是自己的职业，有时只是一种爱好，但他们都把它看作自己活着的价值。

自我强迫

这样的强迫性倾向，有同前述的日本人自我构造的弱点结合起来的一面。

作者已指出过，日本人主我弱、自我主张不足，但日本人的自我主张不是面向他人的，他们对待他人不是要求式的、攻击式的；与此相反是要求自己，而且这种要求总是唤起自己的努力，并从中显示出强迫性倾向。这服从了这样的无意识的欲望：不是严格要求他人，挑起与他人的对立和摩擦，而是把自身作为要求、期待的对象，避免与他人对立。

强迫性倾向还有一面，它不仅仅指消极地顾及他人，而且指本人持续努力实现目标。它也是由自身测试主我持久力的自行测验，因为自己对自己的努力会给予高评价，所以可以提高"内的客我"的形象。对于这样的形象，外部的他人会认为这是一个专心致志的人、一个努力的人、一个正直的人，这会加强"外的客我"。从这个意义上，我们将这一倾向叫作"自我强迫"。

总体上"内的客我"评价的提高，将使人们得到自我满足。而且这种自我满足将会引起想要取得更高的自我满足的强迫性活动，人们为了实现更高的目标，不再原地踏步。这是以完全为目标永不停止的完全主义倾向。

5. 多元性和灵活性

这样地规定自他的位置、定等次及定型化，是要努力把日本人的行动纳入一定框架内的表现。归纳起来，也可称作日本式的自我强迫性倾向。

然而，另一方面，乍看起来，在日本人的行动中，还有与这样一些倾向相反的倾向，如为人们所承认的多元性、多面性、暧昧性、灵活性。

毋庸说，在历史上，日本文化是接受了东方和西方文化的多元文化，特别是明治以后，日本人持续地过着"和洋折衷"的二重性生活，与此相应的是生活意识的二元性。然而还不仅如此。

日本人的生活和文化，仅从宗教方面看，也是多元的，而且被允许共存、混在，并不是相互对立的。

还有，作为日本人心理的一个特点，使事物暧昧不清和善于随机应变的暧昧性、灵活性十分明显。所谓暧昧性，也是让二元、多元要素共存，不肯定其中任何一个。所谓灵活性是根据情况随其时、其事而定，从而又产生了"顺应形势主义"和"场合主义"的倾向。

探求确实性和容许暧昧，或许是一对相互矛盾的倾向，但如果说一方是以消除自我不安为目标的倾向，那么也可以说另一方是照旧容忍自我不安定的倾向。在日本人的心理中，这两种倾向是以怎样的形式结合起来的？这将是最后一章讨论的问题。

二　集团我的形成

1. 个人我、集团我、家族我

与集团一体化

日本人的自我构造的特征之一是，自我和集团结为一体，在所属集团有目标的活动和内部的人际关系中，这令人感到亲切、和睦，从而形成了可称为"集团我"的部分。

"集团我"，对某一集团的成员来说，从属于这一集团具有积极的意义。它是由强烈的从属意识和依赖意识构成的。

集团一体化，同前面所举出的集团主义、命运主义结合，便会产生把集团命运和个人命运同样看待的意识。这就是共命运意识，即把集团看作命运共同体的意识。

在这种情形下，日本人的自我以集团一体化为媒介，形成"集团我"的意识，从而使包括"集团我"的自我得以扩大、加强。于是人们认为集团的决定力即是自己的决定力，集团的实行力即是自己的实行力，自我就这样通过"集团我"得到强化，这便能够大体消除个人决定的不安。可是，个人主体性的自我，即主我，如果依旧不发达，终极"个人我"还是不能摆脱软弱、易折、不确实状态。这样，在把"集团我"的强韧错当成自我的强韧时，便产生了日本人心理性的悲剧。

总之，"集团我"与"个人我"结合起来，有时会形成比"个人我"强大的力量，统率个人的行动。"舍小我存大我"这句话，意味着："个人我"和"集团我"囊括于自我之中，要选择"集团我"，应听从它的声音、它的命令行动。

下面就有代表性的集团，看一看其所属成员的"个人我"和"集团我"的关系。考察这一点，不只是为了阐明已从各个角度议论过的日本式集团主义的表现形态，更是为了着重地了解集团意识，特别是"集团我"意识是怎样成为集团行动心理基础的。

集团意识

如果按集团和自我的结合程度，自比较松散的集团到极强韧的集团排一个顺序，有代表性的，大概是这样吧：余暇集团、工作现场集团、地方集团、国家集团，最后是家族集团。

首先，余暇集团的成员，如体育俱乐部、麻将伙伴、高尔夫伙伴等，乐趣相同。他们对集团的所属意识，一般不能成为支撑自我的重要的心理基础。虽有伙伴的连带感，但参加这样的集团活动，不过是一时的满足，不能成为自我的强大支柱。

不过，像后面提到的那样，如果作为某集团成员，即使是地位的象征，也会强化自我，"集团我"的意识或多或少也会起作用。如被人看作一流的高尔夫俱乐部的会员，这本身便有助于强化自我，因为通过参加这样的俱乐部能得到"集团我"的支撑。

余暇集团和社交集团常常连在一起。特别在日本，很多高尔夫伙伴同时也是高尔夫场以外同一社交集团的成员。一流酒吧、高级和式餐馆同时是高尔夫伙伴的交际场所，在这里，地位的象征相互影响。

社交集团拥有花柳界①那样独特的社交场，人们出入这里本身，便是一种地位的显示。在江户时代的花街柳巷，即被称为"恶所"（即娼馆）的集团里，就产生了为所谓"风流人""行家"拥有的被精炼过的美的意识所支撑的强烈的自我意识。这些被叫作"风流人""行家"的人，在江户时代中期以后，确立了有个性的人所有的自我意识。他们拥有的自我，是由建立在社交集团经验之上的"集团我"所支撑着的。

工作现场集团，是提供维持自身和家族整个生活条件的场所，从属于它，生活上、心理上都可以得到依靠。集团意识，一般被叫作集体精神、团结心等，它向自我提供依赖集团产生的安心感、安定感。在这里，自我能够依赖强大的"集团我"。

超越工作现场集团的地方集团，产生居民意识，具体的如村民意识、町民意识、市民意识、县民意识等。有时，它产生的集团意识亦是强大的。地方居民从自己所属的地方集团得到"集团我"。如居民对本县的自豪感、爱家乡的乡土情等，就是自我与集团意识相结合产生的"集团我"。

---

① 花柳界，日本唱界的旧名，现在依然使用，主要指陪酒的艺伎、色情酒吧、变相卖淫的特殊浴室等。其实这些不应被称为花柳界，而应叫"风俗业"。

由地方集团带来的这种"集团我"扩展开来，便形成最大的"集团我"，即国民所拥有的、为国家所代表的国家性的"集团我"——"国我"。所谓"国民的自豪"、国民的义务等这些国家意识，把强力的国家性的"集团我"植于国民心中。

爱国心

"国我"，在第二次世界大战前（以下简称战前）的日本，以国家意识、爱国心、象征民族意识的日本精神——"大和魂"等形式，受到提倡。令人注目的是在那种情况下，国家，确如字面：国即是"家"，爱国心带有家族性的"集团我"——家族我的性格。大部分的日本人把个人的自我从属于"国我"，每日为"皇军"的战况，一喜一忧。真是把国家的命运看作同自己的命运一样，以这种共命运的意识，共有了"国我"。

在国家意识、民族意识淡薄的今天，通过同别的集团一体化产生的"集团我"在加强，这样的自我强化，取代了原有的"国我"。

信仰集团永存

对企业的忠诚心，就是一例。企业实行终身雇佣制和家族主义式的管理体制，这有助于增强从属于企业的个人的"集团我"。终身雇佣是受雇者把自己的身体托付给自己所属的企业集团，借以得到自我与集团一体化的"集团我"。由于受雇者能够靠企业安心度过自己的大半生，即使是退休后，公司的继续存在，也依然是退休者安心的前提，因此从这里产生出"公司的生命是永远的"企业观。

"集团我"，能够强化集团所属成员们的自我，使他们相信企业永远不会毁灭，不仅是现在，而且直至未来，每个成员的自我都会得到企业的保护。

因从属于这样的被认为是永存的集团，人们的自我，从参加这一集团的"集团我"中得到支持，所以日本人能够从不确实感中解脱。日本人的集团主义就是以这样的集团心理为基础的，即同超越个人的集团一体化，取得"集团我"的支撑，消除自我的不确实感。

不过在青年一代里，与"集团我"相对，主张个人我的人们正在出现。可是只要日本的社会构造不发生根本的变化，个人我很难贯彻到生活的各方面。多数年轻人，不是主张这种意义的个人主义，而是采取下面将说到的个体主义立场，他们在工作现场和家庭里将会逐渐以"集团我"支撑自我。一成为公司职员，他们便会渐渐地增强"俺们公司"的企业家族意识。在家庭里，作为年轻的父母，他们变成"孩子还是自家的好"的爱子迷。

这样，在工作现场的多数人，生活中，通过靠近成为自我基础的"集团我"，来减少自我的不确实感。

当然今天的社会，企业、家庭未必是保持永远的"集团我"的场所。在企业倒闭、家庭毁灭不断增加的情况下，怀疑企业、家庭永存的人多起来。但正因为如此，反过来追求永存的企业和家庭的倾向也在加强。比如，在大企业工作，受到羡慕；"小家庭"观念的新式家族主义也在流行。

家族我

日本人最典型的"集团我"，是在家族集团中，以深厚的心理关系结合起来的成员们共同分享的家族我。

家族我是家族的成员，在成长过程中，家族集团的"集团我"与自我的合体，是支撑个人的自我——个人我的心理基础。

在孩子成长过程中，当主我和客我还没分离的时候，家族我就作为模糊的未分化的母子关系的出发点而形成了。人自呱呱落地，就与母亲或保护者有一体感。当然这种一体感，因社会、个人不同，其形成、持续的形态也不同。

阿格丽皮娜情绪

一般来说，日本人的母子未分化的一体感强，这种一体感会长久地持续到幼儿期以后。这从许多母子心理上分离困难的例子可以看到。

这里表现出来的母子一体感，从母亲方面看，她确实把孩子当作自己的分身，孩子的自我包括在自我之中。这里表现出的哺乳、照看孩子的母性行动，是对孩子爱的表现，同时也是自身的自己爱的满足。在这一意义上，家族我对母亲来说，首先扎根于母子一体感。虽然对于母性爱是不是本能欲望的问题，还有争论，但同西欧的母亲比较，可以认为日本母亲以母子一体感为基础的家族我意识，相当强烈。在今天的教育条件下，这一点愈来愈突出，因此不能不看到母亲方面给予孩子的家族我在增强。

近年来，残酷的升学考试使母亲和儿子的关系更加亲密。在家庭中，物质上、精神上，父亲对子女都不甚关心，这也使母子更加接近。这样的母子一体化，影响着家庭内的种种心理关系。

根据这一情况，我认为日本的母亲中，特别是对待儿子方面，有"阿格丽皮娜情结"很强的人。这种叫法可能不太贴切，它是笔者从罗马皇帝尼禄的母亲阿格丽皮娜对尼禄的异常态度得到的启示。据塔西陀著《编年史》（国原吉之助译）介绍，"维持权力的激烈的冲动"使阿格丽皮娜"常常打扮得妖艳"，"想要同喝醉了酒的尼禄发生不伦的关系"。有一次，"当着下属的面，淫乱地亲吻尼禄，露出令人想到有罪恶征兆的媚态"。

不只在日本，在西欧，孩子离母不安，也成为问题。可是这种分离不安是从当然的分离中产生的。而从日本的母子关系上看，与此相反，不只是孩子，母亲也不愿分离，因此不少家庭，母子未分离状态持续很久。其一便表现为娇爱。孩子方面的撒娇和母亲方面的娇宠相互作用。但从心理关系上，可以认为先有母亲方面的娇宠，孩子方面只是接受这种娇宠，被植入娇气。弗洛伊德说："母亲是孩子最初的诱惑者。"（遗稿《精神分析学序说》）

幼儿自己一方不会有积极的撒娇行动，母亲在同孩子一体感中，表现出对孩子的爱，并开始娇宠孩子。母亲娇宠最初生的孩子以得到自己的满足，并强化包括孩子在内的家族意识，从中培养建立在自我基础上的强力的家族我。

一体化倾向

一旦通过母子一体化体验到一体感，从而取得自我的安定感之后，人们在母子关系以外的他人关系上，便很容易唤起与他人的一体化。日本人在这一点上表现得很明显，可以称这种行动倾向为"一体化倾向"。它与依赖他人、依赖集团的倾向结合在一起。

不只限于母子关系，家族通过父母到子女代代交替，具有保存家庭谱系的机能。今日的家族集团显示它也像企业集团一样，最能够从根本上保证这种保存历史的机能永不消失。这得到追溯过去、信赖祖先和宗教上崇拜祖先的习惯的支持。在这一意义上，日本家族面向过去，代表着日本传统的保守倾向。

可是家族集团又是面向未来、对未来不断寄以期待的集团。子孙是家族的分身，家族通过他们得到自己生命永存的保证。家族我和家族成员的自我一体化，拥有从过去至未来持续着的生命。在这里，潜存着强大的魅力。

人们如果想到家族作为一个集团从过去至未来永存，便会意识到：家族是被注定了自身命运的集团。

共命运意识

日本人的家族集团是被它的成员共有同一命运的家族意识支持着的，这一点在今日也能看到。常有这样的情况：家族的一个成员出了问题或事情，这本来只同他个人的命运有关，其他成员与事件毫无瓜葛，但受共有命运的支配，却好像他人也有责任。而且外人的眼睛也是冷冷的，说什么"有其父必有其子"，像这句话所表现的那样，要求追及共同责任的倾向强烈。

举例说，某青年犯罪，这是这个青年个人命运中的一件事。然而在日本，从其父母、兄弟到亲戚，必定都感到似乎自己也是事件的同犯者、同罪者。母亲不停地向世人谢罪："我儿子干了坏事，惊动世上，实在对不起。"这是因为人们认为青年干的事是父母的责任，责任共同体意识在起作用。这种共同责任感的出现，是因为人们想到家族成员们是一体的，家族我是家庭每一个成员的自我基础，它是共有的。

在这种情况下，母亲通过共有的家族我，心理上和孩子结合在一起，把孩子的命运当然地看作自己的命运。如果基于家族我共同基础之上的孩子的自我，发生强烈的动摇，即会同时使母亲的自我动摇，母子产生心理上的共鸣。

在封建时代里，强调维护家庭名誉。包括在这种家族我中的自负、自信、自尊，作为支撑家族名誉和骄傲的心理要素，受到重视。正如曾我兄弟[①]的母亲所说，"耻辱为家病不可遗后世"（见《曾我物语》）。

家族成员的个人行动，反过来由整个家族负责任。维护家庭名誉、提高家庭名声是要求全体家族成员实行的家族目标。一个个成员如果能为振家声做出贡献，只这一点就可强化家族我，并强化它所支撑的成员个人的自我。父母为孩子骄傲，孩子为父母自豪，兄弟间为幸运的家庭而欢喜，这些都可通过家

---

① "曾我兄弟"，出自15世纪以汉文成书的《曾我物语》，讲的是曾我十郎、五郎为父报仇的故事，后被改编为歌舞伎等，流传甚广。

族我的扩大强化个人的自我。

家族自私主义

以家族我为媒介的自我强化，将产生家族自私主义。就是没有为家族扬名那种积极性，仅仅追求家庭幸福的行为，也会加强家族中心主义意识。在日本，立春前一天撒豆驱鬼时，喊："福到我家来，鬼到外边去！"意思是让幸福只集中于我一家，给世上带来不幸的鬼，在外边不论怎样害人也与我无关。

这种家族自私主义使父母难以离开孩子、孩子难以离开父母，于是产生了父母过分溺爱孩子、孩子过分依赖父母的相互关系。矫宠和撒娇的倾向就反映了这种以家族我为基础的家族自私主义的一个方面。

家族我可以说是在心理上接受家族成员寄托各自的个人我的共同场所，它是个人我依靠的"集团我"；也可以说是在个人感到自我的不确实感时，能够躲避的心理的避难场所。

以日常生活的心理来说，一个人在公司里，人际关系不顺，因种种不满，郁郁不欢，个人我不安定，但回到家便能恢复轻松。这是因为藏身到与家族共有的家族我的气氛里，亦即临时借了一部分共有的家族我，补充、加强了个人我。家族我强化着上述的个人我，可以说其就像是为个人我准备的心理上的营养池。在这一意义上它发挥着生产性机能。

家族我的崩溃

另一方面，家族我也可向不利的方向发挥作用。如果成员个人的自我因某种原因面临崩溃的危机，有时它将会影响家族我，使家族本身崩溃。

比如，父亲因自己经营的公司破产，失去生存的愿望，企图自杀。这时，他自己的自我崩溃，这将会同时导致包括他自己的自我在内的整个家族我的崩溃。家族我面临难以挽救的危机，它再也不能继续支撑家族全部的自我。如果连妻子的自我也同时解体，这种崩溃感，有时将引起全家的自杀。至少家族的首领父亲想让全家自杀，并相信只有这样一条路。当然，妻子和孩儿也有不服从父亲的自杀意图的。可是，就在今天的日本，全家自杀的情况不仅未减少，反而不断增加，这一事实说明了被家族我支撑的命运共同体的强韧和脆弱。

以西欧人的家族意识来看，这样日本人的家族我，无论如何也无法理解。当然西欧也有自杀，但据查历史文献，全家自杀的情况是极为罕见的。

当然造成日本式的全家自杀的原因，不只限于家族我意识——日本人特有的家族意识。父母自杀留下的孩子遭世人白眼，社会接受孤儿的福利设施不充分，这也促成了父母带着孩子同归于尽。有时可能还有佛教的一莲托生（同生死）的观念起作用。当然，也不能忽视父母缺少把孩子作为一个人对待的基本人权意识。

如上面所说，日本人把个人的自我置于家族集团中，并使其靠近共有的家族我，实现家族我和个人我一体化，借此减轻个人自我的脆弱和不确实感。但与此相反，如果自己发现不了本应同一化的家族我，自我的不确实感将进一步加深。比如像很多以青年生活为题材的流行歌和电影作品所反映的那样，青年人如果从家族我这一"集团我"得不到所期待的东西，欲望不能满足，便会被别的集团内形成的疑似家族我所诱惑。

疑似家族我

在家族集团中自我不确实感强的年轻人将自己的自我不确实感的一部分，寄托于家族以外的集团，比如游玩伙伴、摩托车狂跑族①、反社会性集团等。在家族以外的集团里，很多以家族的称呼称兄道弟，这一事实，显示了这种疑似家族我的心理。这样的称呼，包括家族内的人际关系，特别是心理关系的亲近的感情。

比如，在工场里，称经营者、上司、前辈为"师父""老爷子"等，这样的称呼带有父亲的形象。在这样称呼经营者或上司时，人们便会有自己是徒弟或儿子的意识。

出卖色情的女性们，如在花柳界称呼妈妈、姐姐、妹妹，在酒吧、夜总会中称呼妈妈、玛达姆（夫人）等，所有这些场所中的人际关系，都是模拟的家族关系。像花柳界中那样的特殊雇佣关系，艺伎住在鸨母家里，虽是一时性的，但也较长时间过着类似家族集团的集体生活。尤其是在这种情况下，被雇用的女性们，离开双亲膝下，称老鸨为"妈妈"，把老鸨当

① 摩托车狂跑族，日文为暴走族，他们夜间成群结伙骑着摩托，发出雷鸣般的噪音奔跑，所经之处居民不得安睡，还经常造成恶性事故，是日本社会问题之一。参加者多是失学、失业的青少年。

作她们的母亲，而被称为"妈妈"的老鸨在心理上也觉得自己是这些女性的代理母亲和保护者。这些女性们离家过着出卖色情的生活，也只能从疑似家族的人际关系中，寻找自我确实感的依靠。

在整个社会中，处于更加不安定状态下的反社会性集团中的这一情况，更加明显。其典型的例子是黑社会集团，在那里，头领、弟子、哥儿们，辈分规定严格，头领的老婆被称为"阿姐"。黑社会集团在保持辈分、严明纪律的同时，把维持超于家族集团心理关系以上的亲密，作为理想。

黑社会集团中的弟子一般都是市民社会漾出的自我不确实感强的人，他们希望生活于在心理上能够解除自我不确实感的集团中。这些被家族集团疏远的人们所缺乏的家庭爱，通过疑似家族的感情关系得到补偿。

由自我不确实感强的人组成的集团，在集团内的日常生活里经常使用家族称呼，以使他们感受到家族式的心理关系和家族我。如此反复地交流，不仅能向对方传达思想，而且能够把随之而来的家族式的感情，逐渐注入说话人的性格之中。比如，反复使用疑似家族的"妈妈"称呼的人，逐渐将会以对母亲的敬慕感情对待他的女老板，反之，女老板也会因常被喊"妈妈"而意识到自己是作为母亲的存在，产生疑似母亲、代理母亲的心理。

反复以疑似家族的称呼交流，有着使疑似家族的感情内化的心理作用。用不了多久将产生接近家族感情的爱，相互实现爱的交换，仅此一点，即可平静自我的不确实感。

以家族的称呼称陌生人

再有，很多人认为以家族、亲属的称呼，称工作现场集团以外的他人，即所谓陌生集团的人，是日本式的对话的一个特征。比如，对女服务员，称呼"大姐"，对陌生的年长的男性，称呼"老伯""阿公"，称年长的女性为"伯母""阿婆"。如此将陌生人当成家族、亲属看待，大概也是想要表现疑似家族式的人际关系吧。

语言学者提出一个假说，认为这些称呼把对方置于家族的位置上，想象对方是谁的"大姐"、谁的"伯父"和"伯母"，这是依对方的立场、位置而定的称呼。

这种看法或许可以成立，但比这更主要的可能是有更深层次的意识在起作用，即轻松地把他们作为家族对待，可以缩小对方与自己的距离。

比如，在酒吧、夜总会里，客人称侍女为"妈妈"，是由于他在女人面前的自我幼儿化的退化心理在起作用。被叫为"妈妈"的女人，也多以母亲式的感情把客人当作孩子、"宝宝"。特别是日本人喝起酒来，由于很多人常常出现幼儿化退化行为，所以容易与侍女产生疑似的母子关系。在这种情况下，他们试图以在母亲面前撒娇的行动来实现忘却自我不确实感的愿望，并使自身得到满足。使用家族、亲属的称呼，与其说是给对方以家族位置的心理起作用，莫如说是企图通过交流创造自己感情需要的对手，因此这样称呼陌生人是以自己为本位的。

对陌生人称"伯父""伯母"，用的都是比自己辈分高的亲属称呼，抑己扬他，其心底潜藏着以自己为本位的欲望，即欲依靠、求助于对方。这样的称呼，虽然表露的并非是对长辈亲属的真实感情，但无疑含有某种近似对待亲伯父、伯母的亲近感。

日本人对他人使用伴有疑似家族感情的称呼，反映出日本的整个社会都具有疑似家族集团的基本性格。作为疑似家族社会的成员，只要能够这样相互交换亲近的感情，共有"同是日本人"这样一种国民意识、国民我，就是理所当然的了。今天日本人的爱国心，实际上并不是对日本国这一国家的纵向的忠诚心。日本人之间横向的团结的感情，或许才可以叫作爱国心。

正因为如此，"二战"开始时，"因是日本人，不论谁，都必须参加和支援战争"，战争时期的爱国心，就是以这样的形式形成的。于是，靠这种国民我的团结观念——爱国心，自我不确实感被忘却，与此同时，斗志的昂扬又加强了自我的确实感。

同罪意识

同样，"二战"失败时，正像"一亿人总忏悔"① 这句话所表现的那样，日本人又以"同是日本人"的形式，将战争的责任归于整个日本。相互宽容，不特别规定，也不追究战

---

① "一亿人总忏悔"指，1945 年 8 月 15 日，日本天皇宣布投降当天，建立了以皇族东久迩为首相的内阁。8 月 25 日，东久迩在会见记者时，提出了这一口号。这是一句模糊战争责任的口号。虽然东久迩内阁任期并不长，但这种思想对社会影响很大。

犯。战争失败所带来的深刻的自我不确实感，只能靠日本人的叫作"同罪意识"的心理状态，得以安抚。

命运共同集团具有这样的特点：如果认识到从属这一集团对自己有利，他们将会以自己是这一集团的成员感到光荣和自豪，在以这一集团的名义行动时，会感受到"集团我"带来的满足。

当然，"集团我"在学校、企业、团体、家乡、地方以至国家一级都可形成。当我们称咱们学校、咱们公司、咱们团体、母校，进而称"咱们国家"、我国、母国、祖国时，都可从中发现爱校心、爱社精神、爱乡之情、爱国心等基于集团感情的家族我。

2. 义理、人情的复合

义理和人情

如前所述，家族我是以日本人的家族集团为基础形成的。其他社会集团（如国家、企业、学校、反社会性集团等）的成员们，都多少被植入了疑似家族我。这样的集团成员共有的"集团我"，加深成员们的心理关系，加强成员们心理上的结合和连带感，从而便形成了日本式的集团内的心理关系。

这种心理关系的代表便是被称为"日本名产——义理人情"[1]的心理关系。在调整人际关系时，义理和人情从来都被

---

① 义理人情，原为武士社会的道德观念，后成为身分社会通用的道德规范，至今对日本人的处世待人，仍有很大影响。

认为是对立的、相互矛盾的心理关系。

义理性的行为、态度、意识起作用时，强调奉陪、效劳、服务、报恩于他人。这些都是义务性的，不附带任何报酬，是单方面尽责，不期待从特定的个人或集团取得某种报酬。

义理本来产生于武士社会，江户时代普及到农民、町人社会。明治以后，效忠天皇成为国民性的义理，这也使它从国家集团渗透到作为国家单位的每一家族集团。被称为义理的这一心理关系，在明治以后日本独特的近代化过程中不仅没有消失，反而得到强化。

一般认为：人情为义理牺牲，义理抹杀人情，是不得已的。可是义理和人情，并非或取义理、或取人情的二者择一的关系。义理意识，如果同时没有人情意识加以印证，则不可能成立。

虽说义理是对个人和集团单方面尽责，不期待报酬，但是被大家誉为"重义理"的人，从他人的信赖、敬爱中得到了他人的爱。因此产生了通过信守义理得到他人人情的结果。这样，义理和人情在心理上就实现了交换。此外，"重义理"的人服务他人，不知厌烦，其中也包含着对他人的照顾和同情。

依此看来，义理和人情，构成了一个复合体，在复合体内部，义理和人情的比重不定。假定义理和人情各占五成，义理人情的复合体便会保持平衡。可是如果义理部分增大为八成，人情仅为二成，那么人们会为义理舍去部分人情。比如为了尽忠于国家，实行对国家的义理，便会出现牺牲家族的人情的事情。

义理—反义理　人情—反人情

为研究分析义理和人情的平衡关系，试以义理—反义理为一轴，以人情—反人情为另一轴，构成下面一个图式（如图1所示）。

图1 义理和人情的平衡关系

本来保持平衡的义理、人情的复合是情义（如图1区域1），既重义理，又笃人情，所谓"情义兼备的人"，在今日也被认为是理想人物，比如黑社会集团有句话："靠义理和人情走江湖"，这是他们的理想世界。

其次从人情和反义理的结合来看，人情否定义理则导致不义（如图1区域2）。江户时代侍候老爷的下人之间相互恋爱，被认为"不义"，为家法所不容。《忠臣藏》① 中的阿轻和勘平私通，因不义而遭悲惨的命运。大商人的女儿和男仆恋爱，如

① 《忠臣藏》，是歌舞伎最著名的剧目之一，诞生于18世纪中叶，起初只有人形净琉璃（木偶剧）上演，后歌舞伎又把它搬上舞台。它是以江户中期发生的赤穗（今兵库县）藩47名家臣、武士入江户为主子报仇的事件为基础创作而成的，当时为避讳幕府，剧本将时代、人物姓名等都做了改动，并把别的剧的恋爱私通的故事作为枝节性情节揉了进去。阿轻和勘平的恋爱悲剧就是附加的，大体的情节是：武士的女儿阿轻为协助父亲筹集复仇资金而卖身，结果钱被抢，父亲亦被杀，人们怀疑为阿轻的恋人勘平所为，勘平以死证明清白。

阿染、久松，也属此类典型。同比自己身分高的女人恋爱，也属不义，如想继续下去，只有一起自杀。情死似乎是恋爱的败北，但是把爱情看得比义理重要，是恋爱的胜利。近松①写的许多情死的戏剧，便暗中赞美了不顾义理对爱情宁死不渝的反封建性精神。

与此相对，违反义理、违反人情的行动，被认为是非理、非情（如图1区域3），在江户时代被批判为"非道"。所谓"无仁义之争"，正反映了这种违反义理、违反人情的抗争。

再从反人情和义理的结合看，为义理而牺牲人情，谓之忠义（如图1区域4）。这在歌唱黑社会赌徒、娼妓世界的演歌②中有典型的反映，如"俺如其为吝啬的人情生，不如怀仁义而死"（《爱打斗的阿辰》）、"命运注定生长在痛苦的花街，都是注重义理的女人"（《生长在下町》）。

这样说来，在义理、人情的复合之中，忠义之中真的没有人情了吗？在这里，义理抑制住人情，或者说压住了人情（使其无意识化）。人们从这样抑制、压制爱情的行为中可以得到快感。这是后面将说到的"日本式的受虐"的一个心理前提。

义理、人情的复合，在今日也是日本人规范意识的重要部

----

① 近松，全名为近松门左卫门（1653～1724），江户中期的净琉璃、歌舞伎的剧作家，一生写过一百多部作品。他写的情死剧有《曾根崎心中》《心中天网岛》等，被日本人誉为"东方的莎士比亚"。

② 演歌，亦称为艳歌，日本民族风格的流行歌，多半唱的是男女的悲欢离合和赌徒社会的义理人情。

分，它对减轻日本人的自我不确实感起着很大作用。反过来可以说，在义理、人情复合体中，能够等分地保持义理和人情平衡的人，自我不确实感较少，被认为具有稳定的个性。与此相对，迫于在义理、人情的重量对比中，选择倾向某一方时，自我不确实感必然增强。

黑社会赌徒集团中，正像歌中所唱的"义理、人情上天平，男子汉的世界重义理"（《唐狮子牡丹》）那样，赌徒经常处于义理压迫人情的心理状态中。他们否定爱情，以对头领的忠义取代个人的爱。潜在、积蓄下来的欲望的不满，将爆发成包括物理性暴力在内的攻击式行动。这是一种心理发散机制——通过一时的攻击行动，忘却自我不确实感。

暴力行动也可产生于义理、人情复合的不平衡，这也是日本式的施虐心理的一个条件。

3. 耻、罪复合

耻与罪

《菊与刀》的作者鲁思·本尼迪克特，把日本文化叫作"羞耻文化"，把西欧文化叫作"罪的文化"。但是，能否把羞耻与罪看作对立的概念呢？

在美国，教育孩子懂得礼貌时，也说"要知羞耻！"（Shame on you！）羞耻也是管理日常生活行动的一种规范。不能认为羞耻只是日本文化的特征，其也是西欧文化的规范。

同时，认为罪的意识是西欧的，日本人罪的意识淡薄，这也是片面的。日本自古代就定有"天罪""国罪"，佛教的

"罪业""罪障"等观念传播广泛，亲鸾①的教诲就是以罪和恶的问题为中心的。

不过，日本人传统的罪的意识，不同于基督教的原罪的认识，日本人主张人"本性清净"，任何人"皆具佛性"。这倾向于佛教的看法，即认为人在现世的生活里负罪是一时性的，不认为人的存在本身、人的实际存在，即是罪。

与佛教平行作为日本人宗教意识一个方面的神道的教义，认为罪是一时的污迹，能够通过清净、禊袚的行为洗去。这也是主张人心本来清净，罪造成的污迹并不是原来便有的。

总之，羞耻意识和罪的意识，并存于日本人心中。日本人的行动规范是由羞耻意识和罪的意识交织一起的耻、罪意识的复合构成的。

下面试将耻和罪的相互关系加以图解，如以耻—非耻为一轴，以罪—非罪为另一轴，可以出现四种组合状况（见图2）。

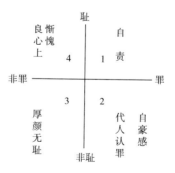

图2　耻和罪的相互关系

---

①　亲鸾（1173～1262），镰仓时代前期的名僧，日本净土真宗的创始人。

耻和罪结合（如图 2 区域 1），自责意识使人们在认罪同时，感到可耻。即便他的罪过未受外界的惩罚，他也会受到羞耻——这一自罚意识的报复。羞耻心的罪恶意识，会加深自我不确实感。因这种自我不确实感，产生于耻和罪的意识，遵守法律、遵守道德，即能平息。

罪和非耻结合（如图 2 区域 2），虽大体认罪，但不感到耻辱。比如，代他人认罪，作伪证，牺牲自己，即属这一类。日本的贪污事件，常常由下属代上司蒙罪，其补偿是"关照一生"。因此苦恼以致自杀的悲剧时有发生。不过，有时有的替罪者不仅不感到羞耻，相反感到自豪和满足，罪越重，越觉得自己的牺牲了不起。在这一意义上甚至可以说，这种行为提高了自我确实感。比如，坚定的政治犯，为"革命大义"而牺牲自己，充满自豪。

非耻和非罪结合（如图 2 区域 3），自认为无罪，也不感到羞耻。"不知人间有羞耻事"，亦谓厚颜无耻。尤其犯了罪而又不认罪的人，因内心动摇产生的自我不确实感很强。不过，人有说服自己的自我暗示的心理构造。反复地狡辩自己无罪，渐渐地便果真相信自己无罪。这在客观上是虚假的，但对其本人来说，则成为主观上的真实。

非罪和耻的结合（如图 2 区域 4），虽认为自己无罪，但深刻地反省自己的不周，良心上感到惭愧。知道自己并非完人，经常对自己持批判态度，这是理想的。当然羞耻心强的人，会有自我不确实感，但只要能够克服自己的不完全，努力一步一步接近完全，便会争取到确实感。老实地承认现在的自我不确实感，是实现自我确实感的前提。这种不确实感是积极的、生产性的不确实感。

上述耻和罪的复合，可能不只限于日本人，可是它在日本人身上屡有表现，它作为一种心理倾向，支配着日本人采取"场合主义"，根据不同场合采取不同态度，减轻自我不确实感。

自 罚

本来，羞耻意识使日本人拥有一种自我防卫的机能，它是靠自罚——在他人批评之前，自己先责难自己实现的。羞耻心有意识、无意识地驱动自罚；自罚的终局是取代、回避他罚。为回避他罚，自罚先行。在别人尚未叫喊"要认错！"之前，自己先承认错误，请求宽恕。

自罚即使不能回避他罚，也有助于减轻他罚的程度。事前通过自罚有反省地表现，处罚也会酌减。

自罚并非先发制人，而是防御先行。一般认为，日本人这种自罚倾向比西欧人强。

笔者过去论及日本人的心理时，曾指出"日本式受虐"倾向。可以认为，日本人有一种潜在的幸福危险的想法，即害怕幸福。除此之外，还可推测这种幸福危险论，是幸福感和幸福罪恶论——一种自罚倾向结合在一起形成的。关于这一点，在探讨受虐问题时，将会提及。

视线恐惧

与日本人的耻和罪的复合相关联，近年来，日本人的一种特异性神经症，即害怕他人视线的视线恐惧症，受到注目。虽然尚未达到视线恐惧的程度，但对他人的视线意识过剩的，大有人在。这是顾虑他人意识过剩造成的，或是面子意识过剩造成的。总之，"外的客我"处于优先地位，"内的客我"和主我萎缩。

视线意识过剩，与其说是关心别人的目光，不如说是关心别人的目光对自己意味着什么，更甚者甚至担心那目光能够透视、看穿自己的内心。

这种视线意识过剩是因搞不清对方对自己的评价而不安，也就是自己的"外的客我"不确实、模糊不清。视线意识过剩的人，都顾虑别人怎样看自己。在亲密的家族集团里，因大体了解家庭成员对自己的看法，不会产生视线过剩的问题。对与自己无关的陌生的集团，因不需要他们对自己的评价，视线意识也不强烈。但在学校、工作现场的"中间性"交流集团里，因顾虑老师、友人、上司、同事对自己的看法，不论何人都多少会关心别人的视线。可以说，视线恐惧是这种视线意识过剩的表现。

另一种视线意识过剩的人，甚至害怕别人的目光能看透自己的内心。这便使人有必要从心理上对他人的视线采取自我防卫。

自我防卫

为了保卫自己的内心不受他人视线的干扰，可采取以下若干方法。

最简单的是不表现自己，保持沉默，或少讲话，尽可能减少与对方的交流，或者努力控制自己的表情。可是，努力不改变面部表情，反而会对自己的表情意识过强，有时甚至会产生红面恐惧。红面恐惧和视线恐惧平行而生，也是一种心理上的问题。

再有，语言暧昧，不向对方透露真心，也是一种表现手法。由此看来，措辞含蓄不只是好意地为了不使对方为难，有时也是作为自我防卫的目的使用的。

视线意识强的人，还有的干脆把自己的内心全暴露出来，这样便不必再担心别人看穿自己的内心，这也是一种自我防卫手段。看上去性格爽朗、有说有笑的人，常常内心藏有强烈的视线意识，说笑只是一种掩盖。

这种类型的人，日常生活中有说有笑，愿与人交往，但遇到某种机会，在自己的内部，耻和罪的意识增强，被抑制的视线意识便会突然露于表面，干出截然不同的事来。由于畏于他人的视线、他人的议论，又看重个人面子，积郁愈深不能自拔，有的人甚至会有轻生之念。

这虽说是极端的例子，但在日本人中，常常可以发现躁郁性倾向的人。它与躁狂性忧郁症不一样，其表现为躁狂和郁闷状态交替出现。这是由日本人特有的"外的客我"意识过剩造成的。

视线意识过剩，被看作日本人独特的一种心理倾向。它是产生于江户时代严格的身分意识的社会心理倾向，明治以后，又同介意西欧眼色的社会心理相结合，进一步被加强。

"间"的意识

视线意识过剩，溯及历史，它与日本人的生活意识特征之

一 "间"① 有所关联。

据研究，视线恐惧始于感觉到自己与他人"不投机""不合拍"，因此"间"的意识受到注意。

"间"是在生活意识方面，为调整生活中人际关系、调节集团内成员行动所需要的考虑时机，如"掌握节奏""节奏默契""赶上节奏"等。

与生活上的"间"相对，还有武道的"间"，即宫本武藏②、泽庵③的著作中所说的胜负的"隙"。这是使对手失常的技法。在日常生活中，需要"跟上节奏"。而这里使用的是非日常性的技法，即下功夫使对手乱了"间"的意识，失去章法。不只是武道，体育的胜负展现的也是非日常性的"间"的世界。

把非日常性的"间"带到艺术世界的是世阿弥④，他在能的舞台上，与共演者比艺时，由于其使对手忘却间隙，而显现出他的艺术的真髓。近年来，歌舞伎名优第六代菊五郎说，"间就是魔"，强调了艺术的"间"。

---

① "间"，日本美学的概念，意为间隔、间隙、小的空间和短的时间，可引申为节拍、节奏、韵律、时机等。其是能乐、歌舞伎、日本的民族舞蹈等表演技巧方面所追求的一种独特的节奏的美。

② 宫本武藏（1584～1845），江户时代前期的剑术名家，传说他一生与敌手对剑或决斗超过 60 次，未负 1 次，著有《五轮说》。

③ 泽庵（1573～1645），江户时代前期的禅僧，著有《泽庵广录》。

④ 世阿弥（1363～1441），室町时代"能"的表演大师和作家。"能"是一种戴假面的歌舞剧，诞生于 14 世纪末日本南北朝时代。"能"的舞台以一戴假面的主角表演为中心，一不戴假面的配角从旁配合，由笛鼓伴奏，并有伴唱，舞蹈和音乐的节奏鲜明，富于变化。

在这里并不想专门论述"间"的问题。日本人"间"的意识指，在日常交流中，注意说话节奏，说者和听者之间，留有适当的间隙。比如漫才（相声）的逗乐，不只因对话内容有趣，还由于在对话停顿的细腻之处下了功夫。这也是日本"间"的意识的表现。

这种间隙的设定在歌舞伎的道白和动作中，表现得极为鲜明。因为"间"作为表演上的一种"型"，发挥着重要作用。

由此看来，可以说，日本社会既具有"间"的社会，又具有后面将说到的"型"的社会的性格。

4. 日本式的受虐和日本式的施虐

日本式的受虐

前面谈及日本人的命运主义，这不只日本人认为自己的命运前生已定，更多是超前预想自己的未来将有灾难，无意识地先入为主地认定未来的灾难将使自己陷于困境。

所谓未来的灾难，就是预想命运之力将使自己败北或自灭。佛教所谓"末法""末世"就是这样一种预想。认定败北、自灭是"天罚"，命中注定，必须接受。这也是一种自罚倾向，即以命运之名惩罚自己。这是日本式受虐产生的心理基础。

自　嘲

在这里，产生了抢先自嘲的想法。认定将有失败的结果，必然受他人嘲笑，"反正我命该如此"，在他人嘲笑之前，自己先嘲笑自己。

日本人的自嘲，伴随着其他国家的人难以理解的日本式的笑。这是笑自己，笑的对象是"内的客我"的姿态。它不是大声笑，而是带有伤感意味的蔑视自己的轻笑，一种无力的笑。

自嘲的笑就是，在日常生活里，什么事失败，别人还未笑，自己先笑起来，类似遮羞的笑，并伴有抓头、红脸等自卑者的独特表情。自嘲的笑是一种无意识的自我防卫，希望能多少减轻他人的嘲笑。

如果是美国人可能会认为，大胆承认自己的失败，不介意别人笑话，才是可取的。日本人的自嘲虽然表面上看是显示反省、自罚的心理在起作用，但实际上是想通过自罚，减轻或逃避他人的惩罚，潜藏着自私心理。

这种自嘲又和同样意义上的自责、忏悔联结在一起，即在他人追究责任之前，先责己。

忏　悔

这种抢先自责，比如在战败之后所谓"一亿人总忏悔"中，有明显的表现。忏悔是在他人追究责任之前，陈述自己的责任，坦白并忏悔自己的罪过。自责是通过坦白、忏悔，承认自己的责任，以图免去他罚。忏悔不是为查明责任，给予与罪过相应的处理。这种抢先自责和自嘲同样是为减轻、逃避他人的追究，并作为自我防卫手段而使用的。

战争失败后，在战争责任尚未受到严厉追究的情况下，以所谓"一亿人总忏悔"回避自己的责任，这扭曲了日本人的价值体系，以致今天在日本连一个违反政治道德的政治家的责任，也不能彻底追究。

自　肃

还有，事前料到他人将采取强制手段而首先实行自制，其中有与自责同样的心理机制在起作用。在日本，为免遭政府种种法令的限制，民间便出现了名为"自肃"的应付手段。

比如进口淫秽出版物和影片的业者为免遭进口限制，实行自肃，为此当局和业者间达成默契。业者回避触犯法律，当局也可不强按法律、规定行事。这样的妥协，是与自罚、自责相连的"自发性"的自我处理，表面上，业者将自己作为所谓的恶者加以自罚，但实际上，其借此维护了自己的立场，并得到了自我的安定感和安心。

之所以特别称它为日本式的受虐，是因为它不是主动希望接受他人惩罚那种意义上的直接的受虐狂，而是抢先于他罚之前实行自罚，以取得自我安定、自我快感的间接的受虐狂。

与日本风土的关系

这样的日本式的受虐，从社会心理上分析，是怎样发生的呢？这对认识日本人的心理，将是一个重要的线索。

笔者曾举出日本的风土是日本式受虐的社会心理上的原因之一。像各种"风土说"所指出的那样，日本受到至今人力也难征服的自然灾害——地震、台风、洪水、火山喷火等的威胁。日本人必须想到难以预测、预防的灾害，预先从思想上做最坏的准备，平时就不断地这样训练自己，一旦灾难到来则甘心认命。

这种自然灾害，是名副其实地"自然地"发生的，因此人们把它看作天罚，认为不能触犯自然。这是日本人的一种与命运主义连在一起的自然主义。而且重要的是，这种命运论的自然主义不只被用于对待自然灾害，还被用于对待人为的人灾、政灾、战灾。许多"天灾"实际上是人灾。比如为建住宅滥伐山林，下暴雨时引起山崩，酿成大灾。但这样的事，不大被人们当成问题。

这种不大区别天灾和人灾的态度，导致日本人对待政治酿成的经济、社会混乱如同对待自然现象一样，即以旁观者式的漠不关心态度来对待政治，这种态度也被称为政治自然主义。在这里，民众对权力的服从心理——权威主义也在发挥作用。

战灾是最大的政灾。可是就是对待战灾日本人也宛如对待天灾一样，不严加追究战争的政治责任，一点点地使其责任所在模糊不清。在这里，政治自然主义的社会心理也在其中起作用。

前面所说的"一亿人总忏悔"那句话的归结是："一亿人总无责任。"因为把战争的责任化整为零等分给国民，最终便等于说：谁也没有责任。既然全体国民承担战争责任，那么，靠自罚、自责、自肃的心情，将会得到受虐的安心感。

为此，关于这次战争（指"二战"）结束的措辞，由"败战"改为"终战"，不是"被打败了"，而是战争"结束了"。这里掩盖了"开"战的主体的责任，战争"开始了"，于是又"结束了"，语感上便潜存着"战争自然主义"心理。

因此，日本式的受虐的社会心理上的原因之一，是日本风土影响产生的命运论的自然主义。

当然，不只限于此。如前面说过的，明治以来，日本人对西欧先进国家看日本的眼色，反应过敏，对西欧谦恭、自卑、自贱。有意识地、无意识地表现出自卑感。后面将说到，至今崇欧倾向，对西欧的自卑感，不仅没有衰落，反而进一步增强。

日本式的施虐

如果说，日本式的受虐是采取自嘲、自责、自肃的形式，先于他人规制自己的缺点、罪过，以达到最终回避、消除责任的目的，那么，与这种心理防卫机制相对向，他人转嫁责任的心理攻击机制，就是日本人特有的日本式的施虐。

日本式的施虐是追究他人的责任，一追到底，并伴随嘲笑他人、强制他人，从中得到优越感、快感。这是日本式的施虐的特征。

施虐倾向，是潜在性的，谁都有。日本人的情况是不只限于肉体上的暴力，还多表现于语言和心理上的攻击行动。

语言上的施虐，今天在以男性为中心的集团生活中屡有所见。比如公司的几个男职员聚在一起，特意大声谈情场艳事，让女办事员听见，使她们害羞、生气，然后再嘲笑她们。从此例可以知道日本人的施虐倾向表现为集体地欺侮、虐待比自己软弱的弱者。作为集团的一个成员，个人不敢干的施虐行动，借着集体之力就可以干出来。因此它不是个人性的施虐，而是集体性的施虐。在学校里弱的孩子被欺，中学生围殴街头流浪汉，等等，都是集体性的暴力行动。这是内藏歧视弱者意识的歧视性施虐。其与美国过去不断发生的白人对黑人施以私刑的集团心理有相同的一面。

与这种施虐的集体性相并列，还有施虐的匿名性，这也是日本式的施虐的特征。

一对双职工夫妇把孩子寄托在邻家。邻家不当心，使孩子致死。为此，这对夫妇控告邻家，要求金钱赔偿。批判这对夫妇行为的电话、信件也接踵而来。信的内容是："祈祷你们也遭事故死去，我让你们死！""恶鬼赶快死！""祝你们俩不幸的末路来临！"其中还有："你们夫妻二人不宜在日本国，应当转到外国去，自日本社会隔离出去"等。措辞之厉害只能让人认为：这是暴虐的语言。

这种情况下，发信人一般都不署姓名和地址，明确显示了日本式施虐的匿名性。无疑，匿名是不负责任的表现。虽说情况不同，日本报纸上，许多匿名报道和评论，也共有日本式施虐的特点。

对亚洲的意识

与国民性的对西欧抱有日本式的受虐表现的自卑感相对，日本式的施虐的一个主轴是对亚洲各国的优越感和攻击性。明治十八年（1885）福泽谕吉倡导"脱亚入欧论"，说："我国不可有坐待邻国开明、共兴亚细亚之犹豫，莫如脱其列，与西洋文明国共进退，对待中国、朝鲜之法亦不必因邻国之故，以特别之礼顾，唯可遵西洋人待其之风处之。亲恶友者，不免共恶名。于吾之心当拒亚细亚东方恶友。"（社论《脱亚论》，

《时事新报》1885 年 3 月 16 日）

福泽以后，经过日清（日中甲午）、日俄战争以至第一次世界大战，日本人蔑视亚洲的态度逐步增强。在国内歧视朝鲜人，并施以暴力，在外发动日中战争、第二次世界大战，给亚洲各国人民造成莫大的灾难。

日本人不只对亚洲国家如此，对西欧也抱有作为自卑感反面的表面上的轻蔑的感情。

然而在江户时代，由于接受荷兰人传授的兰学的影响，一部分洋学研究家对西欧的学问和技术，明显地表现了敬佩之情。一般民众虽把西欧人看成不同种类的人，称他们为"异人"，但并没有强烈的蔑视感情。南蛮或南蛮人的称呼，也并非说对方是野蛮人。只是在本居宣长①所代表的国学思想中，有"唐心劣于大和心"的批判中国思想的说法。

总之，异人或异国，其含义是指不常见的、稀奇的东西，是日本人以惊异的眼光看待的新奇对象，而不是蔑视的对象。

蔑视西欧

可是到了幕府时代末期，面临遭受西欧各国侵略的危机，日本人才产生尊皇攘夷思想，开始排击西欧人，对西欧的恐惧和自卑走向反面，虚张声势，逞强般地轻蔑地称洋人为"毛

---

① 本居宣长（1730～1801），江户时代后期的国学家。这里的国学指研究日本固有的文化史籍的学派，亦称和学，是在批判儒学中产生的，兴于江户中后期，后来发展为国粹主义。

唐"。

"毛唐"，今天听来无疑是对西欧人的蔑称，但是当时使用它的人们的意识的底层，依然潜藏着对西欧人的自卑感。直至明治以后，把美国人叫"美国佬"，把意大利人叫"意国佬"，等等，依然反映了日本人对西欧人的曲折心理。

战后在美国占领期间，日本人对美国人中的白人轻蔑的感情淡化了，但对其中的黑人却轻蔑地叫他们"黑仔"。作为对美国白人的自卑感的补偿，便要显示对黑人的优越感。如同美国国内白人对黑人的歧视，照样出现于日本。

但，过去 20 年里，美国国内对黑人的歧视，急速减弱，黑人在艺术、体育领域受到很高的评价，这给日本的年轻人造成了很大影响，日本人也弱化了对黑人的歧视意识。

今天，一般说来，日本人对亚洲各国人民的歧视意识减弱了，但是在国内对"部落民"①的歧视，依然存在。歧视意识产生的施虐性的压力，明里暗里在起作用。

代替满足

日本人的施虐倾向，又在各方面以代替满足的形式得以实现。

关于今日的大众文化，人们不断议论着暴力节目、暴力电

---

① "部落民"，江户时代的贱民（秽多、非人），被限制在一定的地区居住，从事被视为低贱的职业，如殡葬、制革等。贱民不准与贱民之外的人通婚这样的限制代代相传。明治维新以后，曾宣布解放这些被歧视的部落，身分职业与平民同等，但事实上他们在各方面仍遭歧视。现在日本还有争取部落解放的团体。

影的社会心理影响。的确，它有一定心理效果，即它使日本人的施虐的欲望以一时的代替满足的形式得到满足。可以认为这对受传者现实生活中施虐行动的实行，多少可以起到防止作用。但以战争为主题的影片，究竟能否对战争——最大的暴力的发动，起到防止作用，是很大的疑问。

战争是最大的暴力，伴随它的残酷的暴虐行动，其规模是日常生活中发生的杀人、伤害事件无法比拟的。日本对中国及亚洲各国的残暴的行动，不是简单地以日本人的施虐狂倾向能够说明的。

这不是日本人个人意识中潜在的施虐狂倾向的问题，而是因在战场的特殊状况下，个人失去自控力而造成的，其中牵连到若干集团心理性要素。

集团性的施虐

作为日本兵施虐狂倾向的行动的实例，可举出的是屠杀俘虏。在这一问题上，首先，士兵是皇军的士兵，作为天皇的军队，被强制绝对服从天皇的命令。

安部公房编剧的电影《厚墙壁的屋子》，描写了士兵被命令杀中国老百姓时的踌躇状态。长官向士兵命令说："长官的命令就是陛下的命令！"对这句话士兵是不能反抗的。这样的屠杀不是士兵个人的施虐狂倾向在起作用，但作为个人必须参与长官和天皇军队集团性的施虐狂倾向的行为。

集团性施虐狂，不仅仅在于响应上面所指出的"皇军"全体性的施虐、国家性的施虐要求。在战场中，积蓄的一切欲望不满，变成集团性的不满，使这些成员的心理具有异常的攻击性。这一集体地增强了的攻击性一有机会即会爆发，造成屠杀、暴行的结果。这一一时性的异常心理所带来的施虐欲，压倒了个人日常的抑制力，增大了个人潜在的施虐狂倾向，迸发出本人难以想象的异常的施虐狂行动。当然，受这种一时性的施虐欲驱使而行动的人，事后悔恨、苦恼，以致责骂自己，但其中有些人以这次体验为开端，一直到后来还可能残留着强烈的施虐狂的倾向。

总之，日本军队出现的施虐狂式的行动，是在严厉的军纪、强制性服从的"真空地带"中制造出来的，有意识、无意识的异常心理，其也导致异常性集团行动的出现。

集体性的不负责任

日本人的集团性的施虐狂倾向的第三个要素，应当指出的是：集体性的不负责任。

作为具有一般责任感的个人，当他以集团的一个成员的身份而行动时，他的个人的责任感常常被集体的无责任性所压倒。这与前述的"一亿人总忏悔"的社会心理相通。前述的匿名性的要素，也起了强化这一倾向的作用。

"不只自己一个人，大家都干了。"在这种情况下责任分散，并产生了同罪意识。这在弱化个人责任感的同时，也增强了集团成员的连带观念。责任的分散减轻了精神的负担，同罪意识强化了同类意识，因此当暴虐行动要受惩罚时，自然地期待、希望全员平等地承担。

进而，对于参加这种可怕、可耻的集团行动的秘密，成员们只与其他成员共有，绝不向成员以外的人吐露，成员之间保持相互的信赖和友情，在不言不语中形成默契。战友集团这样的亲密的心理关系，对于成员个人加强"集团我"、消除"个人我"的不确实感，具有重大作用。

日本军队出现的集团性的施虐狂行为，是以上述心理为基础的。

自我确实感的崩溃

"一亿人总忏悔"，确实制造了"一亿人总不负责任""一亿人总保密"的国民心理。它导致最基本的由谁负战争最终责任的问题，在不能以天皇无责而得到最后解决的情况下，化整为零，不了了之。这种战后国家不承担责任的做法，使国民失去责任感，责任感是自我确实感的佐证，从而也弱化了国民的自我确实感。据此可以说，日本战败后，使战争责任变得模糊不清的社会状况，导致过去靠国家主义人为支撑的自我确实感一举崩溃。

当然，所谓国家主义支撑的自我确实感，是从"国我"分离的、受"国我"支撑的自我。只要国家主义的疑似意识能够保持，这样的自我确实感也就能够保持。再有，这种自我确实感当时也多少靠对天皇神性的信仰支撑着。战败以后不久天皇宣布自己是人，这推翻了上述自我确实感的社会心理的基础。大多数国民因此陷于虚脱状态，经受了强烈的自我不确实感的体验。这是理所当然的。正是那时，为了以自力争取自我确实感，本应当彻底追究自己对战争的责任、国家对战争的责任。假使能够这样做，从而分清个人和社会的责任所在，那么，就可能获得为个人的责任感所佐证的个人的主体性和通过明确国家责任所树立的国家的独立性。

可是，结果得到的只是国民个人的自我不确实感和对占领国——美国的依附心。于是国民的个人心理和国家的社会心理运动、个人心理的不安定和社会的动摇相互影响，从而带来混乱的时代，它大概将从现在持续到将来。

三 为自我定位置

1. 问候和交换名片

问 侯

日本人的自我不确实感，在对人的关系上，首先要求相互确认自己和他人之间，相对地将构成怎样的地位、职务的关系。

日本式的人际关系，始于适当的问候。问候（日文为"挨拶"）本来的意思是"推进、推回、心和心相推挤"，其表现了人们感受到人与人之间、心与心之间相互压迫的状态。如果压力保持平衡，并不会有单方面的压迫感。衰弱的自我希望自己和他人相对的地位关系尽快取得平衡。这即广义的问候交流。

日本式的问候既有像初会面的问候、交换名片那样一次性的，也有赠礼、回礼、释会、回拜等反复性的。

初会面

初次会面的问候，除相互确认对方的职业、阶层、出生地、毕业学校等社会身分和背景外，日本人还特别爱把对方的家属、年龄等和自己的加以比较，以确认自己和他人的关系。美国人也习惯问：是东部、西部还是中西部、南部出生？哪个大学毕业的？对于家属的关心，甚至超过日本人，常常互相把随身携带的亲属照片拿出来给对方看。

不过，日本人不仅对对方现在的家属，还对对方家系有兴趣，并且很容易问及年龄。在西欧，初次见面便问年龄是失礼的，年龄也不被认为是人际关系上的重点。但日本人明显地保留了论资排辈的习惯，"年长者即长辈"的意识强烈。因此问候时，对年长者称"样"，对同辈人称"君"，对后辈不用称呼，在问候的言语上必须有所区别。

因为问候以口头交流的形式进行，当相互确认对方地位不充分时，为了把自己的形象植于对方的印象里，并把对方留在自己的记忆里，便采用了不是口头的、能够留下记录的文字交流形式，这就是名片。

名片的起源

名片虽自西欧传入，但在日本初会而交换名片颇流行。西欧的名片本来是"访问卡"，拜会对方时，对方不在，留下一张。中世纪以后，外交官等正式拜会时使用名片也成为一种礼节。

在商业社会里，西欧虽也使用署明公司名、个人职务的商用卡，但与访问卡不同，而日本的名片两方兼用。

查一下日本名片的历史：1854 年（安政元年），与美国使节谈判时，幕府的官员把写明自己官位的一张纸交给对方，被称为"手札""名札"。1860 年（万延元年），日本人赴美时，名片旁边注有英语的译文。1863 年（文久三年），日本人赴法时，名片上印有家徽，下面有名字。当年，名片首次用铜版印刷。据称这是日本名片的始祖。明治维新以后的文明开化时代，1869 年（明治二年），一册介绍西欧礼节的书《西俗一览》（黑泽孙四郎译）在日本翻译出版，其中说："时髦者，拜会官员，唯于正门置一手札，无须与对方会面。"

明治以后，名片之所以有必要，理由大概有二。第一，伴随文明开化的国策革新风俗，需要新的交际方式。当时，不仅有礼貌的正式拜会，就连个人性的拜访，也带手札。人们并不知道西欧的实情，只是匆匆忙忙地引入洋习惯。这反映了明治初期风俗革命、新生活方式的一面。

第二，需要考虑明治前的人际关系和明治后的人际关系的变化。

明治以前的身分关系是，士农工商依序纵向排列，贵贱分明。不同身分的人，使用身分分明的语言进行交流。对身分高贵的人，必须使用尊敬语。藩主等高贵人物的队列通过，农民等必须跪拜，严循先规。佩刀、结发、衣服等，依身分有鲜明的区别。

明治以后，明治政府废除了士农工商的身分制，名义上四民平等，可是户籍上，还保留有华族、士族、平民的区别。根据四民平等原则，政府颁布了废除结发的断发令、禁止佩刀的废刀令。反映身分的语言，也不像维新前那样明确了。为此，名片在人际关系上作为互相确认对方的手段登场。它作为向对方介绍自己的地位，并了解对方地位的一种手段，有效地发挥了作用。

明治时代以辛辣的讽刺而闻名的作家斋藤绿雨①，在一封信里谈到过名片，他这样写道：

> 旅途深感名片的重要，实需携带。对不起，烦请印制百枚用邮包寄来。
>
> 斋藤 贤
>
> 只此三字即可。不宜印大的。（《摩登书简》）

此信说明：旅行中有很多机会，结识初次相识的人，为此需要准备名片。绿雨虽不喜欢在名片上加头衔，但也遵守着交换名片的习惯。

柳田国男②也谈及日本人的名片，有一次他与英国人一起旅行，接到很多欢迎者送的名片，这个英国人说，在英国，"只在难以自夸自己的身分时"，使用名片。对此，柳田国男说："日本自古谓奉献二字或呈递名札，敝人之名今后可任意呼唤。出以名片系对长者表白敬意之方法也。"（《扇与人之命》，《柳田国男集》第三卷）

名片的功能

名片是相互确认地位的手段，但又常被为向对方夸示自己地位而使用。极端的事例，如明治中期前后，演员、艺人中流

---

① 斋藤绿雨（1867～1904），明治时代小说家、评论家。
② 柳田国男（1875～1962），明治、大正、昭和时期的民间风俗、民间文学研究家。

行的带相片的名片，就像西欧肖像邮票一样，带有人头像，并配以罗马字的名字。明治末期，在日俄战争胜利后的经济繁荣时期，据说个别有钱人特订每张 3500 日元的名片赠人，它以二三钱重的纯金制成，并嵌以钻石。

名片作为表示自己地位的一种护照被使用，在第一次世界大战前，盛行于西欧。名流们"去外国旅行时不需护照和签证，事实上往来无限制。爱好旅行的贵族显要，到处为人所知，一枚名片足够了"（路涅·杜·贝尔巴尔：《巴黎 1930 年代——诗人的回忆》）。

关于名片的功能，石井研堂[①]曾举明治时代名片印铺的招牌上的文字"交一叶胜千金"，赞许说："这可谓尽述名片性质的名句。"（《明治事物的起源》）

日本人因存在着自我不确实感，很想快一点知道对方怎样看自己。不带名片的人，会给人以"连老子的大名都不晓得"的高傲或吝啬的印象。特别是地位低的人对地位高的人说"名片用光了"，被认为是失礼的。为此，日本是盛行名片交流的社会，名片有助于防止初会面的人出现不确实感。

今天，在商业世界，名片被认为特别重要。比如日本贸易振兴会在法国向商务人员散发的法文版《同日本人交往的方法》中说："在日本，交换名片是最初相会的重要仪式，不能给对方不好的印象。递交名片时，需有礼貌地恭恭敬敬地交给对方，不可像发扑克牌那样随便。"（《每日新闻》1982 年 10

---

① 石井研堂（1860～1943），明治、大正时期的新闻记者。

月 18 日）

这也许有些夸张，但确实有书述及"名片交换仪式"的注意之点。"由身分低的先交，接过名片认真地看一眼，然后收入名片夹内，同时取出自己的名片交与对方。"又说："有人接过名片一边用手玩弄着一边说话，这是失礼的。这样的人不能被人认为是可信赖的前辈。"（《生活智慧》《了解日本事典》）

值得注意的是，名片和赠礼一样，包含着日本人的预先主义，即预先期待着加深人际关系，并使其持续至将来。

近年，女性因步入社会，使用名片的人多了起来。她们的名片比男性的小一些，有人指出这显示了女性特点，不过使用与男人对等大小名片的人似乎在增加。据最近的调查，企业的女性有名片的约占20%。男性职员全部有名片，而女性多数依然没有名片。据说，在有的公司，因工作需要，女职员在只印有公司名的卡片上添上自己的名字（《每日新闻》1981 年 9 月 25 日）。名片的使用虽受到重视，但在这里依然根深蒂固地存在着男女差别。

2. 赠礼和回礼

赠方和受方

交换名片这种交流，通常是一次性的，与此相对，赠礼和回礼，作为问候、交流的一种形式，不限一次，可以多次或定期地反复地进行。因依托于礼物，可谓之"物的交流"。

赠礼和回礼，原则上是赠和回赠的相互交换，但有时未必有回赠。可是日本人的赠礼和回礼，同交换名片一样具有相互确认地位的机能，不回赠本身也被人看作一种问候。比如地位高的人接到下属的礼物，未必需要回礼。就是说不回赠，"零的交流"，才表示了上下的关系。这时，表面上看好像只单方面赠礼，实际上可以看作既有赠也有答。

这样的赠答，作为确认赠方和受方微妙的地位的方法，受到重视。特别是季节性的赠礼和回礼中，礼品的种类、质量、趣味、价格、赠送方式等综合地表现了对上司、长辈的敬意。馈赠礼品时，赠方必须考虑受方将会对礼品和赠礼的方式给予怎样的评价。

根据法学上对赠予的研究，因赠礼、回礼的旧习的烦琐和浪费，明治二十年（1887），由当时著名的东京帝国大学教授等发起，建立了"废除赠礼会"，其宗旨书和会章上写道：馈赠，"依社会学观之，原为野蛮人种由于畏惧或爱情，欲得其欢心而兴"，"时值百事改良之今日，不但依沿袭旧规，而且依事情性质，愈趋郑重，岂非咄咄怪事？""此风习徒费无益之手续与思虑，尚且束缚交情，或反而成疏远之媒"，为此，"吾辈设此会，欲以联合之力，加以适于时世之斟酌"。

会章规定成年、婚丧、祭祀①，"赠礼少许"虽可，但"回赠之习……一切应予废之"。其中强烈主张应废除的具体

---

① 对成人仪式、婚丧、祭祀，日本习惯的说法是"冠婚葬祭"，比中国"红白喜事"一词内容更广。为行文方便，本书其他处，都译为"红白喜事"。

项目有："元旦、雏节（3月3日）、端午、彼岸①、中秋、中元、岁末等一切与节令有关的互赠，皆应废之"，"久别赠礼、地方土特产之类临时无必要之赠礼，皆应废之"，等等（见比较法学会编《赠予的研究》、来栖三郎著《日本赠予法》）。

明治三十四年（1901），由当时的政治家板垣退助、西乡从道等发起，成立了"风俗改良会"，该会的宗旨书等中又加进了"应废除虚伪不必要之赠答"的项目。

可是，这样的运动一向毫无成效，现今赠礼和回礼的行动，莫说废除，相反一年比一年兴盛。

礼品的定型化

今天大部分礼品，是通过百货商店送的，中元、岁末的礼品，不只没有季节的区别，还难以让顾客考虑其品质、价格等。在一年两次馈赠的礼品中，日本人饮食生活中不可欠缺的海苔（紫菜）等定型食品占首位。与其说这是因为受人喜好，不如说是便于赠方选择。下面谈及日本人生活行动定型化时，还将会谈到。

据近年的调查，比如关东地方的主妇中，84.5%的人有岁末赠送礼品的习惯。馈赠对象平均有六家，大多是亲戚。购买礼品的地方，百货店占60%。最多的礼品是食品，这一倾向多年来一直如此。这也显示了百货店礼品的定型化。

---

① 彼岸，春分和秋分前后的七天，本为佛教活动，但在日本是一般民俗节日。

因日本人对人际关系的意识过敏，在馈赠的行为上，虽然考虑很细致，但最终又必须按不可改动的"型"去办。

赠礼和回礼是"尽义理"。为此，其形式是仪式化的，人们企图通过依"型"而做，减轻自我不确实感。因为他人和自己的关系经过定期的、定型的仪式得到确认，使人们从中得到安心感。

西欧人对日本人中元、岁末等按季节赠礼的日本式的社会现象，不能理解。

西欧人也送礼，但他们是送给并不需要通过交换礼品相互确认自他关系的亲密者。而日本人送礼，第一，送给比亲密者更重要的平素疏于交往的人，下对上、上对下，尽义理之礼。第二，并无特别的意义，在一年之间某个传统节日期间惯行赠礼。第三，通过赠礼相互确认，尽义理，托以义理。不是心先行，而是心随赠礼而去。这里出现的是反向的心理关系。第四，通过赠礼和回礼（如上司接到下属的礼物时的还礼方法等），能够显现出自、他的复杂的地位关系。

总之，赠方和受方通过赠和还的行动，分别能够确认彼此相对的地位关系。通过对方送来的礼物，还可以了解对方对自己的看法。

除上面所述中元、岁末赠礼和回礼以外，日本独特的送礼方式，还包括会见时携带土特产，它表示对未来的期待。例如，有一个日本职员，去日本公司在纽约的支店赴任，初见美国支店经理时，带有"请今后多多关照"的问候之意，亲手送上日本的土特产，而美国经理十分困惑不解。这种送礼，是对支店经理义理的表示，它包含着希望建立好的上下级关系的预前愿望。这出于终身雇佣的想法。根据终身雇佣的原则，今后肯定将长期一起共事，这是不说自明的。但在美国，企业实行彻底的合理主义，"Hire is fire"（雇佣即解雇）。这样的做法自然不能通用于美国。

日本的一年两次的赠礼和回礼及亲送土特产，包含着"望今后多加关照"的问候之意，包含着预前对将来人际关系的期待。

3. 定地位的等次

定自己的位置

日本人的等次意识，与确定自、他的位置相关联，同日本人的这样一种趣味倾向结合在一起，即喜好按序列，把自己关心的人、物、事、行为等，依序排列。这样，把自己关心的世界按顺序加以整理，从中寻出一种秩序，使自己得到安定感。但原因不仅仅如此，还有自身心理上的要求，即把自己放在自身的环境中，定位置、定顺序，也把自己放在自身的秩序中，给以一定的位置。

前面说到交换名片有助于确认自他之间的相对位置，但自己怎样看自己，前面所说的"内的客我"或自我像，即给自己定位，也是形成日本人客我意识强烈的一部分。

为自己定位，首先是在物质上定自己的经济位置。人们常常指出日本人多数人认为自己是中流，这种中流的阶层意识，就是从经济上为自己定位的表现。

地位的象征

定自己的经济位置，与其说出自模糊的阶层意识，不如说比这更鲜明的是利用地位的象征为自己定级。象征性地表现自己地位的东西，就是地位象征。时而夸张性地表现自己在某一集团所占的地位，叫作"地位夸示"。

生活方式的某一部分可用于"地位夸示"。地位象征首先显示上下关系，如电视机刚上市时，它仅为少数人所有，有电视机便显示出拥有者的地位。高价的家庭电气化制品、私家汽车、别墅等，即是今日的地位象征。

地位象征因其人所属阶层不同而不同。最上层的人的地位象征是什么呢？在美国，私用飞机、国外别墅，是地位象征。一般来说，私家汽车不只是交通工具，它作为地位的象征还有很大意义，因为拥有它有助于增强物质的自我。驾驶者对步行者拥有优越感，在个人所有的世界，享受着移动的自由，乐趣无限。

相反，没有地位象征，便有可能产生自我不确实感。比如在电视机很贵尚未普及的时代，住宅区里，发生过买不起电视机的主妇，只买一般天线挂在窗外的悲喜剧。"大家皆有"是商品宣传的原则。此外，人的生活方式、随身装饰品，亦为地位象征。女性爱好的毛皮衣物，虽无多少实用性，但具有象征价值。不是"赝品"，而是后面将谈及的"仿造品"、复制品，亦可成为象征。

收藏癖

收藏自然亦是所有。有收藏癖心理的人，通过自己周围的收藏品，得到自我的扩充感，这种收藏癖的心理起着补强自我确实感的作用。添加物质的"自我"，可以补强弱的自我意识。人能够把自己的拥有物作为物质的"自我"，谋求自我的扩张。人挚爱长年使用的衣着、家具，是因为它们已被纳入自我的一部分。收藏的嗜好常常出现于少年时代、自我形成期间，即含有这种强化自我动机的时期。

有的收藏者为满足自己的夸示欲，愿意让人欣赏作为地位象征的收藏品。可是仅仅为了自我扩充而从事收藏的人，并不希望让人看自己的收藏品。收藏具有两方面的意义：作为地位的象征和为了自我扩充。日本人尤其在自我扩充方面强。除收藏以外，作为余暇活动的打高尔夫、玩游艇、骑马等，亦是地位的象征。

在日本，余暇活动本身，多设有级别、等次。柔道、麻将等的等次，是能力的象征，将补强自我确实感。围棋、将棋（日本传统象棋）等，不仅是专业棋手，连业余棋手也有段位，这说明了等次意识的强烈。

体育也好，余暇活动也好，只要在一方面建立起信心，便会把信心扩大到生活的其他方面，即可以此为依托减轻自我不确实感。

定地位的等次，不只限于地位象征，在日本，与夸示地位有关的语言，有复杂的用法。

职业人称呼的等次

如前所说，日本人至今依附集团的倾向依然很强，与此相关联，注意自己所属集团的社会等级的集团序列意识也很强。

以家族集团而论，名家、旧家、名门、名流等标志家庭等次的东西，至今仍未失去它的力量。

再有，各种职业集团及所属的职业人的等次，以不同称呼，从尊敬到轻蔑，表现了独特的微妙的区别，这也是日本式的特征。

在职业名下加"家"，表明这种职业受到评价和承认，如"医家""作家""小说家""剧作家""脚本家""政治家""舞蹈家""画家""曲艺家""工艺家""书法家""声乐家""演奏家""建筑家""摄影家""舞台设计家""照明家""导演家"等。

与"家"相应，加"者"，身分未必低，但使人感到亲切，易接近，如"医者"、"作者"、"记者"、"出演者"、"演奏者"、"忍者"（能够秘密潜入敌阵的人）、"役者"（演员）、"艺者"（艺伎）、"经营者"、"演出者"（导演）等。

大体位于"家"与"者"之间的，被称为"人"，如"诗人"、"画人"、"歌人"（创作传统"和歌"的诗人）、"商人"、"艺人"、"艺能人"（以商业为目的的舞台、电视出演者）、"役人"（官员）、"仲买人"（经纪人）等，还有抽象的总称，如"文人""报人""广播人""剧人""影人"等。

广义的技术人员、有专门技艺的人，主要加"师"，如"医师"、"颜师"（化妆师）、"美容师"、"理容师"、"雕师"、"技师"、"照相师"、"猎师"、"渔师"、"杀阵师"（专门从事武打的演员）、"讲谈师"（评书演员）、"画师"等。

再有经过国家考试取得专门资格的人，称"士"，如"辩护士"（律师）、"办理士"（有资格代理申请登记商标、发明专利的人）、"经理士"、"会计士"、"营养士"、"建筑士"、"消防士"，不需国家考试的，有"棋士"、"辩士"（善于讲演的人）、"文士"（文人）、"剑士"（长于剑术的人）、"力士"（相扑运动员）等。

带有职业偏见的，如"人夫"（体力搬运工人）、"工夫"（土木建筑工人）及"贿妇"（情妇，与英文 wife 同音）等，今日已属歧视用语，不准使用。

含有轻蔑、嘲讽意思的，如把政治家称为"政治屋"（政治贩子、政客），把新闻记者称为"文屋"（文贩、舞文弄墨者），进而把歌手称"歌屋"（卖唱的）。这些叫法，并不大能反映等级意识，有时人们也随便用它嘲笑自己。

反之，表示高贵者，有加"伯"字的"画伯""诗伯"，有加"豪"字的"文豪"，进而有加含有宗教色彩"圣"字的"画圣""诗圣""书圣""歌圣""剑圣""棋圣""角圣""医圣"。与"医圣"同样的对医生的尊敬语，还有"国手"的称呼。

皇室处于高贵等级的顶点。日本社会至今保留着浓厚而森严的身分关系，这在现代国家中是极为罕见的。

皇室用语

上面所说的身分关系，不仅反映在皇室财产的物质方面，而且表现在传播媒体中以皇室用语为首的复杂的尊敬语的体系上。

比如，皇室用语与战前比较，虽已"民主化"，但依然保留了独特的用词。试看大众传播媒介关于天皇用语的改变。

"玉体、圣体"—"御体"；"天颜、龙颜"—"御颜"；"宝算、圣寿"—"御年、御年龄"；"容虑、圣旨、宸襟、懿心"—"御意、御虑"；"在国会开幕式上的敕语"—"御词"；天皇自称的"朕"—"我"。

从关于皇室的广播用语使用方法的争论，可以清楚知道这种改变有多么微妙、复杂、困难。比如，对"皇后陛下や皇太子御夫妻"这句话，有意见主张删去"や"字，理由是"助词'や'，联系前后名词，略欠敬意"。再有对"已是76岁的天皇陛下"这句话，有人主张"应更郑重"，改为"天皇陛下今日迎来76岁诞辰"，"因为陛下迎来76岁这一事实，在新闻中即有重要意义，不应只做修饰短语"。

今天的传播界对皇室消息的措辞，如此细心推敲，这说明天皇制的序列意识依然根深蒂固地残存在大多数日本人心里。

序列意识是与差别意识连接在一起的。反映皇族身分的皇室用语，实际上是一种差别用语。我们一般市民因皇室身分的存在，受到差别对待。与此同样，关于职业、残疾人等的差别用语，还有对部落民的歧视，都显示出日本人的序列意识已渗透到生活的各个角落。它们不单是序列意识，也包含差别意识带来的偏见，它们的存在与已被战后日本社会民主化了的日本人的认识，相差甚远。日本人是自己欺骗自己。基于序列意识的偏见，不只限于政治意义上的天皇制，只要有社会心理上的天皇制意识的存在，其就不会消失。

敬语措辞

不只限于皇室用语，日语的敬语体系，实际上至今包含着复杂而微妙的含义。敬语由尊敬语、自谦语、郑重语三者构成，要求根据不同状况使用不同的定型的语言。现代的年轻人，虽然在家庭、学校里，未受过使用敬语的严格训练，但他们一进入社会，就像从典型的新入社员的训练中所看到的那样，被严格要求使用敬语交流。

尊敬语，指使用对对方表现敬意的措辞，其使用并不太难，但尊敬语和自谦语的区分使用，有时很难。如公司职员对他社的高级干部使用尊敬语，而对本社的高级干部则需使用自谦语。家庭里相互使用的称呼则不能对他人使用。如在家里称"父亲"，在他人面前，只能称"家父"。郑重语，未必受同谈话对方的上下关系左右，如有求于人时，需说"对不起"，这已成为语言交流中一种表示郑重的固定的型。

对人意识过剩

在日本人的生活中，虽然要求使用敬语的严格程度因时因地不大相同，但是摆脱习惯的框框并不易。在这样的敬语体系中进行语言交流的我们，自幼年起便每日重复地区别使用这种复杂而微妙的措辞，不管高兴与否，在反复使用中，我们都被植入了对人际关系过敏的倾向。

随着掌握敬语交流的繁杂不同的使用方法，在同他人的交往中，人们总是强烈地意识着人际关系的一定的"型"，从而造成对人意识过剩。

从反面考虑，我们在某种情况下，如果对某人反复使用一定的敬语，那么对其人便会逐渐产生一定的态度。日本的孩子，受父母的教导，要对某个特定的人使用特定的敬语，可能在他们尚未达到能够判断此人性格、才能的年龄之前，便认为此人是值得尊敬的人。并非此人值得尊敬才使用敬语，而是因他是使用敬语的对象，才尊敬他。就这样，通过使用敬语体系，既规定了对象人的属性，同时又决定了其人和自己的相互位置。

如上所述，人们对与自己有关的他人，通过使用一定的定型语言的敬语，能确定自己在人际关系中的位置，从而保持一定的对人意识。无须说，这有助于自我的安定。从这一意义上可以说，其他国家的人看不到的日本独特的敬语体系，对日本人具有精神安定的心理机能。换言之，这说明我们今日依然生活在必须使用敬话处理微妙而复杂的人际关系的关系网中。

敬语的变迁

前面指出过，交换名片是有助于调整人际关系的一种手段。明治以后，明治以前那种能够在风俗方面明确识别人际关系的封建身分制崩溃，为了克服识别的困难，才在初会面时交换名片。那么，敬语又如何呢？

敬语体系，明治以后和明治以前比较，的确有很大变化。在明治以前的身分社会里，与身分相应的语言表现，不仅限于敬语，还广泛用于日常的交流。如町人尊称武士为“御武家样”，这是町人在武士面前，保护自己的必要手段。而武士则高傲地视町人为“低等人”，这已成为天经地义的事。

　　明治以后，虽然反映身分的语言大体消失了，但是代之出现了以使用表现序列、位置的"阁下""大臣"等称呼。这些被这样称呼的人，他们的身分并不像武士那样永远延续，在他们退出现在的地位后，就不必这样称呼他们了。仅从这一点看，尊称的范围似乎变窄了。

　　可是，明治以后反而出现了新的尊称。最一般的是"先生"。它不仅被用于特定的阶层和职业的人中，亦被用于值得尊敬的一般人中。本来，"先生"最初泛指教师、教诲人的人，但不久这带有敬意的称呼便被用于教育以外的场所，如国会议员都被称为"先生"。服装设计师、美容师，甚至年轻的歌手，也让随从人员叫他们"先生"。

　　"先生"的称呼被用得很广，这是因为职业的差别消失，在各方面的专门领域里，都出现了在经验、技术、人格上值得尊敬的人物。当然，其反面也有一些不值得尊敬的人让别人称自己为"先生"，以满足他们的社会性的虚荣心。在其他国家，似乎没有这样滥用"先生"这一称呼的现象。

　　如果说硬让人叫"先生"一方是出于虚荣心，那么喊"先生"表敬意的一方，实际上也并非是出于敬意，而只是为了迎合、满足对方。不论从哪一方看，称"先生"和被称"先生"，都有助于双方增加自我安定感。

　　"先生"这种称呼，未必都含有敬意，有时使用它，明显地带有轻蔑之意。这叫"称呼的社会性降格"。"那个先生！"以这种口气称某人时，同"那小子"的蔑称是相同的。

　　不只"先生"这一称呼如此，关于尊称降格，还有其他例子。如"贵样",在江户时代曾是称对方的尊称。明治以后,朋友同志之间,也以此互称。进而,降至斥责对方时使用的骂人之词。

像上面那样的尊称降格的例子,数量虽不多,但也意味着敬语的使用随着时代在变化,仅这一点,对人意识也一点点地在变化。这也表现在直至明治时代军人的最高称呼"大将"一词上,大正时代的代表性漫画《邻家的大将》中"大将"一词,此时已含有幽默性的轻蔑味道。

社会性的降格虽然是民众意识中潜在的对统治者、优越者的抵抗感的表现,但是一般说来,敬语支配的人际关系在心理上还起着维持现状的作用。

4. 名次和顺序

名次社会

序列意识在日本社会里,通过自己属于怎样的集团,同前面所说的"集团我"连接在一起。在这里,社会评价高的集团和评价低的集团被依等级排列,企业由大企业到中小企业,学校分一流、二流、三流,官厅由中央官厅到地方官厅,城市由大城市到中小城市,家庭由上流家庭到下层家庭,如此这般,令人感到不论集团也好,地方也好,一切都有等级、名次。

日本人的序列意识反映在日本独特的名次意识上,甚至可以称日本是"名次社会"。自古以来,日本就是盛行名次之国(林英夫、芳贺登:《名次集成》)。

据说，名次表本来是江户时代相扑、歌舞伎社会标明力士、演员名次用的。相扑的名次表，至今保留了以往的式样，江户歌舞伎的名次表今天已变成节目单的一部分，其中列有演员的名字。相扑，分成东西两部分，以横纲为首依序排列；歌舞伎，首席演员的名字列于右端，二席列于左端，以右左右左之序显示演员的名次。

在江户时代，相扑、歌舞伎是民众最喜爱的娱乐。相扑、歌舞伎中的明星对民众来说，就如同今日的体育、艺术冠军。力士的名次以胜负而定，歌舞伎演员的评价很大程度上受到观剧评论的影响。江户时代出版的《艺评记》，发行份数甚大。演员接受着来自观众的严格的评判。

这与后面将谈到的日本人的"型"的意识、修业意识等有关。江户时代的民众评论技巧的精神旺盛，他们对相扑的神妙的四十八手绝招、歌舞伎的说白和动作的细微之处，都很关心。这样的热衷评论技巧的倾向和序列意识相结合，也许是产生名次意识的原因之一吧。

训诫之类的名次表

名次意识在明治以后的现代化过程中，一直没有衰落。这还因为名次中含有规劝、训诫方面的意义。

到了江户时代末期，名次的内容反映了多种多样的世态。例如，歌舞伎演员的收入列有名次，学者亦有名次。某学者对所排名次不满的记录都保留至今。为了留在名次的上位，学者之间甚至发生过出钱、索钱的事情。它成了取得社会评价的有力手段之一。这也是把日本叫作名次社会的理由之一。

　　上面说到有"训诫"内容的名次表，如女子大学的一个关于妇女品行的名次表中，好坏以白黑划分。白方自上而下顺序是："万事从夫""守贞节""教子行义"以"协助家业""勤于打扫"等；黑方顺序是："妒情如火""不悉女红""饭后懒于收拾""不爱换枕纸""爱时髦"等。这些都表现了大男子主义的妇女观。

　　同样，还有一个关于教育店铺小伙计的《为教训》的"训诫性"的名次表，白方的顺序是："能从店主处继承事业的小伙计""应答敏速的小伙计""早起的小伙计""能写会算的小伙计"等；黑方是："被赶出店铺的小伙计""腿脚不勤的小伙计""尿床的小伙计""站着吃饭的小伙计""白天打瞌睡的小伙计"等。

明治以后的名次表

　　这种"训诫性"的名次表，明治以后掩形绝迹，但明治初期出现过讽刺喜爱舶来品的《傻瓜名次表》，东西分列，东边首位是"不食米谷而食面包的日本人"，下面依次为"毁良田栽茶桑而受损的人""在西餐馆里开会讨论进出口不平衡问题的议员""弃国产纸伞而用进口洋布伞的人""毁日本树木而种橡胶树的人"等；西边的顺位是："弃籽油、鱼油而用进口煤油的人""弃原有商业成立公司并因此而破产的人""唔哩哇啦讲洋话论国家之经纶兼倡修身的演说家""弃日本绵帽把包袱皮似的布缠在脖子上的人""杀日本狗珍爱洋种狗的人"等。

　　由明治到大正年间，这样的名次表依然盛行。如《大正傻

瓜百例名次》（大正十二年），东侧列有："甘居老婆之下的丈
夫""轻抹淡妆的男人""站着小便的女人""鼻毛长的老爷"
"让女儿怀上孩子的父亲"等；西侧列有："欺压丈夫的女人"
"养妓弄妾的遗老""嗜酒的女人""为老婆私奔而大吵大嚷的
男人""使女佣怀孕的少爷"等。

以上这样的评价人的名次表并不多，最多的是关于各国名
产、名物、名地、名店等的名次表。其中记载的地方、物品、
店铺等，虽与民众无缘，但不管怎样说，都表现了日本人对等
级的兴趣。这就是民众的序列意识。

日本人通过名次表把种种事物列出顺序，赋予它一定价
值，这有助于消除自我不确实感。因为知道自己周围的世界有
一定的秩序，从中可以得到一种安心感。

现代的顺序表

今天，名次表虽已不多见，但作为娱乐，编有文坛酒豪
"名次"，其不是按酒量而是以酒风为话题的。年轻人中间，
虽不采取旧的名次表的形式，但根据定期出版的歌手、演员的
照片集的销售情况，会编列十佳男女歌手、演员名单。这类似
"人望名次表"。再有，每年都会公布高额纳税人名单，与此
相似还分别按表演界、体育界、文学界，公布高收入者名次，
作为人气的晴雨表，其被醒目地登在报纸的社会版上。在音乐
领域，会发表最受欢迎的十首新歌和畅销唱片的升降表等。这
些都呼唤着人们的名次意识。

现代有人望的人的地位是以收入衡量的，而电视节目和电

影的演出费又是依人望的顺序表而定的。这样的人望顺序表，标志着明星的商品价值。大众文化的商业主义，像日本这样鲜明的国家，在世界上，除美国外，大概无其他国家可与之相比。

5. 对西欧的自卑感

国民性的自嘲

日本人的序列意识，作为价值意识既被纳入本家和旁系、宗家、家元①和弟子，总店、分店和营业所这样的序列，又被纳入名次顺序那样的序列。

明治以来由于推行文明开化政策而产生的"西欧优越，日本低能"的优劣序列意识，使日本人至今仍根深蒂固地保留着对西欧的自卑感，即崇拜西欧的倾向。从这里产生的是自明治初期文明开化以来一直存在的对西欧的国民性的自嘲、国民性的自责、国民性的自肃。

比如日本人对自己的体格、身体比例的自卑，因被称为"经济动物"而产生的自责，受到西欧的批评后更低估自身价值，等等，这些都是以崇拜西欧的心理为基础的日本式的受虐的表现。

---

① 家元，即宗家。日本的茶道、花道、传统的歌舞、曲艺等，都有不同的流派，每一流派的世袭的代表者，称为家元。以家元为顶点形成金字塔般的自上而下的组织，其中分不同的等级，家元独占授予弟子各级资格的权利。这种制度称为家元制。本书第四章第六节有详细论述。

无疑，在明治文明开化时期，几乎所有日本人都有对西欧自卑的倾向。反映在优越的西欧人眼里的日本人将是怎么样的？日本人是带着这样的意识出发的。明治初期，福泽谕吉论及文明问题时，指出日本人对西欧人卑躬屈膝，应引以为戒，并认为这是"新的值得忧虑的病"，他为之取名曰"外国交际"病。他说，虽然主张"人民同权之说"的人甚多，但是"与外国交际，倡此同权之说者"甚少。

福泽所指出的"病"，在战后日本被美国占领时代，出现了现代版，对此，日本人记忆犹新。这一精神性的障碍，经过百年至今一直存在。用今天的话说，日本人还未从自明治以来与西欧相遇所受到的"文化冲击"中站立起来，今后也难以从中摆脱出来。

崇拜西欧

"西欧优越，日本低能"这一意识，在明治初期，几乎在所有国民中间都存在对西欧自愧不如和倍加小心的倾向。

这样的强烈地在意他人——西欧人的眼色的倾向，是与在漫长的江户时代的身分制社会里，养成的低等身分意识结合在一起的。以历史心理学的观点看来，江户时代的社会是低等身分意识的社会，生活在那个时代里，人们需要每时每刻地注意在他人眼中自己是属于怎样身分的人。江户时代的町人，被要求必须使武士一眼就能看出自己是"低等的町人"。对町人来说，维持自己作为武士眼中的"外的客我"的町人身分，是生存的必要条件。

明治以后，武士换成西欧人，町人变成全体日本人，但同样的优劣意识依然存在。明治初期进入日本的西欧人都是外交官、学者、技术专家等最高水平的尖子们，反映在他们眼中的日本人，大部分自然是低能的。多数日本国民，除福泽那样的人以外，皆对西欧人抱有卑贱的身分意识。

以这种低等身分意识为基础的崇欧倾向，经过日俄战争、第一次世界大战，在大正时代，有一短暂的期间，变得比较淡薄，但并未完全消失。这从大正中期北海道帝国大学教授、植物学者远藤吉三郎所著《西洋中毒》一书激烈批判崇欧倾向的事实中，可以看得很清楚（虽然作者属于保守派）。

这时，与其说日本人崇欧，不如说其在心理上与西欧人接近，与其说是崇拜，不如说是憧憬，其表现是大正末期至昭和十年（1935）前后的摩登主义。它是对西欧生活、风俗的憧憬，心理上时而与西欧人同一化。具有代表性的摩登女郎、摩登哥儿们在"内的客我"的自我像里，把有西欧人的派头，当成理想我。

可是，摩登主义的寿命很短。自昭和十年到战败，日本人提倡国家主义，表面上排斥崇欧。不过，这一期间日本人把德国、意大利这样的法西斯国家看成先进国家，从别的角度，依然保持着对西欧的崇拜。也就是说，虽然日本人向往西欧的生活方式和心理上与西欧同一化的倾向受到压制，但是对西欧法西斯的政治崇拜，可以说以崇拜希特勒个人的形式受到提倡。

战败导致日本处于被美国占领的状态，从而产生了对战胜国美国的崇拜和与美国式的风俗同一化的倾向。继美国之后，法、英、意等国的流行时装、时尚相继涌入日本，这也使日本人对西欧的崇拜、憧憬，愈来愈强。

今天，日本人的"内的客我"中，浓厚地存在着与西欧人同一化的西欧式的自我像的要素。"脱日本人"这句话以肯定的意义被使用，在风俗、艺术方面，西欧式的爱好一天比一天流行。崇欧，因已深深地扎根于日本人的序列意识之中，可以想象日本人是无法轻易摆脱的。

外来语的泛滥

一般说来，日本人对流行反应敏锐，所谓"流行感度"高。而关于流行这种东西，由于日本人对来自其他国家权威方面的玩意，骨头软，所以总是难以摆脱追随西欧的倾向。

日本人崇欧在语言上表现得特别明显。西欧人谈到日本社会问题时，也常常提及这一点。用西欧人的话说，学日语，不只日语本身难，更难的是必须学习外来语和模仿外文硬造的新词。如，ワープロ"WAPURO"（word processor，电子打字机）、パソコン"PASOKON"（personal computer，个人用电脑）、ナウい"NAUE"（now，现代的）等即属这一类新词，在日常生活里，以日本式的读音使用的英语、法语单词特别多。旅馆、餐厅、西餐、服饰以至于最近连公寓的名字都使用德文、意大利文、西班牙文。公寓的住户，很多人不知道自己居住公寓的名字的意思。这可能因为今天英语已过于普及，英文的名称，已没有太大的社会、文化的权威性，与此相对，谁也不明白的其他外文名称更具有心理上的吸引力。

过去，日本人的文化修养的标志，以文字而论，知道汉字越多越表明有修养。掌握汉字是向不懂汉字的人显示自己有知识的手段。懂英语又能说英语也曾是知识权威的象征，但今天法语和其他欧洲语言又逐渐取代英语。流行服装方面使用西欧式的名称就是接受这种影响的一个表现。可以说，这种倾向被固定下来，已形成了一种"型"。

同样的倾向，还反映在最近陆续出版的新杂志的名称上，一般读者并不懂那些杂志的外文名称。还有欧美有名的杂志，原名不动，在日本出版日文版。

崇欧的权威主义倾向和定型化的倾向交织在一起，使西欧式的语言表现充斥在日本人生活的各个方面。

四 定型化和完全主义

1. 惯行和礼仪

"型"的文化

如前所述，自我不确实感，通过确认自、他的相互关系，多少可以减轻。自我在集团中如果得到"集团我"的支撑，可以被强化，从而取得安定感。可是，自我不确实感的加强不仅仅依靠这些。

自我在反复特定的"型"所限定的行动中，由于习惯了"型"，便会产生想要借此取得安定感的强迫性倾向。不论做何事都追求一个"依型而做"的"型"。如此关心"型"，并遵循"型"，是日本社会固有的倾向。我们可称日本为"型的社会"。

当然，不论怎样的社会都存在着作为行动样本的"行动的型"。这首先表现为社会规范规定的规则。适用于整个社会的成文的法规，以法的形式规定了人的社会行动的"型"，通过赏罚，特别是罚，强制要求人遵循这一行动的"型"。

可是，"行动的型"并非仅限于以法的规范控制的"型"，对日本人来说，像前面说过的以义理为原则的"惯行"，以道理为原则的风习，或以"情理"为基础的生活习惯，这些行动的"型"更重要。这些是所谓日常生活的行动的"型"。除此之外，还有下面将说到的非日常的行动的"型"，如传统祭日和可称为祭日活动延长的传统的人体艺术、音乐、造型艺术等，都讲究"型"。因此认定日本文化是"型的文化"，至少在部分上可以认为是妥当的。

惯例、前例

日本人讨厌法。法律社会学指出过，日本人的现代法理意识比西欧人淡薄。作为这部分的补充，是尊重惯行、风习、习惯方面固定下来的行动的"型"。

首先是惯行的"型"，在这方面，最重要的是不断使用含有时间内容的所谓"惯例""前例"。比如，在最"现代、合理"的大学教育世界里，决定教员的人事时，至今仍要调查"前例"，即了解以前升任教授的人多大年纪、何时毕业、入校多久等，因为这也是"惯例"，日本人对此习以为常。年轻的研究人员，不论有多优秀的成绩，他的升任，都必须遵循年龄、毕业和任职时间，以及同其他系的人事的平衡等"惯例"。

重视惯例即是重复同以往一样的条件，按照固定的"型"循环，在这一意义上具有例行公事的味道。对于一个集团来说维护惯例，可使集团在一个"型"之中保持安定，同时又可使成员个人的自我确实感有所依赖。因事前被认定：将来出现同样的条件时也会依惯例行事，因此集团将来的安定性得到保障，同时，成员个人对将来也会安心。也就是说，维护惯例会使人想到集团未来的永久性，这有助于提高集团成员的归属意识和增强他们的忠诚心。

惯例所具有的这样的心理机能，有其心理的有效性，即毫不怀疑地认为惯例就是惯例，不问其是否合理。从这一意义上说，惯例是非合理性的，但相反正因为其是非合理性的东西，不加怀疑才是正常的。这可谓"吾信，因其非合理"的世俗版。

惯行虽与法律不同，不遵从也不受法的惩罚，但其在心理上有强制力，如违反惯行人们将有可能被迫放弃集团成员的资格。因为如有不守惯行的成员出现，将会影响其他成员怀疑这一集团的基于惯行的永久性。

追寻过去和期待未来

日本人拘泥于过去的惯行，不只同追寻过去的志趣有关，也同对未来的永久性寄予期待的向往的志趣有关。

自柳田国男以来，很多人论述过日本人崇拜祖先的问题。他们都指出，这虽有信仰祖灵的宗教基础，但除此之外，在这里发挥着作用的是尊重过去就能保障未来的逻辑。

前面谈到过信仰集团的永久性问题，日本人关于家的永久性观念，特别表现在农民对代代相传的土地意识和家族谱系的重视上。他们认为自远古一代一代传下来本身，即是确保从现在至未来永久性的条件。因此，"旧家"本身即保证家名远扬，不只今天，而至未来永久昌盛。以国家而论，以此理由推下去，战前历史书上所谓"万世一系"的天皇制，亦被视为绝对的权威。

岁月悠久的历史，其本身就具有神秘性，从人们把树龄悠久的古树看作神树加以膜拜的事例就可以知道。自然界普通的东西，自太古保持至今，仅这一事实，即可作为神性的存在成为崇拜的对象。山如此，长命龟那样的动物也如此。

尊重一切古老的东西，从这种追寻过去的志趣出发，效法"古式"依"型"而做，被视为神圣的仪式行动，受到重视。例如，今日依然存在的神道仪式，有仿古式的结婚式、上梁式等。

虽然随着生活的现代化，结婚仪式的形态趋向欧风，但穿着古风的婚礼服装举行神前仪式依然盛行。虽其已几乎失去神道宗教仪式的意义，但人们认为为使结婚带点神圣气氛，古式的结婚式还是必要的。

在最现代化的大厦和工厂施工现场举行上梁式，虽然神道的仪式与摩登的现场风景很不协调，但出席者并不感到有什么不自然，仍旧照常举行。

这种古式的仪式作为最古老的惯行，紧紧地吸附于最现代化的技术文明里，在这里显示出日本人追寻过去的志趣和由它支撑着的强迫性的遵循传统的"型"的行动。

传统节日活动

遵循传统的"型"的行动还不只限于此。

年轻人按理不会有太强的追寻过去的志趣，但惯行和风习对他们依然有影响。这一点在传统节日活动中表现得最明显。今天在日本不论哪个地方，从除夕至新年都盛行守夜和拜年活动。盆节返乡的习惯也依然存在着。

生活现代化的年轻人，年末、年初去海外旅行等，好像离开了传统的活动式样。可是作为现代传播媒介的电视举办的《红白歌比赛》（NHK 电视台）、《辞旧岁迎新年》（民间电视台）的新年节日，又创造了新的传统节日活动。除夕夜坐在电视机前看这些节目已成为社会上普通人的惯行。电视的接受者们，生活在庞大的电视受传者集团中，通过看电视确认自己是社会集体的一个成员。

新年参拜神社的活动，经久不衰。在这一方面，电视的报道，怂恿着观众前往参拜。人们从电视画面上看见参拜神宫的场面，产生自己也想去看看的心情，这是电视触发的现场欲在起作用。它使人心动，想同世上普通人一样。

此外，从日本人的宗教意识来说，期待现世的利益比信仰绝对者更为重要。因此，希望新的一年交好运的心理在很大程度上左右着参拜活动。当然，社会不安越大，祈求现世利益的参拜者越多。

再有，在地方的年轻人中，对乡土文化的关心正在增长。"回归乡土"的倾向就是在这样的风潮下出现的。值得注意的是，电视通过各种节目提高了人们对地方文化的关心和对家乡的热爱。地方出身的电视出演者崭露头角，民歌和乡土舞蹈的普及，对方言的重新评价，等等，都是电视带来的现象。

"祭"

在定例的传统节日活动中，最显眼的是"祭"① （庙会）

---

① "祭"，原是各神社、寺院举办的群众性祭祀活动，现在不只是神社，地方政府、街道、学校等也都举办类似活动。下面译文中的庙会，原文都是"祭"。

的活动复活。各地都搞旧日的庙会，从这里也看到与现代化相反的现象。

农村现代化的结果：通过机械化生产提高了效率，余暇时间增多，物质条件改善。年轻人有了自家车，以前不能去的远处，现在有庙会时也可以开车去了。利用余暇时间，参加乡土庙会的集体歌舞活动，可以体会到与现代音乐不同的新鲜感，和伙伴们抬神舆游行，可以感受到集体的欢乐。在到处崇尚欧化的日本，年轻人相反期待着享受异样美的机会。传统庙会的异样风趣和非日常性，通过电视介绍至全国，一地的庙会吸引全国各地的人来观看，庙会风越来越盛行。

参加庙会，产生了新的惯行意识。参加庙会本身就表明自己和自己的家庭同世上的个人和家庭一样，具有同样的地位、资格。这又为年轻人创造了一个新的表明身分平等的社会集团——庙会集团。

庙会的复活，也在大城市出现。战后不久经济困难时，城市的町会如果讨论是花钱做神舆，还是用这笔钱为居民修共用洗衣场？一般人都会选择后者。可是近些年在城市里以町为单位举行的庙会，令人眼花缭乱。

人们常说，城市的町，是村落的延长。直至近些年，这一点才渐渐表现出来。这有若干原因，其一便是居民的共同体意识的提高。城市居民对居住地区的学校教育、住宅问题、公害问题等，越来越关心，并开始参加这些社会性的改革运动。

居民的共同体意识，出自要求社会改良的现代的兴趣，但它同时又通过促进居民的共同行动，使类似旧的町内意识复苏。住宅区和共用住宅楼的发达，也能使居住者们产生强烈的共同体意识。

因地方的居住条件的变化而产生的共同体意识，使人们增加了对共同体活动的关心。作为这一意识的表现机会，传统节日的庙会式活动，便受到欢迎。电视中关于各地庙会活动的报道，又是对城市居民的一个刺激。于是，全国性的庙会活动便把城市居民也卷了进去。

此外，电视触发出的自我表现欲，促使人们参加让人看、让人听的活动。在众人面前，跟随伴唱机大声歌唱，就是一种典型表现。庙会活动中作为非日常性的观赏活动，有扮古装、抬神舆、普通人献艺等节目，这些都能够满足想要表现自己的人的表现欲，也可使观看的人作为受传者得到满足。

城市居民生活在机械化的管理社会中。非日常性的庙会活动，打破管理社会的单调，使参加者能借以摆脱生活的压迫感。可是它依然是根据旧的"祭"（庙会）的"型"进行的，从这一意义上说，非日常性的活动，遵循着传统节日活动的惯例，这是追寻过去的表现。

一律性

与庙会相似，年轻人每周末有一次相聚的机会。被称作"狂跑族"的骑摩托车青年们的行动，每星期日聚集在原宿①

---

① 原宿，指东京原宿电车站前的一条繁华街，其是新潮青少年星期天和假日集中活动的场所，同时也是满足他们自我表现欲的地方。假日因禁止车辆通行，各种青少年流行集团便利用这一机会在这里自由地表演。"竹笋族""摇滚族"是原宿活动中有代表性的集团，他们以高中年龄的少男、少女为主。这些集团大多是松散的。

的"竹笋族"和"摇滚族"的聚会，对他们来说，就是每周的传统节日活动，就是定例的庙会。再有，他们参加季节性的体育活动，心理上也如同参加庙会一样。年轻人参加的活动，也有他们之间的"型"。冲浪、滑雪、打网球，不论能否参加，在头脑中人们都会意识到这是年轻人的运动。

对他们来说，这样一些活动与庙会具有相同意义，这从他们都必定穿运动服中可以明显地看出来。这与参加庙会有固定的装束相似。庙会作为共同体的活动，具有表现其成员的共同体意识，并借此相互加强伙伴意识心理的作用。庙会的装束，一般都是身着和式短褂，头结手巾，表现出嵌入日本人特有的"型"的一律性。运动服也具有相同的一律性。

这种一律性，不只限于运动服上。在年轻人周末活动中也有鲜明的表现。"狂跑族""竹笋族"成员的装扮，乍一看怪里怪气，但整体上，给人的印象还是保持了每个集团的一律性。这些行为虽属于表现个人的行为，但"狂跑族""竹笋族"被称为"族"，他们即是保持一律性的集团，无疑它的每一个成员都希望借此得到心理上的安定。

上面说的"祭"（庙会）、节日活动，不管是对于老年人还是年轻人，归根到底所要求的都是要表现与同年代的集体一样，或者说与同年代的人一样。与同年代的人一样，对于这一年代的人来说，也就是与世间一样。

家庭内传统活动的复活

传统的活动不只限于地方或不同年代的人的集体，现在以家庭为单位的家庭传统活动，也很盛行。从孩子过生日到"七五三"①，看起来都与现代化相悖，但一年比一年热闹。一方面由于核家族化、离婚、分居等，家族在瓦解，而另一方面近些年来的小家庭（my home）主义，又产生了相反的"个体家庭主义"。

如前所说，日本人的依托，战前是国家，战后是工作场所，而今天这些依托越来越不能确保其成员心理上的安定，于是地方共同体、青年集团等作为能够给予人们心理上安定的集体登场。

可是，家庭集团拥有的命运共同体的魅力并未失去。相反，由于今天处于所谓家族制度危机的状态中，人们好像有意与此对抗一样，增加了家庭传统活动，并把它当成一个获得心理支撑的机遇。

就像"七五三"时儿童服装所表现的那样，这一传统活动，虽是为孩子举行的，但以孩子的装扮为媒介，满足了父母的自我显示欲。不用说，这又有"与世间一样"的面子意识在起作用。

家庭传统活动，像"七五三"那样，重点在于家庭全员一起外出。于是自家小车拥有了重要的显示作用。在这里，普及自家用车的现代化现象，相反又帮助了传统的家庭活动的复活。

在日本社会里，像这样的推进现代化反而导致传统的复活

---

① "七五三"，日本民俗之一，男孩在三岁、五岁，女孩在三岁、七岁那年的 11 月 15 日需去神社参拜氏族之神。孩子这一天皆着民族盛装。

的逆反过程，在很多方面都有表现。或许可以说，在日本人的意识里，始终保有的传统的部分，随着物质生活的发达，反而露于表层，表面化了。

这种逆反现象，总括说，既是对既成的行动的"型"的强迫性的追随，又是对基于新的定型化的欲望创造出新的"型"的追随。即在追寻过去志趣方面，强迫地遵循着被人们承认的惯行；在期待未来志趣方面，希望创造能够成为行动和意识上某种样本的新的"型"，并遵循它行动。

2. 组织和交流的"型"

人的关系的"型"

如上面所看到的那样，追求"型"，并追随"型"，是自江户时代以来，日本人代代相承的指导行动的心理形态，它在现代的社会和文化的各方面，依然都有表现。

上面说到日本是"型的社会"时，首先注目的是人的关系被按比较固定的"型"框住。人的关系有组织关系、交流关系、心理关系三个侧面。下面，分别观察一下三个侧面的定型化的倾向。

日本人的组织关系，如果是在大规模的社会集团里，如前面所说，有固定的序列，不论纵向还是横向的关系，每个集团都有固定的"型"。比如企业集团除纵向的固定的"型"之外，还建立了横向的"型"。同僚、同辈之间，依毕业学校、出生地、性别等分成的集团内的小集团，也有一定的"型"。依毕业学校有校风型，按出生地有乡土型，以男女分类还有性别型，等等。校风型，强调得过分，走向极端，产生学阀。按乡土不同，结成"县人会"等同乡组织。依性别型，分成男性集团、女性集团。在日本，与纵向序列型相并列的这种横向集团型的存在，不容忽视。

将人按"型"区分，最近在教育方面，根据测定偏差值把孩子分成不同能力的等级，就是一例。这是要把成长中的人划成不同的类别，并把他们升入上级的学校，以及将来就业道路都类型化，按此培养类型化的孩子、学生、男职员、女事务员。这是要大量生产日本型的管理社会需要的、经过"品质管理"规格化了的人，实行人的定型化。

气质谭

早在江户时代的文学作品中，就产生了"气质谭"的体裁，这表明了人对类型的关心。

最初出现的是江岛其碛①的《世间儿子气质》（正德五年，1715），其后有《世间女儿容貌气质》《世间母亲气质》《世间武士气质》《世间小老婆气质》《世间学者气质》《世间老爷气质》《笑谈医生气质》《世间媒人气质》《当世戏剧气质》《当世宗匠气质》等。

其中《世间小老婆气质》是上田秋成②的作品。其序言有一段话："为父吝啬"，"为子任性"，"家臣怀小吏之心"，"当

① 江岛其碛（1666～1736），江户中期的"浮世草子"作家、出版家，"浮世草子"是江户时代流行的一种风俗小说，主要描写町人的风俗人情。

② 上田秋成（1734～1809），江户中后期的"浮世草子"作家、国学家。

世为妾者厚薄之情，可笑可悲"。气质，不知不觉地成为当时的话题。

关于人的性格类型化，当时之所以被不断提起，可能是因为在江户时代中期比较安定的社会里，家族、家庭、职业、阶层等已固定化，从而，性格的"类似物"也作为人的类型开始固定下来。

秋成的书，出版于明和三年（1766），"气质谭"大体集中流行于以此时为中心的 30 年间。此后的"气质谭"，还有文化三年（1806）问世的式亭三马①的《酩酊气质》。其中列举了各种醉酒失态者："装疯卖傻、丑态百露、惆怅无聊、絮叨不休、牢骚满腹、痛哭流涕、乱发异议、赖皮赖脸、常有理、发脾气、喧哗、饶舌"，并分别介绍了它们的特征。关于酒后痛哭者："突然想起五六百年后感伤不止而落泪，又哭称看破三年后之前程，如狂言梦呓，此为酒后痛哭者之杰作也。"关于酒后喧哗者："无缘由，无道理，不顾忌他人，自感痛快，喧哗一通之后，鼾声如雷。"

这一作品是绘声绘色的表演台本，是三马为当时的艺人樱川甚幸写的。从这一作品还可知道在当时艺人中已盛行模仿技艺。同一系列的作品，还有《当世酒鬼七癖》《四十八癖》等，亦为三马所作。这样的滑稽台本的出现，说明了"落语"② 和文

---

① 式亭三马（1776～1822），江户后期的滑稽曲艺作家。

② 落语，类似中国的单口相声，产生于江户时代。落语艺人有类似中国相声的包袱的说法，叫"地口""洒落"。落的意思即丢"洒落"（包袱）于地，恰到好处，引起笑声。

学的交流。语言表演艺术和文学创作的结合，可以说进一步提高了当时读者、听者对人的类型的关心。

血型和星座

日本人爱好研究人的"气质"，这也表现在今天对人的性格分类的关心上。最流行的是依血型分类。这在生理学上、心理学上毫无根据，可以说是现代的迷信。

自己是 A 型血，如相信 A 型血的人的性格确实怎样怎样，并以此为自我暗示，将唆使自己尽量把自己的性格往那一类型上套。再有，他人不断地说，"你是 A 型，你的性格该是怎样怎样"，自己也渐渐相信。其结果，自己的"内的自我"有可能不知不觉地向 A 型血的人的形象接近。

所谓生辰、星座也一样。比如有种说法：寅年特别是五黄寅年①出生的人，性格倔强。一个此时出生的人，自儿时起即被人说"这孩子倔，不听话"，来自周围的这种影响，加上自我暗示的作用相重叠，便会形成倔强的性格。星座占卜术按人的诞生月份定星座，比如占卜者说狮子座的人命强。

依这样的办法，把人分成各种类型，此类话题自然有意思，但人们为它所吸引，不只由于这一点，还因为有一种定型化的欲望无意识地在起作用。即想通过把自己和他人套入某种

---

① 五黄寅年，日本至今颇为流行的迷信说法，即认为五黄属虎的人命强。五黄为中国古时阴阳家所谓九曜（九星）之一。在九宫图中为土星，位居中央。中国古时的星命术认为每个人都有其星相，依此可断其吉凶祸福。这是反科学的，中国古时的阴阳术大约 6 世纪传入日本。

型里，看一看彼此性格是否投机，交往是否容易，并以此谋求一种自我安定感。

书面语言

下面谈一谈人际关系中的交流关系，在这方面，固定的型也比比皆是。

书面语言，且不必说正式文件，连日常书信也有固定的格式，如一开头要写反映日本风土的独特的关于季节、气候的问候的话。这种依样画葫芦的表现形式，有很多至今依然作为惯例在使用。尺牍范文集一类的书，今天也不断地被出版。正式文件虽然其他国家亦大体有一定格式，但措辞不像日本那样依交流的方向有严密的规定。

比如下对上的上向交流中，如向官厅的报告和陈情等，对上司必须使用尊敬语，关于自己必须使用自谦语，两者必须区别分明。最极端的例子是前面已说过的报纸、广播关于皇室的专门用语。依组织系统自上而下的下向交流，如命令、通知等都要使用反映上下级组织关系的定型的措辞。

每日重复这样的定型化的交流关系，不论传方也好，受方也好，都会通过这种守型的交流习惯，自然地熟悉自己在组织关系的"型"中所居的位置。

口头语言

不只限书面语言，口头语言也使用定型的措辞。寒暄、对话中所使用的"型"，反复重复，就会使说话的人自然地被框在固定的组织关系和位置上。敬语的使用当然如此。除此之外，现在，在年轻人之间，还使用男女有别的性别用语。

作为职业上的口头语言，广播员、游览汽车上的女向导、百货店的电梯小姐、街头叫卖者、剧场前的叫客者、走街串巷收废纸的人和卖烤白薯的人等，都以职业上的独特的用语和讲话方式，创造了不同的口头语言的"型"。江户时代以来，形成的独特的街头叫卖声，作为传统的"型"被继承下来，直到昭和初期还能听见。

在日本，不论何种职业的人，接客都有一套定型的话，它表示自己和客人的交流关系依型成立。这样做可能被认为每一次交流都确认一下与这种关系相应的组织关系是可取的。同样的情况，在医师和患者间、老师和学生间、法官和被告间、警察和罪犯间等都有表现。这不过是要通过纵向交流关系的反复，相互确认、建立纵的组织关系。

集团语

集团语最能直接表现反映横的组织关系的横向交流关系。集团语分专门语和隐语。专门语主要是职业用语，它虽在职业集团内使用，但也向集团以外的人开放。如药剂师使用的药品名、医师使用的病名，虽主要由职业集团使用，但一般人也能使用。

当然专门用语中，有外行人听不惯的和不加说明不懂其意的话，但是它是向一般人开放的，并不是封闭式的秘密语言。因此，专门语只是满足使用它的专家们职业上的需要，并不具备特别的功能。

而隐语虽也属集团语，但与专门语不同，它是只限集团成员间使用，不向集团外开放的秘密语言。因此，隐语发挥着保守不愿向集团外泄露的机密，加强成员间亲近感和团结，从而增强自我确实感的心理关系的功能。

比如犯罪集团中有只在他们之间通用的隐语，这是为蒙骗警察和有关人员而造的。当然在今天，它的秘密性已基本失去，因为经过司法、警察方面的调查，连隐语辞典都已有出版。一部分隐语已作为日常语使用，对于隐语的构成原理，也已有深入的研究，但是它的心理功能，现在仍然存在。

电视推理剧和刑警剧里，常有犯罪者的隐语出观，其中许多已成为常识语，如隐语地名"袋"（池袋）、"宿"（新宿）、"野上"（上野）等，已广为人知。青少年非法集团等使用的隐语，起初只在同伙之间使用，但逐渐为一般年轻人所知，然后传到大人世界。这部分隐语也变成了日常语。然而对于有些隐语他们从不让大人知道。这是因为他们觉得使用连集团外的朋友和父母都不懂的隐语，除会增强伙伴之间的亲近感和团结外，还可品味一种优越感，加强自我确实感。

由此可知，隐语不只是为了职业生活和犯罪生活的方便才产生的，它对集团成员个人的作用还包括提高对集团的归属意识，并产生相互信赖和对集团的忠诚。因此，隐语对集团活动及其发展，具有心理上的补强作用，它有助于促进集团成员和集团的一体化，形成"集团我"。

企业因行业不同也有使用隐语的，比如百货店，在买者面前，店员之间使用隐语。某百货店把客人叫作"前主"，几乎每家百货店都有各自的特定的数字叫法。在零售店，因行业不同，如鱼店、菜店、和服店等，金额数字也都有特定的叫法。

虽然其他国家也有一定的隐语，特别是在犯罪集团里，且其中一部分隐语还变成俚语流入日常生活，但是像日本这样，各式各样的集团都有数量可观的隐语，这一现象只能认为出自日本式的特性，即出自上述日本人对集团具有的心理上的机能。

流行语

如果把集团语的概念扩大开来，那么，流行语也可说是流行爱好者集团使用的集团语。流行语既有专门语的侧面，亦有隐语的侧面。

流行语作为专门语首先出现的是时装用语。起初它只在服装设计师及其周围使用，随后才有一部分买主也跟着用，但在这时它只是流行集团使用的专门语。如ミニスカト（超短裙），开始阶段只在很窄的范围通用，不过它不是封闭式的秘密语言，不久随着流行范围扩大，就变成全国各地都使用的日常语了。

传播媒介，特别是电视，短时间即可将流行语从专门语变成日常语。随着流行范围的扩大，流行语也变成一般语，不久越过顶峰因被厌烦而消失，不过有的流行语作为日常语却留了下来。这时流行语作为专门语的性格强烈，不起隐语的作用。

在流行语中，有由学生集团、青少年集团创造的大人世界不懂的封闭式语言，如"ナウい"（现代的）、"いまい"（最新的）等，与年轻人不大接触的成年人起初感到如听黑话。年轻人玩弄的这样的流行语具有隐语性。在伙伴间使用它，可增强伙伴意识和亲近感，因大人不知、不懂，还可显示出对大人的优越感，带来自我确实感。如果这样的流行语，为外部大人所知，并为大人世界所使用，随着隐语性功能的消失，作为流行语的心理机能也将减弱，便不大被年轻人使用了，但一般可能作为日常语留下来。

今天年轻人中间流行的流行语，很快就会变成广播电视的语言，变成周刊、杂志的铅字，甚至被编入青年语言辞典。这些语言虽被认为破坏了日语的纯洁性而受到批评和责难，但在年轻人的世界里受到欢迎，如玩弄谐音、同音的戏语，以电视出演者 TAMORI① 等为代表的无聊废话、"昭和轻薄体"②、使用洋文字母的 "EことでR"③ 式的文章等。

年轻人的文化

这样的语言，游戏般的废话、各式各样的"逗乐杂学"等，对年轻人来说，是一种针对一直以来的严肃的文化——"正确而美丽的"日语文化而逆行的扭曲了的、不自觉的对抗文化。

乍一看，可能以为它是针对定型化的倾向，想要否定"型"、打破"型"的，果真是这样的吗？

---

① TAMORI（森田），原名森田一义，有名的诙谐的电视出演者，制造了许多无意义的新语，这些新语通过电视得以流行。

② 昭和轻薄体，泛指商业电视、低俗书刊和年轻人中形成的违反日本语言规律的充满随意性的说话方式和文风。

③ EことでR，即日文的ムいことである（可以，是好事），用谐音的方法以罗马字替代日文单词。这种文体流行于一部分大中学生中间。

不假，可以认为 TAMORI 否定日语形式的想法是一种破型的尝试，但它只对一部分流行语有影响，并不能给日语以新方向。在这一意义上，可以认为井上久志①、塚公平②、野田秀树③等的剧作所代表的语言，在游戏中，露有探求日语新的表现形态的端倪。比如，井上久志对方言的生命力的发掘，即是有代表性的例子。

尽管如此，日本年轻人的文化，不论时装世界，还是流行语的世界，都没有以自己的手创造出任何新的文化，都主要是对美国年轻人文化的追随，与大人的崇拜西欧一样，是崇尚权威主义的表现。年轻人之所以加入流行集团，为的是追求与集团一体化和形成"集团我"。这是心理机制之一，即通过"集团我"强化自我，减轻自我不确实感。

交流样本

努力把语言行动纳入固定的型，并适用于某种状况，当这种状况具有特定的重要意义时，这一努力更加明显。比如在日本有很多以"how to ~"（怎样做）为题介绍日常生活心得的书出版。如提供演说实例的书，会告诉你在公司的会议、仪

---

① 井上久志，现代剧作家，生于 1934 年，擅长以现代意识和喜剧方式改编、处理江户时代的历史题材的作品，深受青年人的欢迎。

② 塚公平，现代剧作家，生于 1948 年。《蒲田进行曲》是他的代表作，它反映的是日本式的受虐狂的典型。

③ 野田秀树，现代剧作家、导演、演员，生于 1955 年。1983 年创作、演出的《野兽降临》，被誉为日本现代派戏剧的代表作，他的剧作完全无视时空、因果关系，用他的话说："瞬间从现代飞到五千年前也无妨"。

式，同窗的聚会、婚礼上，该怎样致辞。其中收有可做样本的各式各样的演说辞，有的还原样地收录了著名人士在某处的讲稿。尺牍样本，列举各种适用于设定的各种情况的书信格式（现代文研究会编《书信致辞小百科》）。这可能是非常特殊的例子。有一封《哥哥给外宿的妹妹的信》，亦被列为样本。

> 当然，我也相信咲姊妹。……虽说只两三次，但如变成习惯，玩至深夜也坦然……最终会抵不过罪恶的诱惑不能自拔。因为妹妹自立心强，我并不认为咲子会成为那个样子。希望你回心转意，自重进取。……唯望不再发生这样的事。多保重。新年时回家来吧！等着你。

当然不是让人照原样抄，而是让人把它作为一个样本，仿照它的"型"，为写好自己的信下点力气。

对于青年人最重要的机遇是就职考试。在这方面也有样本书，其中不仅对青年去公司的穿着事项等有指示，而且还列出了面试时的样本答案（就职考试情报研究所编《女子大学、短期大学毕业生就职面试问答实例》）。首先关于服装，书中写道：

> 虽然有人说，只要相称，穿红色、粉红色衣服也没有关系，但是还是以避免会引起面试官拒绝反应的强烈色彩或轻佻的式样的服装为好。
>
> 选择自己习惯穿的能够显示自己性格的服装，比穿不习惯的整套西装衣裙好。

虽然有人认为只要合身也可穿牛仔裤，但要考虑有些企业对这种装束有拒绝反应。

避免用夸示商标的高级品。虽可带装饰品，但不可华丽，以不带耳环、腕饰为好。

提前一个月烫发，让其趋于自然。不宜烫卷发、剪超短发。

面试的模拟答案，书中列出好坏两类。

问："假使你不合格未被我公司录用，将怎么办？"围绕公司方面这一提问，举出的两种应答实例如下。

下面是好的回答。

答："贵公司是我的第一志愿，因此我将感到非常遗憾，那么我只好去接受别家公司的考试。"

问："那是哪家公司呢？如果可以的话，请你谈一谈。"

答："与贵公司同一行业的还有 A 公司和 B 公司。不过，我现在只想在贵公司工作，不愿考虑去别的公司的问题。"

下面是坏的回答。

答："我还在别的公司报了名，因此不需要担心。"

问："那么说，你已做了周到的准备，就是不被我公司录取也不在乎了。"

答："是的，贵公司是我的第二志愿，因此我要努力考好第一志愿的公司。"

问："你很爽快。"

答："是的，我想万事都会有它应有的结果。"

就业考试，对年轻人来说，是一生最大的关卡之一，依"型"应试，自然安全。正因为社会上有这样的认识，才会有各式各样提供应试诀窍的读物问世。虽说这一类的书，哪个国家都有出版，但种类如此繁多，这大概是只有在日本才能看到的现象吧。

礼　节

不只限于上述特别的场合，在日常生活的礼节方面，也有众多的习惯做法。日本人依据不同的地点、场合，直至今日仍然依样去做。

下面特援引一本介绍行礼注意事项的书（堀野不二生、铃木俊夫：《企业管理检查执务必携丛书1》，工作现场的作风篇）中的一段为例，进行说明。

（1）一般注意

①行礼有"郑重鞠躬""简单鞠躬""点头"三种型，应尽快掌握，并能自由应用。

②首先彻底地进行基本型的训练，在这一基础上，掌握应用。

（2）郑重鞠躬

①面向对方，呈静止状态，弯腰45度。

②视线自然地垂于对方足下。

③背可稍呈圆形。

④手指并拢，男子两手贴裤侧缝线，女子在弯腰瞬间将两手由两侧移至前面。

⑤双腿相并，脚跟靠拢，两足不能打开。

⑥下述情况需郑重鞠躬：

公司内庆典、重要活动；

接受奖品、贵重礼品时；

请上司关照、请求别人援助或给人添了麻烦时。

（3）简单鞠躬

①同上述（2）中①～⑤的状态一样，但弯腰15～25度。

②视线移至对方的胸或腹部。

③这一礼型使用机会最多，有：

上下班途中、早晨会面时；

进房间、接受上司面示、请示报告、联系商谈事务等。

（4）点头

①面向对方，能让对方感觉到。

②在人前经过，与人视线相会时使用。

值得注意的是，这里强调对"型""基本型"的练习，当然，其他国家也讲礼节，在社会生活中，也可以看到它的行动程式，但是除了日本，大概今天没有任何一个社会对行礼的细节规定得这么烦琐，而且把它看作固定的"型"，要求人们按照它去做。

日本的冠（戴冠、成人）、婚、葬、祭（庙会、节日）的程式，在到处崇尚欧风的今天，当然也有变化。例如，结婚典礼，本意为结婚仪式，因此也使用"婚仪"一词。现在，有些人在基督教堂举行仪式，而多数人依然按日本式风习举行结婚宴会（日文叫"披露宴"）。即使把结婚宴会改名为"party"，在轻松的气氛中切结婚蛋糕，但他们也是依"型"而做的。为此才会有专业的婚礼司仪出现，这大概是日本式的特征吧。

不论时装也好，时髦风俗也好，在日本都会立即形成固定的"型"，并得以流传。这也表现在服饰重视 TPO①（时间、地点、场合）的定型上。

3. 流行和风俗

风　俗

日本社会的流行，被认为有两个特征，一是对西欧的流行好感度高，一是带着定型化的观念，热心追逐它的"型"。当流行在日常生活中固定下来变成风俗以后，亦是如此。

流行服饰界的时装模特，有女的，也有男的，他们名副其实的是服饰的"型"的代表、活的样本，因此受到人们的关心。战前没有时装模特这个词而是叫"mannequin"，意思是扮演人偶的人。战后，随着时装流行，要求模特做活样本，当模特的人，不管男的、女的，不仅脸形，全身的体形，都要够条件。自从伊东绢子在世界选美大会上获得第三名，并因此有名以来，八头身②成了女性美的标准型，进而不论干什么的女性，

---

① TPO，英文 Time，Place，Occasion 的字头，穿着、装饰、美容等，皆应注意时间、地点、场合。

② 八头身，战后日本流行的女性身材美的理想标准，即全身要有八个头的长短。

胸、腰、臀部的尺寸都被引起注意。

不只限于女性，在男性之间，也在搞健美操活动，这是因为商业主义的宣传，发展了人们定型化的欲望，连男人也意识到体形的理想型，并想要努力接近这一标准。

当然，任何时代都有女性美的标准型，平安时代①的瓜子脸，这一理想美持续很久，江户末期是长脸，到了现代又变为圆脸。可是像今天这样，从脸形到体形以至细微之处，都有所谓标准型，如此热心追求型的时代是没有过的。很明显，大众传播的本质是文化的划一，它强化了人们对女性美定型化的欲望。

时　装

与这种倾向相适应，时装模特通过出演公司之手有计划地被制造出来，以巴黎时装发布会为样本的时装表演也盛行起来。经过战后的 30 年，他们的表演已具一定的演技，已能体现一定的导演意图，并已有了一定的程式，即作为一种可供人观赏的演出，已定型化。时装界对举办时装表演的技术进行了研究，对时装模特也进行了相应的训练，在这一领域已形成了一定的等级。日本人旺盛的研究心和热情支撑了这种对"型"的追求和创造。

不只限于以时装为代表的流行服饰中形成了"型"，连日常的服装也依然有受到"型"的文化支配的一面。例如，至

---

① 平安时代（794～1192），日本首都由奈良迁往平安京（今京都）以后至镰仓幕府建立为止。

今还有大学规定学生穿制服。一般的大学生，在毕业和找工作时，也要穿另一种意义的"制服"。

上面已说过女学生找工作时，要注意服装，男生也如此。据调查，1982年度就职面试，占半数的企业把应试者的服装作为判断是否录用的基准之一。关于服装的颜色，规定以蓝、灰或茶色为好的企业，大体各占1/3，可见服装的"型"的重要性。对于应试学生大半穿的是蓝色西装套装，只有六家公司感到有点疑问，多数公司并不认为蓝色没个性。关于发型，也如此。"在找工作季节开始前，男学生都要毫不犹豫地把长发剪短，这是常识。企业方面认为适当的发型是偏分的分头，对稍微长一点的分头亦有好感。认为留长发也可以的企业仅占极少数。长发学生到公司参加面试会吃亏。"（《朝日新闻》1982年8月29日）

公司的制服

日本工资收入者的服装的一律性和朴素性，十分显著，以致被戏称为"沟鼠"。银行要求员工上班时间必须系领带，女子穿公司制服。

工资收入者的服装，被认为是同他所在公司的形象重叠在一起的。每个公司的职员作为社员代表着他的公司，他给人的印象，影响着公司的形象。日本的社员服装大体是统一的，这是公司实行彻底的管理的表现，这样做，有助于提高社员和公司的一体感。一个社员的骄傲就是公司的骄傲。这种一体的自豪感，被认为会博得顾主和消费者的信赖。银行要求服装整齐、稳重，除争取存款者的信赖外，还试图给人更加可靠、更加安全的印象。

前面说过，使用敬语，将会对对方产生尊敬的情感。除语言外，像银行职员的服装那样，服饰的交流也能给对方信赖感。

换言之，日本人在看清对方服装表现的"型"以后，头脑中就会浮现出透过这个外部的"型"反映出的这个人内在的个性和他所属公司的形象。日本人根据定型化的欲望来认识人时，首先是认识服装等外表所反映的"型"，然后通过这样的认识，掌握"型"背后的内容。依"型"或形式判断内容的以"型"为中心的倾向，或称为"依型主义"，这是日本人与衣着生活有关的一个心理上的特征。

方便食品

衣着生活所表现出来的定型化，战后在饮食生活方面也有表现。战后开始普及的方便食品，通过大量定型化的生产，大大改变了日本人的饮食生活。

方便食品，做和吃皆简单，任何人独自一个人都可以做和吃，从而产生了饮食行动的个体主义。它不是饮食行动的个人主义，也就是说不是做和吃都发挥个人的创造性，而仅仅是把已成型的简便食品买来一个人做、一个人吃。这种饮食行动的个体主义和后面将说到的居住行动的个体主义是相通的。

方便食品易储藏和保存，可一次大量购买，这使每个家庭成员都可根据自己的时间，在住宅内适当的场所食用。从这一意义上说，方便食品的普及促进了家庭个体主义。

与此同时，伴随厨房的电气化，饭菜调理法划一，进而副食品亦方便化，以至于出现了专门向家庭送饭菜的服务业，这样，就更明显地加速了家庭餐桌上的定型化。再有，进口食品进入日本的饮食生活，不论家庭，还是街头，都有其他国家的食品，从而又推进了饮食的洋化。食品名就和公寓的名字一样，"洋化"风愈刮愈烈。

"文化住宅"

居住生活和衣食生活一样，明显地存在着定型化的倾向。明治以后，比如大正期间出现的"文化住宅"的标准型，就是日本的住房倾向定型化的一个表现。这种住宅根据所谓建筑的"文化主义"，摆脱以往的和风住宅的式样，采用了近代的房屋结构。大正中期以后，这种近代房屋结构被城市的中产阶级认为是住宅的理想型。

"文化住宅"取消了和风住宅的玄关、床间[①]等，房间以洋门相间，置洋风家具，即实现居住的洋化。因为房间的配置、设备都规格化了，连外观也自行纳入一种型内，所以谁都可以认出，这是"文化住宅"。谷崎润一郎[②]的小说《痴人的爱》中的直美居住的就是典型的"文化住宅"。

> 红色的剧陡的屋顶，让人感到有整个房子的一半高。

---

① 玄关、床间，是和式住宅的代表性构造，玄关是正门入口换鞋的地方，床间是客室或主要房间内，靠里面挨墙的小台，约有一尺宽，上面置花瓶或古董，墙上挂书画长轴。
② 谷崎润一郎（1886～1985），明治、大正、昭和时期的小说家，作品追求感性美。《痴人的爱》发表于1924～1925年。

像火柴盒一样，白色的墙壁，不远间隔就开有一扇长方形的玻璃窗。正门前的庭院，不如说是一小块空地。

这样的住宅曾是当时文化性流行的一个象征。这种流行本身，便是沿着定型化发展的，因此依然可以说是日本式的现象。"文化住宅"的设计图，曾在当时向农村发行的杂志《家之光》上登载，引起了全国人民的关心。

但居住的定型化急速地成为现实，是在战后。战前从大正末期起虽说已有了公寓式的定型的集体住宅，但战后的集体住宅区和公寓楼，给日本人的居住生活带来了新的定型化。于是产生了 DK、LDK① 等住房规格。从前没有过的"dining kitchen"（兼餐厅的厨房）的出现，象征着日本人的居住、饮食都发生了很大变化。

与此相应，不只住房本身，人的居住行为也产生了新的型。因家庭内的房间都分别有了上锁的门②，家庭成员各住单间，连孩子也有自己的钥匙，同时因住户参加住宅区和公寓的共同管理，出现了"管理组合"等组织，也就是说，今天的居住条件，有向个体主义发展的一面，而另一方面又有产生共

---

① DK、LDK，dining（餐室），kitchen（厨房），living room（生活间、客室）的字头。这些都是从美国传来的房间计算单位。如 3LDK，即三间寝室加一间客室和一间兼餐室的厨房。2DK，即两间寝室加一间兼餐室的厨房，而无客室。

② 上锁的门，和式住房的房间以可活动的纸隔墙相隔，各房间不用上锁，也没有锁。新式住房的房间以厚墙和暗玻璃门相隔。孩子的房间也可上锁，形成自己独立的天地。

同体的集团主义的可能。

个体主义和集团主义

这样的个体主义和集团主义，在日本人的心理上将发生怎样的变化？这对日本社会的将来，是一个大问题。

的确，家庭成员逐渐有了自己的单间，各自有钥匙，出入自由，无疑将滋长家族的个体主义，但是否会发展到个人主义，还是个疑问。这里说的个人主义是：在家庭内个人自我主张，并有自行负责证实它们的自觉。

至于共同管理的集团主义，都只存在于少数头头之间像现在很多的"住宅管理组合"中，住户的大部分参与意识淡薄，只是随班唱喏，态度消极。一般居民崇拜权威的倾向，使"管理组合"长期依赖少数头头们。像前面所说的公寓，任意改洋名，称自己的公寓是什么英国式的、南欧式的等，可以说以西欧式样为样本的倾向正在增长。在这里，我们将会看到定型化倾向和崇拜权威的倾向相结合，为此日本人生活的定型西欧化，也将越来越显著。

4. 余暇活动

电　视

在日常生活中，人们最能自由地感受到各自生存乐趣的行动，是余暇活动。在日本这一方面也显示出定型化的倾向。

余暇活动既有消极地看、听那样被动的活动，也有像体育那样的自己做的能动的活动。日本人在这两方面的活动中都有特定的"型"。

据说，假日里，现在工资收入者大部分都在家里躺着看电视。不只是工资收入者，不论哪个家庭，所有的人都作为受传者被动地看电视。所有大众传播媒介一齐把大量同一的内容传送给多数的受传者，被动的受传者当然要受到它的各种形式的影响。连续播放一年的长篇电视剧、夜间棒球赛转播、商业广告等，都可使受传者对事物的看法和感情统一于一个"型"。长篇古装连续剧，给日本人的历史观、英雄观，以家庭为题材的连续剧，给日本人的家庭观、男性观、女性观、儿童观等，都带来了"型"。

人们对体育的兴趣也受到电视的左右。妇女原来对相扑、棒球比赛并不感兴趣，但由于电视中常有相扑和棒球比赛的实况转播，这引起了她们的关心。公司职员，如有人前晚没看电视转播，不知比赛结果，第二天在公司里，甚至无法同别人谈话。因为人们对体育的兴趣亦被电视划一，所以不分男女老幼，他们的这一被动的余暇活动——看电视，实际上也被定型化了。

人们对所看的这样的节目（如体育节目）的关心程度的提高，也促使了介绍、解说节目内容的解说员和专门的评论家的出现。他们的作用是充任观众的向导，给观众一定的知识，并借此进一步提高观众的兴趣。

解说、评论，不只限于余暇活动，在以衣、食、住为首的生活的各个方面、各个领域都有从事解说的评论家。这是日本人强烈的求知欲、研究欲的反映。

体育解说

观赏体育活动时，日本人要求知道其中的技术性的欲望十分强烈，这从上面说到的解说者、评论家的活跃，可以窥豹一斑。相扑、棒球、足球，几乎所有的体育项目都有电视实况转播。看体育节目同读报纸不同，运动员的一招一式都通过映像传至眼前，行家同时的解说，形声兼备，平俗易懂，趣味盎然。过去对体育毫不关心的妇女、老人们，边看边听，也能理解它的妙处。电视映像配以必要的解说、评论，也提高了观众对体育技术方面的观赏水平。

体育的解说和评论，随着内容和谈话技巧逐步成熟，也自然地形成了解说的"型"。特别是动作快的足球、篮球、排球等比赛的转播，也要求解说者说话快，于是便出现了独特的调子。有人认为仅听有名的解说者讲话，便是一种享受。

解说的"型"，起初是由广播的播音员创造的。后来它被电视继承，但电视与广播不同，广播的"型"又加上表情、动作，才成为电视解说新的"型"。体育解说者受到电视解说者的影响，又形成共有的专门的"型"。作为受传者一方，有可能喜爱已听惯了的某种体育项目解说的"型"，对于这样的解说，不管其讲的内容如何，人们光听即可以得到快感。

旅　游

在余暇活动中，旅游既有被动的一面，亦有能动的一面。利用余暇的旅行，从自己想要了解未知的世界这一意义上说，是能动的，但不论走到哪里都是被动地看，被动地听，因此又是被动的。

连其他国家的人都知道日本人爱好旅行，但日本人的旅行并不单是出于个人爱好。日本人的旅行从准备到制定日程，有一套明显的"型"。尤其是去海外旅行，大多是团体旅行，需严守旅行社事前制定的严密的日程。虽然出发前，团员已接受了详细的"orientation"（定向）讲习，但旅行途中，陪同员和向导还是会对细节一一叮嘱，并要求团员集体行动。这种定型的行动是以中学生的毕业旅行为样本的。旅游者要自觉地成为团体的一员，不脱离伙伴。当旅行结束时，陪同员的最后指示是传授怎样过海关。这样做，不仅仅是为了消除大家初次旅行的不安，还因为日本人有个想法，认为在旅行中，日本同胞之间采取集体行动，能够省钱、省时，且效果大。

在其他国家，日本的旅行团如果遇见同样的日本旅行者，会立即走到一起，亲热地交谈途中见闻，甚至互问籍贯、职业等，双方之间有一种特殊的亲切感，就如同久离故土患了思乡病的人拼命地想要知道故乡的消息一样。

年轻人，多数不愿随团体行动，即使去海外也尽量不参加旅行团，但是他们的旅行也是定型化的。他们不用陪同员或向导，而是靠旅游手册，特别是登在年轻人看的杂志上的游记，而且他们会忠实地按照书上指示的路线，参观、就餐、买纪念品。

日本人旅行的装束，已经定型化，这谁都知道。他们肩上总是背着背包和照相机，手里总是拿着旅行指南一类的书，从这些标志人们一眼就会认出：这是日本人，这是日本旅游者的一种"制服"。这里依然显示出作为团体的一员的"型"。并没有谁特别要求旅行时一定要这样打扮，但是如果旅行时不背背包和照相机走路，就好像不太自在。这就是定型化心理要求的表现。

照相机和录像机

日本在世界上，既是屈指可数的团体旅行大国，又是摄影爱好者最多的国家。日本人不只旅行时才带着照相机，平常生活中，也爱照相。照相对日本人来说，不只是余暇的乐趣，很多人甚至还把它看作生活的一部分。

日本为什么会成为照相机王国？人们有各种看法。如果从照的一方来说，有种看法认为拍照作为一种捕捉瞬间的手法，同日本传统的俳句①的写作相似。日本摄影家之所以能在国际上获得很高的评价，可以说是由于他们发挥了传统的灵感。

照片可以起映像日记的作用。日本人爱记日记，这也是研究日本人的一个题目。相册以映像表现、记录了过去一个时候、一个时候的印象。在照相机出现以前，相当于相册的是绘像日记，其也曾受到人们的喜爱。

日本人热心记日记，并用照片留下记录，这又和前面说过的日本人重视传统节日的风习有关。日本家庭以孩子为中心的喜庆活动就有：出生、初拜神社②、"七五三"、3月的雏节（女儿节）、5月的端午（男儿节）、入园（幼儿园）式、退园式、入学式、毕业式、成人式等，依习惯在这些仪式上人们都

---

① 俳句，日本最短的古诗，由5、7、5共3句17个假名构成。始于16世纪室町时代末期，原为"连歌"的发句（首句），后独立而成。据说，现在能写俳句的人口达三四百万。

② 初拜神社，日文为宫参，日本神道习俗，男孩生后31天、女孩生后33天，首次去参拜守护诞生之地的"产土神"。

要照相留作纪念。

在其他风习上，如结婚典礼、各式各样的庆祝酒会等，喜欢记录的日本人也总要照相。现在的毕业式、结婚式等的集体照，都经专门的照相师之手按一定的规格拍，以使照片合乎这些仪式要求的"型"。与此相应，相册也豪华起来。随着现代影像技术的进步，在今天，录像又取代了照相，人们都用起录像机来。它和相机一样，多用于拍摄传统节日、喜庆活动，并也出现了定型化的倾向。

定型化一直波及映像制作手法。据熟悉业余录像爱好者的录像制作家们说：过去普及 8mm、16mm 摄影机时，人们曾学了一套定型化的摄影手法。与此同样，现在录像的手法也在划一化、定型化，在全国不论哪里，业余录像作品都是千篇一律的。这是因为每个业余录像集团一诞生，集团的头头便制作一个定型的样本，大家都照猫画虎。那些"how to ~""指导"摄影、录像的书，更起了推波助澜的作用。

体育的"型"

具有能动性的体育也有种种形式的定型化倾向。近代以前，日本的武道，所有方面都有"型"。武道各流派，各自有独特的"型"。掌握它是修业的目的。"型"是流派的始祖积多年的经验和理论编成的，本来是创造性的"型"，是其道之精华。"型"只传授给最优秀的弟子，弟子依师所授，循序渐进，向更高层次的"型"攀登。因此，各流派都规定了严格的修业过程，并要求弟子忠实地依规定而学习。

然而在今天，日本的体育也有原来武道有过的"型"的阶段，从事运动的人被要求循"型"而学。例如，像最现代化的高尔夫球那样的体育项目中，也有非常多的教师，按照他们的"型"学习，才被认为是正道。大概世界上没有哪个国家像日本这样有这么多认真跟随先生依"型"而学打高尔夫球的人。

常听到这样的忠告：不论哪种体育，如果随己意练习，都会养成坏习惯，必须跟随教师按部就班地学习定型的高尔夫球。学打网球也如此，日本拥有众多的网球指导者，这也非别国能比。这也是因为人们认为向老师正式学习网球才是正道。在这里，人们也认为应当重视"型"，认为按"型"的阶段循序学习是必要的。

体育方面的另一定型化，表现在运动服上。高尔夫球、滑雪、网球、游泳等，不论哪一种体育活动，都有受欢迎的牌子、式样的运动服。可以说，最受欢迎的牌子、式样依然同崇拜西欧和权威主义连接着。伴随着商业广告中上市的名牌的滑雪服大批量地售出，又产生了流行的划一性。热衷体育的现代年轻人，在这方面依然继承着日本人自古以来的定型化的倾向。

余暇活动定型化的副作用也波及日本人的身体文化方面。比如，夏日阳光下的褐色皮肤，成了年轻女性追求的一种女性美，这也是一种"型"。为此女性不惜花费种种苦心，如到海边或游泳场，把身体涂上油曝晒，直至变成满意的肤色，或者去日光美容室下功夫把全身皮肤变成褐色。

这种去海边或游泳场的行动已和体育的内容没有关系，但正是在渐渐脱离体育内容的过程中，定型化发展起来了。日本人定型化的心理要求，没有因生活上实现了表面的现代化而改变。不仅如此，更令人注目的是，表面的现代化越进展，定型化的倾向在年轻人之间反而越强烈。

慰问旅行

日本人在工作场所中由于欲望得不到满足而积累起来的不满，经过业务上的社交活动在某种程度上得以解除，但这是不够的。为了使工作场所中的人际关系融洽，日本还有独特的消除不满的方法。

大企业中有其他国家少见的大规模的福利设施，而且还有"海之家""山之家"等各式各样的余暇活动场所。除这些设施之外，不管企业大小，也不论是官厅还是团体，都谋求通过其他各式各样的活动解除不满和调整人际关系。其中，以传统活动形式进行的是慰问旅行、社员旅行和忘年会等。

"慰问旅行"这个词已不大用了，但同其字面一样，这种旅行包含着经营者或组织的上级感谢和表彰组织的成员平素工作之辛苦之意。其他国家没有这种东西。慰问旅行的形式大体相同，已成为定型的活动。

慰问旅行时，一般组织员工去有温泉、高尔夫球场的地方数日，在那里举行定型的宴会。宴会上，经营者或组织代表和部下一起在旅馆的大厅里共饮。虽然座席大体上还有上下之分，但上司可向下属敬酒，女性有时还可让男性斟酒。进而在酒宴正酣之际，可不讲虚礼，宴会变成一定程度上可以无视上下关系的狂宴。

很明显，慰问旅行的主要目的是向人们提供一个庙会式狂欢的机会，使员工从固定于组织内的人际关系中得到一时的解放，同时使他们离开工作的地区，从日常的紧张生活中获得一时的解放。因此，在慰问旅行中，越是平时在人际关系上，考虑对外面子、限制森严的组织，形式越是脱轨。据说，学校、警察等团体的慰问旅行，常常令上司陷于窘地。

忘年会

忘年会亦采用宴会的形式，其是日本典型的年中定例传统活动，这在其他国家也是见不到的。其他国家的人看见忘年会的"忘年"一词，常问："忘年的意思是不是要忘却过去一年的不愉快，是不是为此才举行这样的酒会？"这样说来，在日本人意识里的某个地方或许潜存着这样一种感慨："啊！今年总算过去了。"总之，忘年会有着相互慰问的功能。

忘年会比慰问旅行的宴会更受到重视。事前要选干事，干事负责计划和主持，有时为了活跃宴会的气氛，还要带头表演小节目助兴。每当岁末举行忘年会的季节来临，各地甚至出现专门开设的传授怎样当干事、怎样表演小节目的教室，足见干事对开好忘年会的重要。干事是忘年会这一舞台的后台总管、导演、监督，有时还是演员，甚至其还像剧场老板那样掌管会计。

不只是忘年会，包括其他以这种方式进行的宴会，可能都部分地接受了农村聚会，特别是庙会时在神前举行的酒宴的传统。"没有哪个神不喝供酒的"，正像这句话说的那样，出席酒宴的众民在神前饮神的赐酒，不论是谁也不能拒绝。

强要不能喝酒的人喝酒的习惯可能是从这里来的吧。在神前，为讨神喜欢，当然众民还需要一起献上点什么余兴。同强制饮酒一样，在忘年会上强制出节目大概也是来自这一传统吧。由此可以想象出今天日本人的宴会方式承袭了农村祭礼的源流。

随伴唱机唱歌

在忘年会上竞相表演拿手小节目的活动，引起了人们对后面将说到的模仿名人腔调的曲艺的爱好，还成了伴唱机出世、盛行后随着伴唱机①唱歌的一个发端。

不只限于随伴唱机唱歌，受电视的影响，"外行人演戏"也广为流行。不得不说，这些都受到在农村祭礼上表演的神乐（祭神的舞乐）及有关乡土歌舞、村戏、地戏等传统的影响。乡土歌舞，如庙会上集体唱的民歌、跳的盆舞等，本来就是全体村民参加的。

以电视为中心的大众文化时代，促使谁都能参加的祭礼的表演艺术复活，像赛歌节目那样的由普通人表现自己的机会越来越多。比如民歌自从搬上电视以来，已在全国复兴。连近代以前的传统表演艺术亦由于电视这一现代化媒介的普及而复兴。

---

① 伴唱机，日本人叫它 KARAOKE，是硬造的一个类似外来语的词，意为不带唱的演奏，起初是录音式的，现在又有了录像式的。在酒馆和宴会厅里，经常可以看到并不太会唱歌的人，也跟着它大声唱歌。

江户时代中期以后，在大城市的居民中间，曾到处流行过一般人学唱"清元""义太夫"等"净琉璃"① 的小曲。今天的普通人赛歌和随伴唱机唱歌，可以说是江户时代农村、城市民众流行学唱小曲的现代版。江户时代以来的研究作为传统被现代人继承下来。这样的业余爱好的普及，在江户町人中间，也出现过。当时人人写"川柳"② 短诗，女性还盛行作"狂歌"③。

这些由个人的爱好普及发展起来的民众文化，至今亦有它的存在价值。前面说过的明治时代以后的日记、进入昭和时代的照相、最近的录像，作为日本人的业余爱好，对民众文化的发展起着巨大的作用。在青年人间的音乐，在孩子间的现代积木玩具、电脑等，虽因年代不同，爱好亦不同，但是日本人的研究心、完全主义及以此为目标的对样本"型"的追求，依然持续着。

5. 模仿和仿造品

爱好模仿

"日本人的特征之一是模仿"，其他国家的人这样说过。

---

① 净琉璃，产生于江户中期的町人社会的说唱艺术，以《净琉璃姬物语》的著名曲目得名。起初以琵琶伴奏，中国的三弦传入后，改为三弦（三味线）伴奏，清元、义太夫皆为净琉璃的曲调。

② 川柳，讽喻时事、世相的 17 个假名的短诗，形式类似俳句，但比俳句自由，多用于口语。产生于江户时代。现在报纸上仍时常登有川柳。

③ 狂歌，诙谐而通俗的短诗，形式类似和歌的短歌，由 5、7、5、7、7 五句 31 个假名构成，但风格完全不同。

他们在说这句话时，多半还附带一句，"没有独创性"。其他国家的人所谓"日本人的模仿性"，具体内容是说，日本人模仿欧美文化，依样而做非常巧，但同时也有轻蔑的含义："日本是模仿的天才！"

前面说过日本人的研究心，其促使日本人从明治初期实行文明开化的基本政策以来，就一直努力地学习西欧的先进文化。不错，在这方面，日本首先是把西欧文化作为样本，从模仿开始的。因为就是独创，也要以学习样本为前提，这是当然的。但正因为日本人热心模仿，很快就模仿成功了，于是在这一基础上，于明治时代产生了不劣于先进国家的具有独创性的研究和技术。这在一定程度上是以江户时代积累下来的学问和技术为基础的。

当然，如果以模仿告终，被批评为缺乏独创性，也无辩解的余地。

的确，日本人喜好模仿。日本人把模仿作为乐趣，并热心钻研这种乐趣。姑且把它叫作"对模仿的追求"，或叫作"实现模仿欲望满足的倾向"。

对模仿的追求，在江户时代中期以后，在町人中特别盛行。江户时代歌舞伎公演时，在戏棚门前，会专门有一个叫"门前艺者"的人，模仿演员的说白、动作，招徕观众。他的表演，如同预报出场演员的广告，有效地起到了唤客的宣传作用。

日本人对模仿声音、表情的关心，并未停止于此。当时还有叫"浮世师"的艺人，他们相当于今天专门模拟声调、形

态的口技演员。不久，他们便独立为一种职业，走街串巷开始
演出。町人们，也以模仿当时的名演员的说白为乐。

当时评论歌舞伎演员的书《役者评判记》，卷数可观。与
此相对，还有一本描写观众看戏样子的作品，是式亭三马写的
《客者评判记》［文化八年（1811）］。其中提及"白口好"
"身段好"，并描写了在剧场里观众热心钻研模仿演员表演的
情景。

> 观剧稍许，即呼：白口好、身段好！忘乎所以。此君
> 突然于高座下之边席，屈腿而坐，忽而颦眉扭身，台上演
> 员瞠目挥首，彼亦挥首，一心不乱，拟其身态，唯潜心于
> 斯。为邻人视为狂亦不介意。

此文生动地写出了日本人的执迷和强迫性的研究欲望。言
及一般人热衷模仿歌舞伎演员声调情况的，还有不少作品。如
十返舍一九①的剧本《东海道中膝栗毛》中有弥二向京（京
都）人、大坂（阪）人表演模仿江户歌舞伎演员说白的场面。

> 京人："你能模仿歌舞伎的说白吧。演一个，哪个演
> 员都可以。"
> 弥二："我可操二三十个人的声调，表演谁呢？是源
> 之助还是三津五郎？不，表演高丽屋吧。可惜你们不知道
> 江户歌舞伎的演员，等于白费蜡。"

---

① 十返舍一九（1765～1831），江户后期喜剧作家。

大坂人："得了，别说大话，来一段！"

模仿声色，不久由歌舞伎的说白，扩大到邦乐①、落语、讲谈②、浪曲③等，到今天，发展到模仿歌星、政客、名人，除声调外，还可模仿动作、习癖等。模仿对象甚至包括棒球选手、相扑力士、职业摔跤选手等。模仿爱好者的年龄下至幼儿，以至电视中出现了"幼儿模仿比赛"这样的节目。

当然其他国家也有类似的模仿表演，如中国有同日本一样的模仿动物鸣叫的口技，但像日本那样盛行于全国的情况，在别的国家大概是看不到的。随着电视的普及、伴唱机的出现，非职业的普通爱好者，越来越多，可以推想，这种对模仿的追求和前面说过的定型化倾向不无关系。

不仅职业的口技艺人常在电视中露面，电视台还常举办普通人口技大赛，还设评审员，评审员从技巧方面给予细心的指导。如曾播送的电视节目《浪曲道场》，除出演者模仿名艺人的演唱外，还辅以评审员的讲评，深受欢迎。人们竞相使自己的模仿达到完美境地，这反映出日本人的研究欲和完全主义。连普通人也研究口技，大概是只有日本才有的传统吧。

模仿以实物为样本，尽力地接近样本，也是以样本为"型"，尽量接近"型"，这是一种对"型"的追求。

---

① 邦乐，亦称和乐，日本民族音乐的总称。

② 讲谈，类似中国的评书。

③ 浪曲，亦称浪花节，以三味线（三弦）伴奏的说唱艺术，比净琉璃通俗易懂，类似我国的大鼓，诞生于江户末期的大阪。

关于漫画风格的肖像画，在日本也有评选比赛。如果说口技的模仿者需要抓住人和动物的特征，那么肖像漫画者比口技模仿者更注意对象的特征，更需要加以夸张，即以变形的手法展现出对样本的印象。这里既有模仿也有创造，两者的结合是重要的，但原则上必须接近样本的"型"。这是一种对"型"的追求。这一点与模仿是一样的。入选评选比赛的业余画家的作品被登在杂志上，并有评注。这种做法强调了技术研究的重要性，刺激了作者的研究欲望，也使看画的读者不得不试着比较一下其到底有几分像真的模特。这也是对"型"的追求。

"模仿物"和赝品

模仿是对真的东西的接近，仿造是对真的东西的模拟。仿造品不是假货或赝品，而是"模仿物"。

"模仿物"从一开始就明确与真品不是同一东西，赝品不只是与真品相似，而且是让人把它当成真品的代理物。制造赝品的技术在江户时代即已达到相当高的水平。绘画、工艺品等的赝品，有时精巧得连专门的鉴定家也难辨真假。战前有的古董展览会，准许以赝品充当真品。具有讽刺意义的是，战后有名的陶艺家制作的假的古壶，被认定是古代的"架空而实际不存在"的"真品"壶。陶艺家制作赝品技术的高超竟重新得到"评价"。

在制作赝品的技术受到如此"高度评价"的背后，隐藏了对制作者道德的批判，这种做法是日本式的。欣赏精益求精的技术，也可以说是日本式热衷技术主义的产物吧。

以往造假货时只使用西欧名牌货的名字，在今天崇拜商标的时代，连西欧名牌商品本身亦被仿造如真。这出自前面所说的崇拜西欧权威主义的倾向。对这种"假货"，日本消费者有一种默许：它不是赝品，虽是仿造，也可以吧。

就是说，在日本人心中，仿造品不是假货，而是所谓"模仿物"。靠普通的经济力量买不起的商品，能买相似的仿造品也是可以的。比如毛皮衣物和高价的宝石等，这类东西的仿造品即受到好评。人们觉得穿戴的不是假货而是与真品相似的"模仿物"，仅此即得以满足。日本人的这种心理，依然是对模仿的追求，是对"型"的追求的表现。

当然，其他国家也有仿造的商品，不过日本的仿造品，因仿造技术先进，对于很多东西外行人难辨真假。如以同真品一样的价格出售即是假货，作为"模仿物"出售时，即是便宜的仿造品。不论是买贵的，还是买便宜的，买者追求的都是以真品为样本的"型"。

说到"模仿物"、模型一词的意思，如字面一样，是模仿"型"。在日本，制作各种模型，不仅孩子喜欢，连大人也非常着迷，这是日本人追求"型"的表现。雏形一词，即是小的模型的意思。

日本人的祖先，制作模型，曾尝试过以各种实物为样本。模仿的对象既有自然，也有人。到了近代社会，又有以机器为对象的模型出现。

庭园、盆景

日本人崇尚自然，与自然结为一体，既有把自我投入自然的"投入自然"，也有把自然纳入自我的"吸收自然"。

人类尝试过的以自然为实物样本制作的模型中，规模最大的是庭园。西欧的庭园是以人工的几何学的样式为基础的，而日本的庭园全是自然景观的缩写。日本庭园研究家指出，西欧的庭园以人通过建筑物的窗户或站在一定的地点眺望为基点，日本的庭园则着眼于动态观赏自然，即人步入其中，景观随其行走，自然变化。总之，日本的庭园是自然的内化模型，显示自然的四时不同的风景的“型”，重现于园的空间。从这一意义上说，其是对自然织就的“型”的追求，是通过人的手把自然造成一种景观的“型”，使自然定型化。

这样的自然的模型，自江户时代开始还有盆景、盆栽①、插花等。当然这些不仅仅是单纯的模型，而且是自然的景观、植物、花草等被收入一种艺术的“型”之中，是日本人对“型”的追求。盆栽是一种缩小的美术品，为此有人认为这是日本人“缩小”志趣②的表现。这种说法，只看到了“尺寸的缩小”的一面，其在根底上，是追求“型”的心理在起作用。盆景也好，盆栽也好，都有相应的专家、研究家，他们在对“型”的追求中，将研究欲和完全主义结合起来，制作出精巧的作品。

不只插花，江户时代以来，还有菊花、牵牛花造型，以及

---

① 盆栽，与盆景不同之处是不用盆石，只以特别栽培的植物（松竹梅等）和盆创作出一种自然和人工结合的美的意境。

② “缩小”志趣，韩国学者李御宁著《追求“小”的日本人》一书指出，从俳句、盆栽、石亭，一直到袖珍半导体收音机，都表现了日本文化的“缩小”志趣。

今天盛行的栽种观叶植物，其都是日本人以追求"型"为目的的研究欲和完全主义的表现。

人　偶

与自然的模型相对的人的模型，即人偶。它不是指人偶玩具，而是指作为模型或"模仿物"被制作出来的人的模仿品，其中具有代表性的是带机关的人偶。研究日本机关人偶的专家们探讨过很久以前的日本机关人偶的精密的机械构造。从机关人偶可以看到日本人的手巧、执着、研究欲、完全主义的精髓。虽然欧洲人在笛卡尔①时代，便根据人是机械的思想，制作过活动的机械人偶，但它们作为机械的侧面突出，而日本人对机关人偶，从服装至动作的细部都加以艺术性的考虑，这样的人偶在西欧是极少的。

活动的人偶中集艺术性之大成的是以文乐②为代表的手操木偶。它虽不像机关人偶那样靠复杂的构造而动，也不是单纯地模仿人的表情、动作，但通过艺人之手创造出了独特的艺术性的演技和效果。

手操木偶能够创造出人体难以表现的表情和动作，从而形成高超的舞台艺术，以至于出现人——演员从中吸取表演技巧

---

① 笛卡尔（Rene Descartes，1596～1650），法国哲学家、物理学家、数学家。

② 文乐，日本古典木偶戏，亦叫人形净琉璃，是木偶与净琉璃说唱艺术的结合形式。木偶近等身大小，由穿黑衣的人在后面操纵，以净琉璃说唱方式进行解说。文乐盛行于江户末期，以最有名的演出人形净琉璃的剧场名而得名。

的逆行现象。不是人偶模仿人而是人学人偶。歌舞伎艺术便从文乐艺术中得到了不少表演的启示。

到了机械时代，模仿机器实物的模型运动兴起，特别是模仿能够行走的交通机械，如蒸汽火车、船、汽车、飞机等。这种缩小技术对于日本人对"型"的追求最合适，其已成为大人的一种爱好。当然，在其他国家也有很多爱好者，但从爱好者的人数和作品水平上看，大概可以说日本最多、最先进吧。

将制作缩微模型作为一项业余爱好，需要具备相应的经济条件和生活条件。在机械化时代的今天，这更刺激、开发了日本人的传统的定型化的欲望。

6．"型"的学习

日本人在定型化欲望的驱使下，总是强烈地希望以某种方式掌握某种"型"。与这种追求"型"的倾向相适应，日本也有传授"型"的制度。

"型"的创造

在日本，优秀的艺术家们，都独自地创造了"型"，这是长期持续的创造活动的结晶。这种创造性的"型"，不是固定的形式主义的终了，在内容上其包括无限的可能性。因此，创造性的"型"，能够通过创始者的优秀的后继人的努力，发现可能性，创造出新的创造性的"型"来，即"入型出型"。这是发展性的"型"。

可是，今天的家元式制度的倾向是传授没有发展性的固定的"型"，如秘传、奥义、奥许①等。在固定的"型"中，是发现不了"型"的创始人、发展者所有过的艺术的必然性的，有的只是惯例："过去就是这样做的。"

艺伎等学练宴会场上用的古典小曲、舞蹈等，被称为"稽古事"②，即学练固定的"型"，其主要目的在于通过学习取得一定的等级、资格。这种为取等级、资格的学习，不只限于传统艺术的领域，私人办的钢琴教室，也是根据学生大体能依样弹多少支曲子来给他们定等级的。

让学生掌握固定的"型"，连做学问的世界也有同样的现象。如有的大学，出版了怎样写报告、论文的书，学生便依"型"写报告、论文。一般的大学教育，在很多方面，都同"稽古事"类似，只不过是取得等级、资格，谋求就业的一种手段。学生依"型"结束学生生活，依"型"成为社会人。

"型"的传授，产生了家元式的师徒关系。师徒之间的关系不只体现在艺术、学问上的教和学的关系，也体现在日常生活中。在义理上，弟子一方产生了以某种形式为先生服务的义务。比如，连先生家族的红白喜事，学生也要去帮忙。

家元制

"型"是传统行动的形式，当然需要继承。继承本身是一种惯行，即以世代相传或家传的形式，把世袭的家业、商业的惯习、手艺等继承下来。在艺术、武艺等领域则通过传授的方

---

① 奥义、奥许，意皆为秘传。
② 稽古事，意为练功、学习，主要用于学习日本古典音乐、舞蹈方面。

式把"型"承袭下来。

不论世袭手艺，还是艺术、武艺，只要实行家传，便会产生家元式的制度。今天，关于家元制度已有很多人从种种角度研究过，笔者要说的不是家元制度本身，而是关于家元的意识。

家元成为一种制度，其历史可溯及江户时代以前，而家元意识至今依然深深扎根于日本人的生活意识里。一般当说到家元时，人们都会想到由于家元制，艺术、表演艺术界中的权威问题，但日本社会生活中的家元式的东西，未必只存在于传统的艺术界。

比如，现代音乐领域的演奏家，虽然不使用家元、流派这种名称，但家元式的权威仍然存在。他们不像传统艺术界那样称呼"家元"，但有很多弟子，弟子之间还有辈分、序列，他们站在这一金字塔的顶端，与弟子保持着严格的师徒关系，这种关系还伴随着经济性的剥夺。最高权威者以其独特的教授法教授弟子，弟子自行继承他的表现技巧，于是权威者和弟子双方产生家元意识，权威者被视为家元式的绝对权威。不论在艺术上，还是生活上，弟子只要不服从绝对权威，便会失去做弟子的资格。

家元式的权威金字塔构造，不只限于艺术社会，在以带徒方式传授技术的领域，也可以见到类似现象。医学领域的家元式的构造表现于临床医学的传统学风上。医学部有从教授到副教授、讲师、助教、研究生的序列，医院有从院长直至实习生的序列。在这里，权威者和弟子之间，形成权威和服从的金字塔构造。它是靠家元意识支撑着的。可以看到，在最现代的医学世界也根深蒂固地保留着家元式的构造。

在日本人的人际关系上，连现代的艺术、科学领域，也受到家元式的构造支配，并承袭了旧的流派、学风等。如果被这金字塔疏远，人们在生活上、人格上，都将会招致毁灭。正因为存在这一事实，才产生了山崎丰子①的小说《白色巨塔》。

在家元式的构造中，之所以看重"型"的传授，有如下若干理由。

第一，经某一权威创造产生的"型"，在当时的阶段曾是含有发展机会的创造性的"型"，但随着传授、继承，变成固定的"型"，在由创造性的"型"变成停滞的固定的"型"的时候，守住它，可以安心地生活在家元式的构造中。家元制对弟子最大的魅力是只要在艺术上、生活上照猫画虎，就能得到保障。只这一点，即能成为取得自我确实感的一种有效的心理基础。

第二，家元意识能够使弟子们通过把自己与权威性的家元集团同一化，取得"集团我"，并借以补强、扩大自我，居于有权威的家元之下，便会自感骄傲，信心百倍。

第三，在家元的支配下的弟子们，在艺术上、生活上，行动一律，这也可作为自我的依托，从而有可能多少增强自我的确实感。

---

① 山崎丰子，当代社会派女作家，生子1924年。《白色巨塔》以一大学医学院为背景，揭露了医学院内部争权夺利、尔虞我诈的黑暗现实。《浮华世家》《不毛地带》也是她的代表作。

经营的定型化

定型化的心理要求，在企业经营领域，也有表现。如有一个企业引进了新的经营方式或技术，随后便有一批企业陆续以此为样本加以模仿。如有一个企业扩大设备投资，甚至连经营规模小的企业也会追随增加投资。但大企业能够取得效益的做法，小企业勉强去学，未必会增加效益，相反可能因此破产。

比如，工厂引进工业机械手，曾成为时髦之举。有不少模仿大企业而引进机械手的中小企业为此陷入困境。不根据企业的实际情况，仅追求流行和表面的"型"，引进办公自动化机器而失败的也不乏其例。对经济上的合理考虑，如果被追求流行和定型化的心理要求所压倒，就会暴露出日本式经营的一个弱点。

前面谈到过由于日本企业实行终身雇佣和论资排辈升级制度等，所以人产生了信仰"企业永存"的心理。与此关联，还应注意的是日本的公司职员，他们强使自己符合"社风"和企业形象的心理亦很强，这也是定型化的倾向。

要像个什么什么样子

定型化的追求，还表现在日本人对孩子的礼貌教育上，即常向孩子说的"要像什么什么样子"。孩子们从小时起就被要求："男孩像男孩样""女孩像女孩样"。

如前面所说，日语，即使是日常用语，也有男女区别：男孩自称我为"仆"（ばく），女孩自称我为"私"（わたし）。这种语言的区别，是自然而然地使男孩或女孩认识自己"应有的样子"的内化的有效手段。从这时起，第一人称的表现形式，即规定了男孩或女孩的人格。这也成了日本的孩子接受"型"的形式主义教育的出发点。

随着孩子的成长，在每个年龄阶段，要求"应有的样子"的"型"不断变化，大人随时都会做出判断："像个孩子样"或"不像个孩子样"。上学后，又被要求"像个学生样"。如脱离要求的"型"，便会被疏远，被认为是别扭孩子、怪孩子。不只被父母或老师疏远，在孩子中间，如不像要求的孩子样，也会被伙伴排挤。孩子们爱看电视，不只因为节目有趣，还因为担心第二天上学时，同学谈起前一天的节目时，自己不知道，遭受白眼。每天热心地看电视是像个孩子、像个朋友的条件。

从少年期进入青年期，要求的"样子"分成两个：一是"你还是个孩子！"依然要求孩子样；二是"你已经是大人啦！"要求像个大人样。青年期的人被卷入必须同时应付"还是"和"已经是"这两种要求的矛盾中。

青年期之所以被认为是"矛盾和混乱的时期"，是因为青年是介于孩子、大人之间的中间存在，在这两极之间动摇。是靠近依然当孩子的"还是"型，还是靠近"像个大人样"的"已经是"型？如两方面都不靠，便会形成青年的不安定的心理，于是他们开始追求青年特有的自己的"型"、独自的"内的客我"、自己的形象。尤其现代的少男少女因发育加快，生理成熟时期到来得早，身心不平衡带来的混乱十分明显。

今天的年轻人出现的性、暴力、犯罪、出走等行动，都是因为不能把自己的 identity（本体）纳入大人所制造的"型"

而造成的。这是对"型"的社会的反抗，是否定"型"的心理表现。

在大人的世界也因社会不安、个人不安而发生动摇之际，大人所提示的理想的人的"型"，对青年来说，已不值得信赖，但他们自己的理想人又难以诞生，于是便做出不少各式各样的表面上仅仅表现自己的尝试。然而，年轻人之间使用的流行语以及时髦打扮、体育等，依然是以追求日本人共有的"型"为特征的。他们的"自我表现"也是嵌在他们要求的"像个青年人的样子"的"型"之内的。这是具有讽刺意味的。被说成"刺头"的高中生们，也穿着定型的服装，但一眼就可以认出来。比如，《少年不良倾向早期发现法》一书，即以图画出了"刺头"学生的标准服装。从此事也可清楚地看到定型化的倾向。

在大人的世界里，根据职业，要求"干什么像什么"，亦甚明显。商社职员要像商社职员，教师要像教师，医生要像医生，等等，不只外表，在不同的职业生活中，人们还被要求掌握各自职业内在个性的"型"。为了得到他人对自己和自己的职业的信赖，这种"干什么像什么"的要求，是很重要的，它亦可增加自我确实感。

7. 研究和"求道"

研究欲望

定型化的心理，是指通过自己的运动，产生强迫性的追求愈益细微的"型"的倾向，它和日本人的研究欲望、完全主义结合起来，表现在生活的各个方面。

定型化的心理，其内部之所以伴随着强迫性倾向，是因为不论干什么都以一定的"型"为样本，并无限地接近样本，这是镇静自我不确实感的一种心理机制。为掌握样本的"型"而研究掌握方法的研究欲望，和推动通过研究实现依"型"而行动的完全主义，在这里一齐发挥作用。其他国家的人说："日本人勤勉"，这也是日本人的一个心理特征。而研究欲望则又是佐证日本人勤勉的一个心理倾向。

这种研究欲望是从何处产生的呢？

第一，江户时代的锁国，使日本人习惯不依赖其他国家，而致力于创造独特的艺术和学问的研究。

第二，在身分制森严的社会，不少有才能的人不能也无法选择世俗的名禄之道，而只能投身学问、艺术或个人爱好的天地，他们专心致志，发挥了所有的热能。如造型方面的精细工艺品、浮世绘，学术方面关孝和①的"和算"，本居宣长的国学，近松、西鹤②、芭蕉③的文学等，都是他们在封闭的社会

---

① 关孝和（1637？～1708），江户前中期的数学家，他研究了行列式、方程式论及正多角形和圆的计算等。据说，他关于圆周和弧的长度的研究，接近了西方的微积分学。

② 西鹤，全名井原西鹤（1642～1693），江户前期的"浮世草子"（风俗小说）作家，在日本小说史上居重要地位，作品有《好色一代男》《好色一代女》等，这些作品通过男女爱情故事，反映了町人阶层反封建、争取个性解放的一面。

③ 芭蕉（1644～1694），全名为松尾芭蕉，江户前中期的俳谐诗人，一生漫游各地，淡漠世俗，创造了独有的"闲寂恬淡"的俳风。他的作品对后世俳人影响极大。

里潜心研究、修业的结晶。

第三，明治维新以后，向现代国家迈进的日本，根据新政府的文明开化的基本政策，以学习新文化，并赶上西欧先进国家为国民的大目标。为此，强调普及教育，引进了义务教育，从而使日本的教育在江户时代的私塾的基础上迅速发展。

虽然对先进国家的尊敬产生了以西欧为权威的崇拜西欧的倾向，但在以西欧文化为样本进行模仿、学习的基础上，日本也开始了创造性的活动。江户时代的集中力和明治时代以后的学习欲望重合起来，使日本人不只在学问、艺术方面，在生活的一切方面，都充满着旺盛的研究心。在日本，人们对体育、余暇游乐，也喜好"研究"。这是在其他国家看不到的现象。

前面谈过日本人喜爱定等级、排名次。等级证明人们为取得它所付出的努力；而研究和练习，即是努力的内涵。比如，作为余暇运动的高尔夫球，西欧人把它看作一种游戏，并不需多少训练，但日本人会接受先生指导，并按照教材，反复研究，反复练习。关于比高尔夫球游乐因素更强的交际舞，在日本，有交际舞研究会，还有交际舞教材。在交际舞教室里，跟随教师学习跳舞的人也不少。这大概是只有日本才有的现象。保龄球的教授，有一段时期也曾上过电视节目。现在教高尔夫球的节目又取代了它。

业余爱好也有"段位"

最大众化的游乐打弹子①，最近出现了靠它生活的职业

---

① 打弹子，带有轻度赌博性的大众娱乐，战后才兴趣的。

"名人"，一般爱好者亦注重磨炼技巧。麻将也设了段位等级，以至出现了"雀道"一词。

余暇娱乐的围棋、将棋（日本象棋）的业余棋士中早就有段位。经过潜心研究，获得段位的业余爱好者，为数甚多，有些人不亚于职业棋士水平。以抢识诗牌（歌留多）①的活动为例，明治三十七年（1904），以黑岩泪香为会长建立了"东京歌留多会"，并首次正式举行全国比赛。自那以后，这一争夺段位和名人称号的比赛，经久不衰。虽说这些活动都有个争名次、级别的目的，但可以看到日本人不论干什么，不研究就不自在的强迫性的完全主义的倾向。

今天，主要由女性学习的花道、茶道，是建立在家元制基础之上的。它们因流派不同，"型"也有微妙的不同，为掌握"型"，需要学习者热心研究。既然把它们称为"道"，至少在原则上要求学习的人专心致志。

对于被动的余暇活动，日本人也同样表现出热心研究的倾向。如电视台之所以重视棒球比赛的解说、评论，不仅是因为它是全民性的运动，更是因为人们对它表现出强烈的研究心。电视解说，对不去球场的观众来说，是满足他研究欲望的一部分。电视的普及，又进一步刺激了日本人的研究心。从这一意

---

① 抢识诗牌（歌留多），歌留多是葡萄牙语卡片的谐音。抢识诗牌是把有名的和歌诗句写在牌上，写全句的由读牌者用，写半句的散放在"榻榻米"上。当读牌者刚念到一首和歌的前半句时，抢牌者就抢写有下半句的牌，以抢到纸牌多少决定胜负。这是比较高雅的游戏。

义上说，电视不仅是娱乐的提供者，而且发挥着满足人们研究心的广义的社会教育的职能。

当然，满足人们研究心的手段，不只是电视，印刷媒介也起着重要作用。比如看过电视的球迷，需要读第二天报纸上详细的解说，才能满足。因为电视留在人们记忆里的东西，是不确实的，详细的印刷文字能够补充只听电视解说的不足。印刷媒介也对棒球"研究"起着补习的作用。

文化修养讲座

在个人的文化修养方面，日本人的研究心和追求完全主义的劲头，更胜过对体育和游乐的研究，因此日本人的余暇生活十分忙碌。文化产业越来越发展，这是因为过去对文化修养不大关心或没有机会的阶层提高了对文化的志趣。

在40岁以上的女性和更高年龄的男女中，想要学习某种文化知识的倾向非常明显。这是因为家庭妇女从家务、育儿中解放出来，有可能走出家庭，实现战后没有条件实现的研究欲望；由于男女平均寿命的延长，高龄者也拥有了能够学习各种文化知识的身体的和精神的条件。

因电视的普及，信息量增多，这也直接、间接地刺激了人们的研究欲、求知欲，从而产生了满足自己欲望的行动。不过，文化修养的定型化也随之出现。如认为读完规定的古典书，即算有了文学修养；学了一定"型"的外国语，即算有了作为国际人的修养；等等。

一般性的知识修养受到重视，比如，供就职考试、入社训练用的常识用语一类的书销售得很快。与此同时，在另一面又出现了把知识当游戏的倾向，它追求的是杂学、趣闻、趣事等。包括大众媒介在内的广义的文化产业，既向社会提供了大量的知识修养材料，又制造了一批批违反日常性或非日常性的知识游戏。

这种游戏，主要是违反常情的语言游戏，如前面已说过的电视出演者使用的荒唐、无聊的语言，年轻人制造的流行语等。可以说这是年轻人代替政治性反抗的游戏式的反抗、庙会式的反抗。而每日电视节目等大量生产的这些东西，大部分都是短命的文化"消耗品"，随即便会被人忘掉。

就连轻松的节目、轻松的杂志也明显地存在着定型化的倾向，如漫才①热，接连创刊的以年轻人、女性为对象的杂志的泛滥等。无论什么，只要有一个赶上浪头，其他便跟随模仿，如同出一个模子，令人厌恶。定型化的倾向推动同型的大量生产，同型的大量生产又将日本的大众文化带进公式化。

术和道

日本式的"型"的传授，强调超越艺术、学问内容的"道"的精神。"道"一词强调的是"术"以上的或包括"术"在内的精神的构造。艺术有艺道，武术有武道，医术有医道。

---

① 漫才，近似中国的相声，一般由两个人表演，有时也有多人合演的。它产生于关西地方，因此都用大阪方言表演。它是在逢年过节时挨门挨户唱喜歌、说吉利话的双人"万岁"（曲艺名）的基础上发展起来的，与落语没有直接关系，只有六七十年的历史。

　　自中世纪以来艺术被称为艺道。关于把艺术和宗教精神，尤其是佛教的禅结为一体的思想，古代的例子有世阿弥的能乐论，武术中有以宫本武藏为代表的武道论，它们都重视精神性的"道"甚于重视"术"，这也显示了日本式的独特的精神主义。当然，对于像世阿弥、宫本武藏那样的艺道、武道的杰出创造者来说，"道"的意识支撑着"术"，"道"成了创造性地发展"术"的精神上的契机。这里存在的是合理意义的精神主义。可是这样的合理主义的"道"的意识的本来的姿态，在家元式的制度中，以非合理的神秘主义的形式出现，即所谓的秘传。

　　现代体育中也可看到精神主义的倾向，如让运动员坐禅打坐，修养精神。标榜追求道之终极的体育，如重视"心、技、体"的相扑世界，便强调精神主义。大力士双叶山在他的《相扑求道录》中大谈精神主义，他引退后成了某新兴宗教的忠实的信徒。棒球教练川上指出他最爱读的书是心理学者黑田亮的《灵机的研究》，其中讲的是庄子的道的思想。双叶山同样也说他得道于庄子思想。

　　为完全主义所支撑的日本人的研究，究其终极是求道心。值得注目的是，近年来许多人指出：日本人的心理中，不只引进了佛教、儒教，还引进了道教的求道心。

五　多元性和灵活性

1. 文化的多元性

场合主义

如前所说，日本人的强迫性倾向产生于对定型化的追求，并从而使日常行动规格化。而日本人的行动样式并非是单一的，它具有多元性倾向，即像前面说过的那样，依照具体情况具体对待的原则，把生活分成若干"场合"，根据"场合"不同，采取不同的相应的行动样式，姑且称之为"场合主义"。

比如家庭内、公司内的工作现场，同是工作现场，同同事一起工作、会见上司时，行动样式却明显不同。下班后的应酬交际、伙伴集团的行动也有相应的样式。

在家庭里是个好丈夫、好父亲的"有修养"的人，在与同事们一起游乐时，却丑态百出；在上司面前谦恭谨慎的职员，同伙伴喝起酒来，却无所顾忌地说上司坏话。这并不被看作奇怪的事。这即是常说的"内"和"外"、"表面原则"和"真心"的区别运用。这样做并非是有意识的、打算好了的，而是作为日常的习惯性的行动，自然地、下意识地、无抵触地进行的。这是日本人具有的特征。这样的相互矛盾、对立的种种行动样式，被收入各种情况、各个"场合"的框框内。人们感觉不到每一套行动样式之间的矛盾、别扭，就是感觉到，也可宽容共存，可谓之"对多元性宽容度大"。如果行动中遇到抵触，那便是"场合不对"，也便"丢面子"了。

这样的分"场合"的多元式的行动样式，常会令其他国家的人感到日本人表里、内外不一，伪善，骗人。但如上所说，这种多元行动的划分是习惯性的，与有意图的玩弄心眼不同。

多元性的形成过程

出自"场合主义"的多元性，是在日本人的历史生活中自然形成的。下面试从历史心理学的角度看一看它的形成过程。

人们常常把单一民族、单一文化看作日本人的特征，并试图以此说明日本人的国民性。的确，从社会地理学看，日本是岛国，人种、语言具有接近单一的同质性。但这只是看日本人的一个角度，不能忘记比单一性更明显的多元性。

日本人的多元性有两个侧面：一是历史的重（chong）层性，另一点是空间的分离性。日本人的生活是从绳文文化及①

---

① 绳文文化，日本新石器时代的文化，以出土的土器上的草绳样纹而得名，始自公元前数千年。当时的人们以渔业、狩猎、采集野生植物为生。

相继的弥生文化①的重层开始的。认定日本人本来是农耕民族的单一民族论，从狩猎民族文化和农耕民族文化相重叠时起就已不成立了。

弥生时代以后，建立古代国家时期，由于接连引进外国文化，从考古学上看，日本的文化又累积了新的层。特别是儒教、佛教、道教，不仅对后来日本人的宗教意识，而且对文化意识以至广泛的生活意识，都产生了深刻的影响。

日本人原有的信仰——古神道意识和佛教融合，在制度上，形成了神佛习合的形态。在日本人的宗教意识里，神道的东西和佛教、道教的东西共存。原有的宗教和外来的宗教混合，进入江户时代，神、儒、佛、道的宗教意识进一步融合，给日本人的宗教生活带来了独特的多元性。至今，在日本仍到处可以看到这样的多元的宗教意识及由此产生的多元的生活方式。

比如，家庭里孩子诞生，首先依神道去参拜神社。就是说，关于生命及其发展的每一关键时刻，都受神道支配。与此相对，佛教更多地管死的世界，极少管生，葬礼等多采取佛式，与死者世界的交流，主要由僧人承担。近年来，在基督教的教堂里举行结婚典礼的人多起来（结婚宴会等仍按旧习），这与宗教信仰无关，就像不是基督徒也过圣诞节一样。

---

① 弥生文化，日本农耕时代最初的文化，因弥生土器出土于东京文京区弥生町而得名。大约开始于公元前二世纪，为金属器和土器并存的时代。但据近数年的出土调查，在九州地方弥生时代早期的水田遗迹中，发现了绳文晚期的白式土器，这证明绳文晚期即已开始有稻作。据此认为绳文和弥生文化是"重层"的。

这种宗教性仪式的多元化是和宗教意识的多元化相对应的，在家里，神位和佛坛并置，并不让人感到矛盾。这表现了日本人宗教的多元化。

这样看来，日本人的宗教意识，其古层是原有的神道，在它之上重叠着佛教、儒教、道教，进而又附加了江户时代以来的天主教、明治时代以来公认的基督教的新层。

可是还不只限于这些，还要加上从幕府时代末期至明治时代出现的像天理教那样的民众宗教、现在流行的新兴宗教，我们现在很难简单地弄清在日本人的宗教意识中哪种宗教居支配地位。人们应当注意的不是各种宗教进入或成立的过程，而是日本人的宗教意识是以多元化为特征的。

文化的多元性

日本文化的多元性，不只限于宗教领域。艺术、科学或者技术也同宗教一样，至今亦存在多元性。在艺术方面，如溯及古代，日本人的美意识，有绳文式和弥生式之分。而在佛教的样式得到国家的保护和发展的同时，神道成为国家的神道，进而在造型艺术上，便出现了像伊势神宫那样杰出的建筑。随着佛教美术的发展，在江户时代，日本人创造了像浮世绘那样的版画艺术。有种看法甚至认为最纯粹的日本式的美术的起点，可上溯至桃山时代①。总之，至少如前面所说，日本的建筑、绘

---

① 桃山时代，从 16 世纪中叶至 16 世纪末，是丰臣秀吉活跃的时代，以秀吉晚年在京都建的伏见城（后人称桃山城）得名。桃山时代的壁画中金箔被大量使用，画风华丽，建筑多以雕刻做装饰。茶道也兴于此时。

画、工艺等，在江户时代，在锁国的特殊条件下，由于很少受外来的文化、艺术的影响，而产生了独特的江户艺术。

今天得到国际上好评的歌舞伎、能、狂言、文乐、邦乐，还有书道、花道、茶道等，都是在那时的锁国条件之下未受其他国家艺术的影响，日本人自行提高独特的美感而产生的。它表明自那时起，日本人的美学意识终于具备了独特的内容。当然，不能不承认经过提炼、综合产生的江户艺术，如果观察它的细微部分，还是可以发现平安朝以来其他国家文化的基础。

可是江户中期以后，日本人的美学意识中的"粹"① 或"间"，原封未动地流传至现代，从中可以找到日本人追求的独特的美感。

明治以后，西欧艺术传入，江户艺术或更早的优秀的艺术传统，在艺术"改良"运动路线的影响下被否定、被歪曲。于是新的未被消化的西欧艺术和被"改良"的传统艺术并存。

学术教育方面也有典型的多元性。首先，儒教、佛教作为理论的一面，是日本学问的古层。把写汉文看作学者能力的标志，这一习惯延续至江户时代。在佛教的哲学方面，从空海②至道元③创造了精深的理论。江户时代虽已有洋学传入，但由

① "粹"，意为风雅，其反意是俗气。原为江户时代游巷的"风流家"们追求的一种理想境界。

② 空海（776~835），又称"弘法大师"，平安时代名僧，804 年随第 11 次遣唐使入唐。806 年归国，开创真言宗。

③ 道元（1200~1253），镰仓中期名僧，1223 年入宋，1227 年归国，开创曹洞宗。

于幕府的限制，只有些许发展。另一方面，以本居宣长为代表的国学，作为江户时代土生土长的、精炼化了的学问亦应得到评价。

自幕府时代末至明治时代，洋学家们积极地吸收洋学；但连他们也主张"和魂洋才"，给学问世界带来的依然是多元化。

在自然科学领域，日本虽然急速地赶上了西欧，并已和西欧并驾齐驱，但就是在今天，在学风上日本依然保留着浓厚的引进学问的治学风格。学术界依然把西欧的学说作为样本，受到赞许的只不过是它的日本版。

藩民性和县民性

明治新政府废除了江户时代的封建藩制，实现了近代国家的全国统一，可是日本并未因此摆脱地方性的多元化。虽说江户时代的藩消失了，但作为地方自治体的县，都多少地继承了旧藩的地方性、藩民性。此外，作为它的延长的是乡土性的文化和县民性，这些至今依然存在着。就像今天出版的《新人国记》一类的报道和书的标题那样，全国各县遗留着的多元的地方性，明显地发挥着作用。

如果展开地图，就像许多人指出的那样，与江户和上方（京都、大阪）的旧名称相对，今天的关东和关西的地方性不同，更扩大一些，东日本和西日本的地方性，或者用不太好听的说法，表日本和里日本①的地方性都不同。对此，任何人都

---

① 表日本和里日本，以本州中央的山脉为界，以北面临日本海方面为里日本，以南面临太平洋方面为表日本。

可以看出日本在文化和居民性格上存在着二元性。

的确，如上所说，不得不承认日本在各方面都存在着地方的多元性或二元性，但是并不能依这种多元性的样，就断定日本人的心理是完全因地而异的。应当注意的是，随着今天的大众化社会、信息化社会的发展，大众传播工具和交通的发达，多元的地方性正以多元并存或混在的形式，走向不统一的统一，也就是说，多元而又不分离、对立。

比如，反映地方性的方言的作用，就已发生了变化。一方面，由于受大众文化，尤其是电视文化的影响，在全国使用通用的共同语播送节目，使方言的作用减弱了。而另一方面，通过以漫才为主的曲艺节目的公演，关西方言特别是大阪的方言，为关西以外的地方广为所知。电视剧、民歌的广播，也使东北方言和九州方言广为全国所知。这样一来，地方方言的多元性，通过大众文化的媒介，形成并存或混在的多元性，而不再是分离的地方多元性了。

高级文化和低俗文化

日本文化的多元性，还表现在反映文化层次的高级文化和低俗文化的二元性上。明治政府理应废除因江户时代的身分区别所造成的文化的多元性，大体依据"四民平等"的原则，在文化方面，争取实行消除上下区别的文化政策。但随着以天皇制为顶点的新的阶层的形成，反而扩大了社会上层所喜爱的高级文化，连原来江户时代作为町人文化的歌舞伎也经过天皇的"天览"，升级为上层戏剧。这种"天览文化"的出现，使明治文化分裂为上层喜爱的高级文化和民众观赏的低俗文化。

　　高级文化除歌舞伎以外，还有从西欧引进的西洋音乐、西洋绘画、西洋建筑等。与此相对，江户艺术中的邦乐、浮世绘等作为低俗之物遭上层社会冷落。江户民众喜爱的落语等曲艺艺术，直至战后一直被作为低俗娱乐看待。从明治末期至大正初期，为了克服高级文化和低俗文化的二元性，比如坪内逍遥①曾提倡普及"个人爱好"运动，企图使邦乐、邦舞进入上层家庭。后来邦乐、邦舞虽成了得到上层人士支持的高级文化，但这并非是由于坪内的运动，而主要是靠强化家元制度实现的。

　　今天，连在战后大众文化出现以前被看作高级文化的歌舞伎、邦乐、邦舞等，也急速大众化，高级文化和低俗文化的阶层的差别终于开始消除。

　　由于大众文化的形成，一直以来的高级和低俗、中央和地方的文化差别在消失，特别像电视剧那样的大众艺术，有时同一剧的出演者包含歌舞伎演员及年轻歌手，几乎包括所有门类的演员。据此可以知道，大众文化进一步加强了日本文化多元混在的性格。

中央文化和地方文化

　　从文化的地方性的存在，可以令人想到中央文化和地方文化的二元性或多元性。

　　明治以后，由于中央政府所在地东京拥有政治和经济地

---

　　①　坪内逍遥（1859～1935），明治、大正、昭和时期的小说家、评论家、剧作家。

位，所以形成了以东京为中心的中央文化，与此同时，自然地带来了中央文化和以地方自治体为基础的地方文化的二元性或多元性的对立。比如，文学上有中央文坛和地方文坛，美术上也有中央画坛和地方画坛，等等。虽然表面上不说，但实际上在人们心理，中央和地方本身，即表明了文化的上下、优劣的等次。再比如，在世俗方面，因中央文化的中心地东京有个"银座"，于是地方城市繁华的商店街，都效仿东京起名为什么什么"银座"。

不过这种中央文化对地方文化、东京文化对农村文化的多元性，随着大众文化的发展，上下优劣之分逐渐淡薄。在这里，文化混在的多元化也伴随着大众社会的发展进行着。

在农村，由于引进现代农业技术，交通发达，随着自用汽车的普及，农村与城市的交流增多，不分中央和地方的大众文化，尤其在年轻人中间，迅速普及。地方文化的传统民谣、乡土舞蹈等，纳入电视文化，可供全国人观赏，这使其同时又具有了全国性共同文化的性格。地方文化向全国性文化发展，削弱了中央文化的存在价值。

受传者的多元性

大众文化中混在的多元性，当然，在受传者一方的心理上也会有所反映。特别是在青年一代的意识中，已没有文化的高级和低俗之分，而演变为是有意思还是乏味？是喜欢还是讨厌？是清洁还是龌龊？他们开始优先从感情上评价好坏。

所谓感情优先主义，是电视文化受传者的习惯反应，他们对大众文化的制造者每时每刻传送的形象性的东西，随时都会有被动的感情上的反应。大众文化通过提供大量的信息和形象操纵群众，从而产生一种流行的集团主义性的影响力，它的影响力是十分强大的。如前面所说，年轻人有参加流行集团的志趣，并担心被流行集团疏远，他们的这种心理发挥着作用。

大众文化的社会心理功能是使人们出现心理上"等质化"的意识，同时日本的大众文化又给受传者带来了混在的多元性文化意识，于是在人们心理上形成了复杂的意识构造，与其说复杂，不如说杂乱更贴切，即多元性和"等质化"并存，对此日本人并不太感到矛盾、别扭。

值得注目的是：生活在可同美国比肩的强大的大众文化社会里的日本人，由于意识的多元性，正在形成一种同样地拥有多元性的"等质化"的心理。如果从共有混在的多元性这一意义上说日本人是单一民族的话，那么可以预见这种单一性随着今后大众文化的发展将会进一步增强。

2. 生活的多元化

西装与和服

日本人的生活行动是多元的，所谓"双重生活""和洋折衷"被认为是日本式生活的一大特征。现在连这样的话也不多见了，生活的多元性，到处可见，人们已不太特别注意它。

以往被看作"双重生活"的典型的是衣着。在今天，由于西装、洋服的普及，和服反倒显眼了。可是衣着的多元化，并没有被西装的一元化所代替，只是西装与和服的机能明显地分化了。

　　如上面说过的，今天日本的传统活动很盛行，特别是女性并没有失去利用这样的机会穿漂亮的和服的习惯。这同宗教性仪式的多元化一样，生活行动的多元性符合日本人喜好仪式的倾向。在衣着生活方面，柳田国男曾指出过"晴"和"亵"①的区别，这至今依然作为生活习惯保留着。

　　但另一方面，日本人对流行的敏感度又非常高。世界上的新时装如潮涌来，借助崇洋倾向，日本人的衣着生活进一步多元化。特别是年轻人无批判地接受西欧和美国的新潮服装，使各种新的服装和洋名称混杂在一起。

　　衣服或服饰，对穿戴的人来说，是物质性的自我的一部分，其有助于部分地强化内在的自我。衣着生活的多元化可使人借助服饰在某种程度上弱化自我不确实感，其作用同心理上的安定剂一样。女性如能穿上和时装模特一样的女装，就会感到自己也和模特一样美。对"型"和模仿的追求，在这里也发挥着心理上的作用。

　　大量的时装信息从欧洲进入日本，只要吸收其中一小部分作为样本，就会出现多种多样的服装，这也必然促进服装的多元化。

不同场合穿不同的服装

　　衣着的多元化与仪礼行动相关联，要求根据不同的时间、场合穿不同的服装。遇到红白喜事和节日时，该穿什么样的服

---

① "晴"和"亵"，日本古语。"晴"指外出或参加喜庆活动时；"亵"指日常或在家时。

装呢？这在日本人的交际生活中，至今还是需要特别留意的事。因为穿不合时宜的服装被认为是失礼的，所以，今天在日本，每一家都要准备各种定型场合需要的服装，这是一种社会规范，需要遵守。

前面说到过，日本人的行动倾向是追求"型"、遵循样本。生活的多元化又作为一种集团性的心理的制约加入日本人的行动倾向之中。可以说，衣着生活的多元化反而进一步加强了日本人对"型"的追求。

比如，参加红白喜事，需穿特定的礼服。我们可以认为这种礼服的外在形式能够影响穿衣者内在的心理，人们一穿上礼服，便一改常态变得严肃起来。这样地依衣着要求制造出的感情，与要出席的仪式相适应。穿漂亮服装出席婚礼表现出的欢悦心情，着黑色丧服出席葬礼表现出的悲哀心情，都是心理上依服装的外形而表现出来的。在这里，日本人的"场合主义"也发挥着作用。

这种通过服装物质的外形影响人的内在的意识，同前面指出过的使用敬语将外在的东西内化的心理机制相似。

服装的多元化，一方面，是指受最现代的时装左右的多元性；另一方面，又指根据最传统的仪式的要求产生的多元性。不过，与此相对，最近，红白喜事和各种酒会，不要求穿礼服，欢迎以常装出席的例子渐渐多起来。请帖上特别写明"请穿常服出席"的也多起来。这种常服现象是不要区别外出服装和普通服装、礼服和常服的生活合理主义的表现，表现出日本人想要克服衣着生活由传统风俗所造成的多元化的那个方面。

流行时装所造成的衣着多元化和生活合理主义所提倡的常服化，乍看起来相互矛盾，但对年轻人来说，本质上，是一种倾向的两个方面。

多型化

年轻人服装的多元化，即多型化（multiform），是对一元的制服文化的反抗。最典型的制服是军服，越南战争期间，在美国青年中间，流行多型化的服装，这含有无言地抗议战争、要求和平的侧面。同样，长发也是针对军队的短发而流行起来的。也就是说，服装和发型等的多型化，在美国曾是自由、和平的象征性的表现。

美国青年的这种具有广义的政治意义的流行，在日本，只流于表现。尽管如此，在日本的管理社会中，年轻人反对管理、要求个人自由的要求，也肯定会无意识地潜在其中。虽说是潜在的，但个人服装的多元化，也是一种与管理相对抗的对自由的追求。这同反对仪式服装主张常服化的倾向，在本质上有相同的一面。

虽可以认为年轻人服装的变化，是个体主义的自由的表现，但这大多只是选择服装外形方面的自由的自我表现，只是表面上应付自我的不确实感，而不是确立内在的自我。在这一意义上可以说，青年一代，形成内在自我坚实的个人主义还很困难。

饮食的三元性

日本人的饮食生活，从电视上的怎样做饭菜的节目里，可以知道既有和食、中餐，还有西餐。日常生活中家家如此。这种饮食的三元性并非仿照宗教生活的三元性。

日本人把本国的饭菜称为"日本料理"或"和食"，它已成为一种独特的膳食样式。这样的名称，在别的国家没有。美国人不把本国饭菜称为"美国餐"，法国人也不使用"法国菜"这样特别的名称。而日本人清楚地意识到自己的饮食中有和、中、洋三大类。在这三元性之上，如把西餐细分，还有法国菜、意大利菜等。

饮食生活的三元性或多元性，不单指饭菜做法、饭菜种类的丰富多样，前面说过的日本人的等次意识，在对饭菜的评价上，也表现得极为鲜明。

比如认为，和食中"怀石料理"① 是高级的，大碗盖饭是低级的；西餐中法国菜考究，德国菜粗俗；等等，高低分明。对包括印度菜在内的亚洲各国的菜，则评价不高。

这种饮食生活的多元化和爱品评饭菜等次的倾向是怎样产生的呢？在江户时代，经过长期的钻研，日本料理已达到相当高的水平。江户的饭馆也有了"名次表"。特别是经过町人不断的探求，奢侈而美味的膳食，成为町人文化的一部分。对于饮食的研究热情，也是前面说过的日本人的研究欲望的一个表现。明治以后，日本人又热心研究西餐，并面向世界。

---

① 怀石料理，名声最高的待客用和式膳食。禅宗和尚坐禅以温石暖怀借以缓饥，曰：怀石。以怀石作为料理之名，含有"已过用餐时刻，愿供粗茶淡饭以代怀石"之意。原是举行茶会时，待客的膳食。从膳食的内容、外形、餐具到用餐方式都有固定的"型"。

日本人的饮食生活，同衣着生活一样，在传统节日有特别饮食，新年的膳食至今保持着它的特色。红白喜事等，也有相应的膳食，不同的膳食还有不同的用餐规矩。日常饮食、招待客人、外出用餐各有不同的习惯。在这方面，饮食和衣着一样，有"晴"和"亵"的区别。

没有哪个国家，像日本一样有这么多的教做饭菜的学校，不只是想当厨师的人，一般的女性和男性也去学习。这除了由于研究欲、完全主义等心理作用，还因未婚女性出嫁前需学家务，其中包括做饭。这一套学习已定型化，这也是日本式的特征。饮食学校主要教的是和食、中餐、西餐，因此这也给家庭的饭菜带来三元性。

饮食的大众化

饮食生活，近年来也受到大众社会的强烈影响。不仅饮食学校多，电视上的饮食节目也很多，它们教授的内容成了日常生活的参考菜单。这样的菜单被全国的家庭采用，于是出现饮食的定型化，即多元化和定型化并存。

电视节目在把豪华的高级大菜和普通的经济食品一起介绍给受传者的同时，自然地也把饮食的等次教给了受传者。那些介绍社会上层才能食用的"怀石料理"、法国名菜的节目，与其说是介绍饮食生活的固有内容，不如说是显示膳食的阶层性。它已不是一般的教授饭菜调理方法的节目。

这和电视转播一般人谁也买不起的高级毛皮时装展览相似。这些都是和受传者日常生活无缘的，但它们能够撩动前面已说过的追求仿制品、"模仿物"的日本人心理。部分地模仿

"怀石料理"、法国名菜的餐馆的出现，显示模仿文化已进入日本人的饮食生活。

只从饮食生活方面，就可以清楚地看到日本人既追求多元化，又追求定型化，不论对何事都有旺盛的研究心，爱排名次，热衷寻求模仿的样本等心理倾向。说到模仿，听说在日本的法国人，夸奖曾在法国长时间学习法国菜的日本厨师做的日本式法国菜，比真正的法国菜的味道还"高一筹"。

和洋调和的住房

日本人的居住生活，和饮食生活一样，明治以后，首先是政府和上层社会，引进"洋化"。明治初期，东京发生大火，以此为教训，政府制订了一个把东京建成不燃城市的计划。据此，开始了把由新桥至京桥一带的建筑都建成砖房的划时代的尝试，但由于当地居民强烈反对，只建了一部分砖结构的房子。之后，洋式砖结构建筑主要限于公共建筑，如政府机关、银行、公司、东京车站等。一般住宅都是木造，只有极少的上层社会人士住的是洋房。在居住生活方面，由于日本人住一般住宅，原来的日本式的木造建筑总算得以保存。

不过，到了大正中期以后，前面说过的"和洋折衷"的"文化住宅"，在大城市出现。它同原来的日本式住宅不一样，客间（客厅）、居间（家族共用的房间）、寝室分开，外观几乎都一样，是一种被定型化了的洋式建筑。

这种洋化的住宅，实际是和洋折半，如称为会客室的客间为洋式布置，使用了桌子、椅子，客厅、寝室依然是和式。豪华的住宅有两个客厅，一个是洋式会客室，一个是和式的客间。客间依然保持固有的格式，最重要的部分"床间"中，挂书画长轴。居住生活的多元性就这样地逐步扩大。中流家庭，在房间内铺"榻榻米"（草席），但在走廊上置桌、椅，代做会客室，同时在临街门和房门上，也做了和洋调和的改造。

因为居住是地位的象征，它在这方面的作用超过衣、食，所以有地位的人在大的住宅中，尽最大可能运用了和洋二元性的特点。在家庭内，年长者多居和式寝室，在"榻榻米"上铺被睡觉；孩子们则居洋式房间，在床上睡觉。同一家庭过着二元性的奢侈生活。

大正十二年（1923）发生了关东大地震。由于痛感木结构的房屋耐震耐火性差，灾后，政府建设了一些代替木结构的钢筋混凝土或灰砖的共用的公寓式住宅，但住宅内部仍和木造房屋相似。总之，日本人依然按"和洋折衷"的思想安排居住生活。

居住生活的二元化，明显地采取以洋为中心的方式，是近些年的事。今天，住宅区、公寓式的住宅楼，已普及至农村，但因居住面积狭窄，多数人仍喜爱睡"榻榻米"。爱好独门的旧式住房的人比喜欢公寓式住宅楼的人多很多。现在出卖的新建的单户住宅，的确有和公寓式住宅楼不同的魅力，因为它可以充分地玩味和洋二元性的情趣。就是洋式的住宅，内部也多设有佛坛、神位。现在，在农村，常常可以看到经济条件好的农民花大价钱造佛坛，放在阔气的洋式的住房里。以上等等都显示了日本人的居住生活、信仰生活的二元性。

左邻右舍

关于居住生活，日本有"对面有三家，左右有两邻"的俗语，正像这句话所表现的那样，在共居的狭窄相邻之地，左邻右舍是自己居住的地方的延长。因此人们对左邻右舍的传闻、左邻右舍发生的事情，非常敏感。就是在今天，新从别处迁来的邻居，还保留着向左邻右舍送"搬家喜庆面条"或去左邻右舍做迁后拜会的习惯。特别是在农村，"外来者"很难迁进，即便被允许成为村中伙伴的一分子，也必须遵循各种各样的交往习惯。在城市住宅区、住宅楼内的共同生活，使这种由独门独户居住产生的"左邻右舍"意识淡薄，但会被迫养成近邻意识。各家主妇之间，关系难处，虽可产生小的共同体的连带感，但讨厌邻家、顾虑邻家的人很多。极端的例子，甚至有因邻家的钢琴声、狗叫声引起的杀人事件。

共同居住的住宅楼，不论大小，居住者们如果能够建立起共同体的连带感，那么居民个人，便可与大家共有这一连带感。这多少可以减轻自我不确实感。

住宅楼那样的共同住宅，各家房间构造相同，外观也明显划一。由于室内的设计一样，个人的居住生活的样式，不论想怎样变，也不可能不同大家大同小异。这有可能使居住者们的精神构造划一，强化他们的同类意识和连带感。

家里和家外

可是另一方面，大多数日本人依然保持着进屋脱鞋的生活习惯。屋门的脱鞋处，是生活二元性的一个分界。日本人是以脱鞋区分家里生活和家外生活的。在这里明显地表现出"内"和"外"的二元性，许多人指出过这一点。脱了鞋以后的生活，是所谓私生活；穿上鞋，意味着将踏入公的生活。身着西装，脚穿木屐，这种二元性的打扮，反映了日本人心理上的二元性。在自家的庭院里散步，从离开屋子这一意义上说，是家外生活，但因尚未走出大门，在这一点上，也就意味着尚未进入公的场所。着西装穿木屐，在日本人的心理上，象征着私的东西和公的东西二元性的共存。

居室单间化

在今天，日本的家庭，只要经济条件允许，都尽量使家庭的每一个成员拥有自己的房间。孩子有了独自的房间，是改变原来的日本家族关系的一个契机。这种居住生活的变革使孩子在空间上的独立和在心理上的自立，成为可能。个人有独自的居室，将产生家族关系的多元化。在兼餐室的厨房里，放有装满方便食品的冰箱，家庭内的每个人都可以自由地单独地用餐、吃间食或吃夜餐。前面说过，兼餐室的厨房是适应至今没有过的居住生活的多元化而出现的。

兼餐室的厨房，不是旧式的厨房和餐厅的简单组合，它拥有储藏食物、调理膳食、用餐三种机能，从而它满足了在厨房里用餐这种生活方式的需要。

原来的餐厅是供家庭成员一起就餐用的。在今天的家庭生活里，由于家庭成员生活和行动的个体化，共同用餐的机会减少，餐厅原有的机能逐渐消失，它变成了供家庭成员按各自的目的使用的场所。很多孩子要求在家庭里有自己的房间，这是必然的现象。今天的时代已和过去大不相同，过去的家庭生活统一于父亲的支配之下，连吃饭时间、吃饭的规矩等都是以父亲为中心的。然而就是在今天，日本人依然把家庭、家族及住宅称为"内"（うち）。这是因为居住之处，对于家庭成员来说，是一个与外的世界隔绝的内的世界，只要居住在这内的世界里，他们就可以不大介意自我不确实感。

3. 意识的多元化

生活的多元化

像上面所看到的现在的多元性的生活，是怎样产生的呢？这不单是明治以后由西洋传来的洋式生活年复一年的积累的结果，还是由于日本人的心里本来就潜存着喜好多元性生活方式的倾向。

前面说过的日本人的强迫性的研究心、探求心，推动人们对生活方式进行了种种研究，同时日本人有相应的思想基础，即"和洋折衷"的方针，换句话说，就是通过和洋并用，谋求生活的效率性。比如，随着西装的普及，人们研究把客间改为洋室，因为这样做，来客就避免了跪座的拘束。

在饮食方面，和食的基本调料是酱油①，但经过研究，今天酱油已不仅用于和食，还用于西餐和中餐，通过这样的办法，使西餐、中餐日本化，增加了日本餐桌上的花样。在衣着

———————

① 酱油，这里指日本酱油，味道与中国酱油不大一样。日本人承认酱油是从中国传去的，但更强调其已"日本化"了，因此日本的辞典中都说酱油是日本固有的调味料之一。

生活方面，和服正合日本女子的体型，已成了日本女性去其他国家旅行时携带的礼服。和服有助于保持衣着生活的二元性，这是它能够继续存在的一个理由。

像上面那样的生活行动的多元性，既表现出日本人为使生活的合理化所做的努力，即研究心，也表现出日本人对生活方式的宽容、灵活的态度，它也使研究心得以发挥作用。同时，从另一方面也必须看到，"洋化"那样的外部压力起了引发作用，随着由此引起的多元性生活的继续，心理上的多元性和灵活性也与此相应，向内深化了。

洋化和传统

像明治初期的风俗政策所显示的那样，明治以后的"和洋折衷"或二重性的生活，拥有若干个侧面。从这里可以看到洋化政策有以下几个典型的出发点和方式。

第一，天皇样板方式，即天皇亲自采用的洋风生活方式，通过这样的方法谋求向全体国民普及洋化生活。这是一种自上而下的说服方法，同时也是一种政治性的方法，即通过从社会的最上层做起，给一般国民植入天皇是文明开化的先导的印象，比如，从天皇开始的穿西装、吃肉食、喝牛乳、照相片等。

这种天皇样板方式，一直用到战后。通过发表天皇是人的宣言，实行所谓皇室的民主化。天皇成了向美国式的民主社会转进的样板。可是皇室依然存在，美国式的民主主义和天皇制——这一最基本的政治性的二元性不但照样维持着，而且还在加强。在这里，政治的灵活性发挥着作用，说到底，即常说的"瞬息即变"。应当注意的是，这种政治的二元性正成为日本人的二元性或多元性的社会心理的基础的重要组成部分。

第二，在明治的洋化政策中，有一种洋化复古主义。它的主张是：如溯及明治以前的历史观，采用洋风，实为复归日本古来之风俗。例如，去发髻披散发、穿裤子，"皆日本之古风也"。其目的是想通过牵强附会地把复古主义和文明开化拉在一起的做法，谋求两者的融合。

在今天，日本产生了一种超越这种复古主义的崭新的倾向，即想要在更本质的意义上谋求日本传统文化和西欧文化的结合或融合。例如，前卫派的作曲家把日本传统的音乐吸收到自己的作品中来，前卫派的戏剧家采用了能乐的形式，试图把近代前的东西和现代的东西综合起来。当然这不是复古，而是像近些年有人说的那样，它是一种新的现代化，即"以近代前的东西为媒介，争取实现本质的现代化"。

第三，洋化样板方式，成为最一般的"和洋折衷"的社会心理的根据，流行至今。它包括两种方式：一种是积极式的，主张积极承认西欧风俗的优越，照西欧的样板学。比如，为主张奖励吃肉，便引用西欧的营养学的理论，说明吃肉的好处。另一种是消极式的，宣传日本的旧风俗让西欧人看到是"国辱"，以唤起对西欧人的强烈的羞耻心。比如举出男女混浴、文身、卖淫等，说"这一切羞对外国人！"这种做法，对国民甚具说服力，也可以说，这是灵活运用了人的羞耻心。

第四，宣扬国威方式，即主张必须引进西欧风俗，以使日本成为不亚于西欧的国家。福泽谕吉说的"真的文明，靠国家的独立，国家的独立靠国民独立之心"，即是代表性的想法。遗憾的是福泽在这里主张的"无型"的意识革命，屈从了"有型"的实用主义的洋化。

第五，洋化为"富国强兵"之需，即宣传穿洋式军服、吃肉，皆为强兵之政策。现在日本成了经济大国，也成了军事大国，但明治富国强兵的目标，至今依然被作为向国民号召的"国策"。它保持了历史的连续性。

以上五种洋化标准方式，基本上都是以崇拜西欧优越的权威主义为基础的，但也有一部分主张，是从追求与崇拜权威无关的生活合理化的目的出发的。福泽就批判了盲目崇欧的权威主义倾向，主张应当只吸收西欧的长处。

无疑，追求生活合理化的灵活的态度，给日本人的生活带来了多元性。上面所说的一些做法，至今依然延续着。在明治维新百年后的今天，日本人的生活多元主义的社会心理的基础，本质上并没有变化。

顺应主义

前面已说过日本人的具体情况具体对待的"顺应形势主义""场合主义"。这里想就日本人的生活行动和意识的多元性与灵活性，探讨一下其同"场合主义"的关系。

日本人被认为"容易热衷也容易觉醒"。日本还有这样的俗语，如"过了嗓子眼，就忘了烫""三日的和尚"等。明治以来的日本人论，把日本人容易断念的性格美化为达观、果断、干脆。

笔者曾认为日本人的断念是与命运主义、宿命主义连接着的。这是一种消极的人生观，即虽不介意自己的不幸，但又把不幸看作命运、宿命，即所谓"天数"。"没办法！"这样的断念是消极的放弃、举手投降。

断念是放弃依靠自己的能力实现目标的努力，其结果是屈从于形势，即"顺应形势主义"。它是在认定实现目标困难或不可能的情况后，决定不再前进，而随波逐流的。这也是一种无抵抗主义的表现，虽然有时其是怀有不满而被迫服从的。

这种无抵抗主义是原则上不抵抗，任形势摆布，但心中还存有抵抗之心。但能忍耐到多大程度，需要看生存的智慧的多少。在实际生活中，有人不能长期顺应，而离开职业生活，投入信仰生活，甚至采取佛教出家遁世那样的行动。这种脱离现实生活的行为，是对自己无能为力的形势的逃避，然而对他们来说，也可说是一种对人的自由生存的道路的追求。

憧憬漂泊

从日本的文学史上可以看到，自中世以来，有一些脱离世俗过着隐居、放浪生活的艺术家。在今天，日本依然有许多人对他们的艺术和人生，深深地产生着共鸣。这些人虽然生存在俗世之间，心中却向往着脱离俗世的漂泊和孤独的生活。

可是那些漂泊的艺术家们，都是具有超乎常人的创造力的人，他们对俗世断念，投身到更高的天地里。他们的世界是常人所不能及的。

比如，西行①、芭蕉，被誉为是"侘""寂""栞"② 的日本式的美的追求者，他们的作品表现的不是所谓"枯淡"的消极的意识，而是由于他们的内部潜存着一种抑制着的强大的力量，从而产生了他们独有的艺术的抑制的美。

日本人之所以会为漂泊生活所吸引，是因为他们对漂泊生活的共鸣，而并不是由于他们明确地意识到漂泊者的行动是对世俗束缚的反抗。最大众化的共感，如对日本历史打斗剧中的放浪的赌徒、侠客，美国西部剧中的流浪的英雄的共感，即是这样的。他们共同点是：他们都是肉体剽悍的勇夫，都是没有家庭的孤独者，都既是反社会的存在，又是正义的英雄，更重要的他们都是没有固定居住地的浪迹天涯的旅人。

这种放浪的精神，在现代社会里之所以会越来越得到支持，不言而喻是因为人们在现实的管理社会中，行为和意识都受限制、束缚。可是像历史上的名人那样的放浪，只有有非凡能力和意志的人才有可能，现在的普通人与其说要采取那样的脱离社会的行动，不如说仅仅是对消极的放浪抱有共

---

① 西行（1118～1190），平安时代后期和歌诗人，俗名佐藤义清，23岁出家为僧，一生过着孤独、漂泊的生活，他的诗风对后世的芭蕉的俳句有很大影响。

② "侘""寂""栞"，是芭蕉俳谐所追求的最高境界，同时也是日本艺术中的重要审美观念，仅依字面之意，人体是幽静、闲寂、余韵。据芭蕉的弟子著《去来抄》解释："寂为句（俳句）之色""栞为句之姿"。

鸣而已。

断念和代替满足

"顺应形势主义"，除断念、顺应和不满服从外，还有一种方法，即一边顺应困难的情况，一边改变当初的目标，代之以其他的目标，以代替满足的方式满足自己的欲望而消除不满。换一个说法，就是不需通过努力克服困难而实现满足，遇到困难时，及早断念，及早更换目标，即可实现代替满足。比如，为了处理工作中积蓄的不满，工作后下酒馆，热衷于体育运动、性事，甚至赌博，谋求的都是一点一滴的代替满足。日本人的研究欲、完全主义通过业余爱好和余暇活动，也被用于代替满足方面。

日本人在工作中，也有满足个人乐趣的机会。它有时与个人的余暇活动配合得很好。比如陪同雇主等去酒吧、去打高尔夫球等，用的是公司的交际费，自己不需掏腰包即可得到乐趣。特别是像高尔夫球那样的能够满足自己研究欲、完全主义的体育项目，如能成为达到商业目的的手段，则人是极易得到个人满足的。这种情况在其他国家是少见的，但在商业社交活动盛行的日本，它则发挥着进一步增强日本人研究心、完全主义的作用。

幕后串联

日本人的不同情况不同对待和"场合主义"的另一表现是，在集体决定的场合，以相应的一致行动为前提，为做到这一点，在会议决定之前，预先做幕后工作。

前面说到日本人的馈赠，是表现期待的非语言的交流。它是相互确认将持续到未来的人际关系的一种手段，是为使人际关系圆滑地继续下去的预先行动。

这种预先主义和"场合主义"的结合，便是幕后工作。

日本的组织，包括官厅、企业、学校和其他一切组织，都盛行幕后工作。为解决某一问题或决定重要方针，在把议题提交会议之前，同一倾向的会议成员之间，会暗中相互串联，就会议的方向、结论或决定事先取得一致意见，以争取使他们的议题在正式的会议上能以多数通过。有时他们连小会也不开，而是采取个人间会晤的方式，因为这样做更加保密。

在正式的会议上，多数派为了不使少数派知道他们已做了争取多数的工作，会采取无记名投票等看起来公平的形式。事先参与过串联的人，宛如初次接触这一问题一样，而他们的心中已有定见，这样的心理是二元性的。

事先进行幕后串联，对多数派来说，是出于一种防御性的心理机制，即为预防会议上可能发生的不安事态，以减少自我不确实感，同时也有一种介意少数派、想要避免与少数派对立的心理在起作用。

幕后工作，在日本的商业世界里，被认为是重要的手段，以至有《幕后工作和私下接触的有效做法》这样的书出版。书中说：交易不顺利多由于"怠于事前幕后工作和私下接触"，为此还提出了10点注意事项：①注意时间、地点、场合；②强攻有影响力的人物；③平素建立有力的朋友和人脉关系；④制定好说服对方的步骤；⑤比技巧更重要的是敢干、耐性和热情；⑥提前布局；⑦引对方说话，提高他的参与意识；⑧幕后工作需要时间，急不得；⑨事先把没想的问答牢记在脑袋里；⑩幕后工作要有正当的名分。

表面原则和真心

可以认为持续到今天的日本人的多元性，在江户时代300年的身分制社会里，几经锤炼、强化。在江户时代，为人处世最重要的一点是要求分别使用"立前"（表面原则）和"本音"（真心），而且根据"场合主义"的需要，遵从一个人就有几套"表面原则"。这种"立前"的技巧，在江户末期的作品中有生动的描述。

比如，文化十年（1813）、天保四年（1833）出版的由式亭三马和泷亭鲤丈①分别撰写的前后篇的《人间万事皆谎言》，前篇中有一篇《讨厌女人的假话》的文章中写道，一个所谓讨厌女人的男子说："被女人弄得神魂颠倒，太傻了，男子汉大丈夫，万事学个男子汉的样！"这是"表面原则"、假话，而"真心"、真话是"虽这么说，但看来，女人这玩意儿，什么时候也不坏。世上如没女人能活下去吗？"在后篇里有一篇《净琉璃教练场的谎言》的文章中写道，女先生当着弟子的面说："你嗓子很灵巧，我很愿教你。"这是表面话，而弟子走后，说的才是真心话，"怎么这么笨！哎呀，那声音，竟想说唱净琉璃，真叫人扫兴"。

读这样的作品，大概是由于在以"表面原则"为本位的

---

① 泷亭鲤丈（？～1841），江户后期喜剧、滑稽剧作家。

社会里，民众的心情是要求知道"真心"、真话吧。从这一例子可以清楚地知道，二元性同"场合主义"的关系。但是在今天的日本人社会里，"表面原则"居压倒优势，"真心"成了被抑制的底流。

归根结底，在"表面原则"居优势的日常生活里，"真心"的自我主张想同"表面原则"斗争，但又知道不能成功，这时产生的不安、焦躁的感情，就是自我不确实感。为此，当以"表面原则"的话对他人而感到"违心"时，在自己的心中就会流过"真心"意识。"表面原则"的社会性强制力越强，与此成比例，"真心"意识也会越强。因此人们不断担心：一不加小心，"真心"说不定就会"随口而出"；但与此同时人们又对自己始终强制服从"表面原则"的样子，感到焦躁。

在社会的变革时期，"表面原则"崩溃，"真心"一泻而出。日本人的灵活性、"变节"等，就是"表面原则"和"真心"交替时期出现的社会心理。

日本战败后，作为"表面原则"维护的法西斯军国主义垮台，代之出现的是追求和平和民主主义的"真心"。日本人的国民性并未因战败而改变，只是"表面原则"走了，"真心"登上舞台。比如，在被占领初期，虽然时间很短，但这种"真心"的气氛相当浓厚。日本人的自我确实感也曾因此增强。

可是，看一看今天的现实，以政治世界为中心的生活，依然是"表面原则"压倒"真心"，与此相关，自我不确实感也在加深，于是，不只在年轻人中间，在所有人中，"真心"所具有的能量都变成激流，向着暴力、性的方向流动。

译者后记

南博（1914～2001）是日本著名的社会心理学家，1940年毕业于京都帝国大学哲学部，随后，赴美专攻社会心理学，1943年毕业于康奈尔大学研究院，战后，1947年归国。此后，他相继在日本女子大学、一桥大学、成城大学从事社会心理学教学和研究工作。他熟知西方的社会心理学、文化人类学的理论和方法。同时他既谙悉日本人的哲学传统，又曾在战时敌国的特殊环境下冷静地观察过日本人战争期间的表现，了解其他国家的人对日本人的评价。这些条件是其他国家的研究者和其他日本社会心理学者所不能比的。他没有完全照搬西方的社会心理学的模式，创造了许多反映日本心理实际的日本式社会心理学概念，他注重从历史的社会的发展，研究日本人的心理变迁。

南博的著作中最受广大读者欢迎的是1953年出版的《日本人的心理》和1983年出版的《日本的自我》。这两部著作，结合日本的社会现实和心理特征，举例甚多，深入浅出。用他的话说，他是想把大多数日本人心中某处存在着的"独特的"心理状态大体地摆出来，"同读者一起思考，使读者自己做出判断"（《日本人的心理》前言）。因此一般读者虽可能对书中某些专门术语感到隔膜，但对他列举的众多事实和他的独到的说明，则会产生共感。这是他的这类著作能受到众多一般读者欢迎的重要原因。

作为一个严肃的学者，南博对日本军国主义发动的给亚洲人民，也给日本人民造成重大灾难的战争持严厉的批判态度，这在两书中有不同程度的显现。南博还是战后最早访问新中国的日本学者与和平人士之一。他在归国后受到日本当局和学校方面的刁难，但他坚信自己的行动是绝对正当的，据理进行了斗争。

南博的这两部书，译者在 20 多年前译出，曾由上海的文汇出版社分别于 1989 年（《日本人的自我》）和 1991 年（《日本人的心理》）出版。20 多年后，社会科学文献出版社决定将两书合编为一卷重新出版。在此，对谢寿光社长和杨群总编辑以及诸位编辑同志表示谢意，因为他们和译者一样相信，这两部不论原著或者译本都并非新作的出自日本学者之手的"日本人论"，对今天的中国读者历史地、客观地认识、研究日本社会现象和日本人的心理特征，还有一定的积极意义。

最后有两点需要说明：两书涉及许多日本的典籍、风俗习惯、民间文艺形式、美学和心理学术语，译者除在文外加了一些必要的注释以外，为了读者阅读方便，还随时以括弧的形式做了一些简短的说明。另外，本想借重新出版之机，校订一遍译文，但精力不济，只得作罢，敬请读者鉴谅。

刘延州

2014 年 3 月 20 日　北京

阅读日本书系选书委员会名单

图书在版编目（CIP）数据

日本人的心理 日本的自我／（日）南博著；刘延州译.
—北京：社会科学文献出版社，2014.6
（阅读日本书系）
ISBN 978-7-5097-5724-6

I.①日… Ⅱ.①南… ②刘… Ⅲ.①日本人－心理特征－
研究 Ⅳ.①C955.313

中国版本图书馆 CIP 数据核字（2014）第 039965 号

·**阅读日本书系**·

日本人的心理 日本的自我

著　　者／〔日〕南　博
译　　者／刘延州

出 版 人／谢寿光
出 版 者／社会科学文献出版社
地　　址／北京市西城区北三环中路甲 29 号院 3 号楼华龙大厦
邮政编码／100029

责任部门／社会政法分社　（010）59367156　　责任编辑／刘　芳　胡　亮
电子信箱／shekebu@ ssap. cn　　　　　　　　责任校对／张　曲
项目统筹／胡　亮　童根兴　　　　　　　　　责任印制／岳　阳
经　　销／社会科学文献出版社市场营销中心　（010）59367081　59367089
读者服务／读者服务中心　（010）59367028

印　　装／北京季蜂印刷有限公司
开　　本／787mm×1092mm　1/20　　　　印　张／18.2
版　　次／2014 年 6 月第 1 版　　　　　　字　数／255 千字
印　　次／2014 年 6 月第 1 次印刷
书　　号／ISBN 978-7-5097-5724-6
著作权合同
登 记 号　　／图字 01-2013-7194 号
定　　价／59.00 元